国家社会科学基金重点项目（16AJY018）

江苏省高校人文社会科学校外研究基地项目（2017ZSJD020）

Research on the Mechanism and Countermeasures of China's Foreign Trade Growth Rate Change under the Background of Deep Adjustment of Global Economy

全球经济深度调整背景下中国外贸增速变化机理及对策研究

戴 翔 何启志◎著

人民出版社

策划编辑：郑海燕
封面设计：胡欣欣
责任校对：白　玥

图书在版编目（CIP）数据

全球经济深度调整背景下中国外贸增速变化机理及对策研究/戴翔，
　何启志 著. —北京：人民出版社，2019.9
ISBN 978－7－01－021172－5

Ⅰ.①全…　Ⅱ.①戴…②何…　Ⅲ.①对外贸易-贸易发展-研究-中国
　Ⅳ.①F752

中国版本图书馆 CIP 数据核字（2019）第 179217 号

全球经济深度调整背景下中国外贸增速变化机理及对策研究
QUANQIU JINGJI SHENDU TIAOZHENG BEIJING XIA
ZHONGGUO WAIMAO ZENGSU BIANHUA JILI JI DUICE YANJIU

戴　翔　何启志　著

人 民 出 版 社 出版发行
（100706　北京市东城区隆福寺街 99 号）

环球东方（北京）印务有限公司印刷　新华书店经销

2019 年 9 月第 1 版　2019 年 9 月北京第 1 次印刷
开本：710 毫米×1000 毫米 1/16　印张：15.5
字数：223 千字

ISBN 978－7－01－021172－5　定价：64.00 元

邮购地址 100706　北京市东城区隆福寺街 99 号
人民东方图书销售中心　电话 （010）65250042　65289539

目 录

前 言 …………………………………………………………………… 1

导 论 …………………………………………………………………… 1

第一章 中国外贸增速变化：事实特征及国际比较 ………………… 24

   第一节 中国外贸增速呈总体下滑趋势 …………………………… 24

   第二节 中国外贸增速变化的国别差异 …………………………… 29

   第三节 中国外贸增速变化的区域差异 …………………………… 33

   第四节 中国外贸增速变化的产业差异 …………………………… 38

   第五节 中国外贸增速变化的产品异质性 ………………………… 40

   第六节 中国外贸增速变化的国际比较 …………………………… 43

   第七节 基于价值链视角的中国外贸增速变化初步分析 ………… 46

第二章 中国外贸增速变化：理论机制及模拟分析 ………………… 57

   第一节 分工演进促进外贸增速变化的理论机制 ………………… 58

   第二节 分工演进促使外贸增速变化的数值模拟 ………………… 70

   第三节 分工演进导致外贸增速变化的数值举例 ………………… 74

第三章 中国外贸增速变化：影响因素的实证检验 ………………… 80

   第一节 全球价值链与贸易增速：事实特征的统计性描述 ……… 80

   第二节 全球价值链影响贸易增速的计量模型 …………………… 83

   第三节 实证分析中的数据来源及说明 …………………………… 87

第四节　全球价值链影响贸易增速的实证结果 …………………… 89

第五节　全球价值链影响贸易增速的进一步分析 ………………… 97

第六节　全球价值链下贸易增速变化的政策意涵 ………………… 99

第四章　中国外贸"稳增长"：制造业"服务化"作用 …………… 103

第一节　制造业服务化与外贸发展 …………………………… 104

第二节　若干基本观点的简要梳理 …………………………… 106

第三节　制造业服务化"稳外贸"的理论机制 ……………… 109

第四节　制造业服务化"稳外贸"的实证研究设计 ………… 111

第五节　制造业服务化"稳外贸"的检验结果 ……………… 115

第六节　制造业服务化"稳外贸"的中国经验 ……………… 131

第七节　制造业服务化"稳外贸"的路径选择 ……………… 134

第五章　中国外贸"稳增长"：服务业出口新引擎作用 ………… 137

第一节　服务业出口与外贸"稳增长" ……………………… 138

第二节　服务业出口对外贸"稳增长"作用的测算框架 …… 139

第三节　服务业出口对外贸"稳增长"作用的测算结果 …… 143

第四节　以服务业出口"稳外贸"的战略调整 ……………… 154

第六章　"逆全球化"与中国外贸发展战略调整 ………………… 156

第一节　逆全球化浪潮带来新挑战 …………………………… 157

第二节　逆全球化：世界经济形势之变 ……………………… 158

第三节　分工与周期性因素耦合：逆全球化浪潮兴起的深层逻辑 … 163

第四节　外贸发展转型升级：前一波全球化红利尚存 ……… 170

第五节　增长共赢链："逆全球化"下外贸发展新理念和道路选择 … 175

第七章　新形势下中国外贸发展战略的调整 …………………… 181

第一节　经济基本面：中国外贸增速放缓的决定因素 ……… 181

第二节　从"量"到"质"：新阶段中国外贸发展的基本特征………… 186

第三节　外贸本质内涵：全球价值链分工格局下的重新解读 ……… 190

第四节　外贸发展的本质作用：全球价值链分工下新认识 ………… 194

第五节　全球分工演进新趋势：中国外贸发展面临新机遇 ………… 198

第六节　供给侧结构性改革：全球价值链下外贸转型发展的

内涵与逻辑 …………………………………………… 204

第七节　外贸发展战略的调整 ……………………………………… 214

参考文献 …………………………………………………………… 221

前　言

　　党的十八届五中全会强调指出,要努力提升外贸竞争力,实现高水平对外开放;党的十九大报告进一步强调:"加快培育国际经济合作和竞争新优势。"然而,近年来,中国外贸增速却深陷"低迷泥沼",突出表现为2012年至2017年连续六年未达既定增长目标,并跌破过去长达约20年的两位数高速增长,尤其是2015年和2016年中国出口贸易均出现了同比下降的负增长。这种变化引起了理论和实践部门的极大担忧,因为在外贸是驱动经济增长一支重要力量的共识下,中国外贸增速下降乃至出现负增长,意味着外贸对经济发展的作用和贡献将随之下降。因此,如何厘清贸易增长的决定因素,科学揭示当前中国外贸增速变化的原因,明晰外贸增速变化的历史纵向比较的绝对性和国际比较的相对性,据此探寻促进外贸平稳健康发展的有效对策,是当前理论和实际部门面临的极具战略性的课题。

　　不容否认,影响一国外贸增长的因素是错综复杂的,既有外部的也有内部的,既有宏观的也有微观的,既有周期性的也有结构性的,还有制度性的,等等。然而,贸易的基础是分工,因此正确看待贸易变化的表象必须深入到分工层面。20世纪70年代中后期以来,伴随国际生产分割技术的突飞猛进和全球贸易自由化规则的普遍推行,国际分工出现了有别于历史上任何其他时期的国际分工新形态,即学术界和实践部门所津津乐道的"全球价值链"分工体系。全球价值链分工对全球贸易发展带来了深刻影响,包括贸易增速。同样地,全球价值链分工自身的动态演进也影响着贸易增速变化。因此,外贸发展及其增速的阶段性变化,特别是由超高速增长步入低速增长通道,同样可以置于全球价值链分工演进与贸易增速关系的大逻辑下进行认识。贸易增速既与产品生产环节的初始分解阶段数有关,也与之后分解阶段数的变化速度有关。通常地,在价值链分工的初始阶段,初始分解阶段数较小而分解阶段数的变化速度较快,此时价值链分工处于深化速度较快阶段,那么贸易增速也就相对较高;当价值链分工达到一定程度后,分解阶段数将会变得较大,此时,一方面产品生产环节和阶段进一步分解的难度加大,且即便有进一步分解,但相对于较大的基数而言,由边际分解所带来的贸易增加都将极其有限。基于同样的逻辑,如果真的出现了价值链分工的"逆向"转变,在其他条件不变情况下,可能会带来贸易的负增长。

而从单个国家看,尤其是从作为承接产品价值环节和阶段的国际梯度转移的国家角度看,其贸易增速的变化不仅与融入全球价值链密切相关,而且与嵌入全球价值链的位置相关。因为越是价值链下游的生产环节和阶段,其生产阶段的完成及其出口,所内含的进口中间环节和阶段也就越多,从而在统计意义层面上的"出口"规模也就越大。上述逻辑也可以理解为,越是处于全球价值链下游和低端,贸易统计结果越会被"虚高",而越是处于全球价值链上游和高端,贸易统计结果被"虚高"的程度相应就越低。由此可见,一方面融入全球价值链分工体系带来了贸易增长效应,另一方面嵌入全球价值链的位置不同所带来的贸易增长效应也各异。中国融入全球价值链分工体系,凭借低端要素所形成的低成本竞争优势,专业化的主要是价值链条中最低端的诸如组装加工等环节。基于前述逻辑的分析,那么由此所带来的贸易高速增长也就是一种必然。实际上,尽管中国是以"低端嵌入"的方式融入全球价值链分工体系,中国的生产活动正在向全球价值链高端不断攀升,价值链分工地位的提升在上述逻辑机制的作用下,贸易增速显然也会下降。

目前,全球经济正处于深度调整期,除了全球经济处于低迷状态从而需求不振这一表象外,此间的突出特点是,前一轮科技革命推动分工深化和前一轮全球经济规则形成的制度红利,其动力机制已基本衰竭,正在等待新科技革命崛起和全球经济新规则的形成及普遍推行,但新一轮科技革命及其可能引发的产业范式变革还未成为产业化发展趋势,由此推动的分工深化尚未露出端倪；全球经济新规则同样尚未实质性的形成并进入普遍推行阶段。从全球价值链分工演进的角度看，上述变化和突出特征也就意味着，当前全球价值链分工格局基本定型，进一步深化的边际难度加大。可见，当前中国外贸增速变化，既受全球经济正处于深度调整期的共性特征影响，主要是全球价值链分工演进的阶段性特征影响，也受到中国自身在全球价值链分工中地位变迁的影响。上述两种因素的叠加，再辅以需求不振等传统因素的作用，中国外贸增速从以往的超高速转向中低速增长，就是一种必然逻辑。换言之，在新一轮科技革命及全球经济新规则真正形成和普遍推行，并由此带动的转型升级产生新增长动力之前，由于经济基本面因素的变化，包括中国外贸在内的全球贸易都将较难获得突破性发展动力。中低速增长乃至可能的负增长将具有中长期趋势。

以理论分析为先导，进一步的实证研究表明：第一，全球价值链分工深化效应这一大背景，对出口增速具有显著的倒"U"型影响，即伴随全球价值链分工的不断深化，其对各经济体融入其中从而实现出口增长的影响，表现出先强后弱的变化趋势。第二，一国在全球价值链分工中的位置对其出口增长具有显著影响，具体而言，在全球价值链分工体系中越是处于低端，对其出口增长越是具有促进作用，而越是处于高端，对其出口增长的促进作用越是弱化。这一结论同时也意味着，当一国沿着全球价值链高端攀升时，其出口增长反而可能会受到抑制，此时"抑制"的本质可能更多源自"虚幻统计"的挤出效应；反之则反是。此外，包括需求不振、贸易保护等对贸易增速同样具有重要影响。总体来看，实证研究所揭示的影响因素，既验证了本书机理分析的理论假说，也肯定了传统因素的作用，从而能够较好地解释全球经济深度调整背景下中国外贸增速下降的问题。

既然中国外贸增速变化有着深刻的全球经济深度调整背景，因此中国外贸增速下降并非自有而是全球现象。从国际比较角度看，仍可用"高大上"形容。所谓中国外贸发展之"高"，主要是指中国出口贸易明显好于全球主要经济体的出口贸易。也正因如此，尽管从绝对角度看中国外贸发展进入增速下降状态,但是相对而言,中国在全球贸易主体结构中的位置却仍趋于上升。比如,2009年中国出口贸易在全球出口市场中所占份额还不足9%,但2017年已经超过了13.38%。这一点可称为中国外贸发展之"大"。此外,透过贸易规模和总量增长数据的"面子"而透视外贸发展"里子"的话,有关研究显示,我国外贸结构呈显著优化发展态势,突出表现为近年来在出口增速总体下滑甚至出现负增长的情景下,诸如机电产品、资本品、铁路设备、电力设备、通信设备等中高端产品出口表现为正增长且相对较快。这一点可称为中国外贸发展档次之"上"。因此,中国外贸增速下降并非独特的自有现象而是全球现象,从全球范围内来看,中国外贸发展仍然是一颗耀眼的"明星"。

全球经济深度调整背景下,尤其是当前出现的所谓"逆全球化"思潮,都会在很大程度上导致全球价值链分工趋势减缓,这种变化显然会在很大程度上抑制中国进一步承接价值增值环节的国际梯度转移,加之近年来包括劳动力成本上升等各种生产要素价格集中进入上升期,使得传统低成本优势逐步丧失,出口增长能力自然受限和削弱;另一方面,中国虽以"低端嵌入"方式融入全球价值链,但经过多年的发展实现价值链的逐步攀升同样也是事实,从而也在一定程度上"挤出"统计层面的水分,致使统计意义层面的外贸增速下降。当然,这并非意味着面对中国外贸增速下滑,我们应放任自由,无所作为。相反,在客观条件变化导致贸易增速下降情形下,外贸发展必须摒弃"以增速论英雄"的传统观念,转向"以质取胜"的发展战略,否则可能会面临外贸发展的更大波动从而丧失贸易利得,更不利于外贸的长期发展。况且,在全球价值链分工条件下,外贸的内涵和作用都已经发生了本质变化。实际上,更优质的外贸发展水平不仅有助于依托质量而提升贸易利得,与此同时也有助于增创外贸发展新优势,提升外贸竞争力,从而在一定程度上平抑外贸增速下滑的趋势。经济全球化是社会生产力进步和科技进步的客观要求和必然结果,虽然历程可能较为曲折,但全球分工深度演进的大趋势终将不会改变。当前,全球价值链分工演进出现的一些新趋势,为中国进一步融入国际分工体系,实现高水平的外贸发展带来了重要战略机遇。比如服务业全球价值链的拓展带来的制造业"服务化"发展机遇,全球服务贸易快速发展带来的战略机遇等。为此,我们需要通过供给侧结构性改革,在进一步扩大开放中打造外贸企业竞争新优势。具体的战略举措包括:以"一路一带"建设为重点,促进外贸平稳发展和转型升级;依托服务贸易发展培育新增长点;依托科技创新提升外贸转型发展能力;依托培育人力资本增创外贸发展新优势;依托企业"走出去"带动外贸发展;依托引进国际先进要素提升外贸发展质量;构建出口可持续发展新机制,培育出口竞争新优势;调整进口贸易政策,发挥进口在提升价值链分工地位中的促进作用;创新外商投资管理体制,提升利用外资质量;建立对外直接投资管理新体制,促进企业加快"走出去"步伐;扩大服务业对外开放,提升服务贸易战略地位。

导　　论

一、研究背景与意义

2008 年全球金融危机爆发之前的几十年里，得益于国际生产分割技术的快速发展，以及贸易和投资自由化的不断推进，全球贸易发展呈现了空前的繁荣态势。据世界贸易组织的统计数据表明，1982 年全球出口贸易总额为 1.89 万亿美元，2008 年全球出口贸易总额上升至 16.15 万亿美元，26 年间全球出口贸易增长了约 8.55 倍，年均增长率约为 8.61%。然而，2008 年突如其来的全球金融危机，对全球各国的实体经济产生强烈冲击进而导致经济衰退：统计数据显示，2009 年全球实际 GDP 同比增长率为-1.98%，是自 1929—1933 年世界经济大萧条以来最为严重的一次经济衰退，受其影响，2009 年全球贸易流量也大幅受挫，衰退幅度竟高达 23% 之多。后来被学术界的一些学者如本斯等（Bems 等，2013）称为贸易大崩溃（trade collapse）或贸易大衰退。为了应对突如其来的危机冲击并早日走出危机阴霾，全球主要国家联手采取"凯恩斯主义"宏观经济刺激政策。刺激性经济政策虽取得了一定成效，2010 年和 2011 年全球贸易出现了 12.73% 和 6.70% 的反弹性增长，然而好景不长，在接下来的 2012—2017 年连续六年里，全球贸易增速仅为 2.88%、3.66%、3.30%、-2.17%、-3.04% 和 4.7%，又落回至低速增长乃至负增长的疲软状态，跌破了过去长达几十年的繁荣发展之势。

在全球贸易进入低速增长通道的大背景下，中国亦未能独善其身，并表现出与全球贸易增长类似的发展态势。继 2009 年进出口出现-16.00% 的大幅衰退后，虽然 2010 年和 2011 年出现了 34.70% 和 22.51% 的短暂恢复性反弹,但在 2012—2017 年的连续几年中,中国外贸增速却依旧持续低迷。统计数据显示:2012 年至 2017 年,进出口总额的同期增长率分别为 6.19%、7.55%、3.43%、-7.02%、-0.9% 和 11.4%,远远低于预期的 10%、8%、7.5%、6%、3% 和 12% 的增长目标。其中,我国出口贸易同期增长速度分别为 5.0%、6%、4.9%、-1.9%、-2.0% 和 7.9%,即 2015 年和 2016 年甚至出现了负增长;进口贸易同期增长速度则分别为 1.4%、5.4%、-0.6%、-13.2%、0.6% 和 15.9%。

更何况,即便是 2010 年和 2011 年的所谓反弹,更多是名义上而非实质上的,因为这是建立在 2009 年贸易深幅衰退后的基数效应基础之上的。2017 年的反弹也具有类似情况,因为 2015 年和 2016 年出现了下降现象。此外,贸易增速呈现的上述变化不仅仅是从贸易自身角度看,而且从与经济增速角度看,同样出现了令人费解的现象。即 2012 年至 2017 年的全球出口贸易增值率,与同期全球经济增长率的关系发生了显著变化,尤其是 2012 年至 2016 年打破了过去几十年来贸易增长一直高于 GDP 增长的发展格局。中国的情况同样如此。这种变化引起了理论和实践部门的极大担忧,因为在外贸是驱动经济增长的一支重要力量尤其是"对外贸易是经济增长发动机"的共识下,中国外贸"失速"甚至可能出现负增长,将意味着外贸对经济发展的作用和贡献随之下降,甚至会出现所谓"负贡献"式的拖累经济增长。因此,如何在"新阶段"认识中国外贸增速变化现象?其具有怎样的表现和特征?在整体、分产业上是否具有非一致性表现?影响外贸增速的决定性因素有哪些?其具体的作用机理是什么?这些因素呈现出怎样的变化?其影响的效应如何?对中国外贸增速在未来一定时期内可能产生怎样的潜在影响?采取怎样的举措才能更好地促进中国外贸平稳健康发展?等等。在中国外贸增速变化的大背景下,对诸如上述问题的回答,是摆在理论和实践部门的重要课题。

二、相关研究述评

(一)贸易增速下降:周期性因素探源

针对当前全球贸易增速下降的成因,可以说是众说纷纭,莫衷一是,尚未形成统一认识。当然,这本身也说明了影响贸易增速的因素是众多的、错综复杂的。问题的关键是,在如此众多的影响因素中,究竟何者起着主导作用,哪些因素只是起着一般意义的影响作用。大体而言,影响贸易增速的原因无非有两类:一类是短期性的,即源于经济周期的宏观经济不景气而导致的贸易增速暂时性下降。比如发生在 1929—1933 年资本主义经济危机期间的全球贸易增速下滑乃至崩溃,普遍观点认为就是由于周期性的经济不景气因素所致。另外一类是长期性的,即由于经济结构的变化而导致的贸易增速下降。当前对全球贸易增速下降成因的争论,焦点就在于到底是周期性因素还是结构性因素发挥着主导作用。而识别不同的主导因素,显然意味着不同的政策含义。如果是周期性因素所致,其潜在的政策含义是,贸易增速下降或者说不景气更多是暂时性的,伴随经济活动的回暖尤其是产出增长,必然带动新一轮贸易增速反弹。相反,如果是结构性的,那么贸易增速下降将可能出现持续性特征。

坚持周期性因素起主导作用的重要观点之一,就是需求疲软论。有需求才会有商品交换,因此需求的大小决定着交换的规模。因此,国际合作与发展组织(OECD,2015)[①]认为,国际市场上对可贸易商品的需求状况对相应时期全球贸易状况起着决定主导性作用。经济周期性因素的典型表现就是全球总需求,尤其是来自发达经济体的总需求疲软,从而在很大程度上决定着全球贸易增速变化。有研究表明,比如弗洛恩德(Freund,2009)[②]和阿比德(Abiad,2014)[③]认为,经济周期性因素对贸易的影响其实并不仅仅限于危机冲击期间,而且往往会在中期内具有一定负面影响。还有学者如杜瓦尔等(Duval 等,2014)[④]指出,时至今日,距离

[①]　OECD, "*International Trade Slows Sharply in First Quarter of* 2015", Press Release, 28 May 2015.

[②]　Freund C., "*The Trade Response to Global Downturns: Historical Evidence*", World Bank Policy Research Working Paper No.5015, 2009, Washington, DC.

[③]　Abiad A.P., Mishra and P.Topalova, "How Does Trade Evolve in the Aftermath of Financial Crises?", *IMF Economic Review*, Vol.48, No.6, 2014, pp.213−247.

[④]　Duval R., K.Cheng, K.Hwa Oh, R.Saraf and D.Seneviratne, "*Trade Integration and Business Cycle Synchronization: A Reappraisal with Focus on Asia*", IMF Working Paper No.14/52, 2014, Washington, DC.

始于 2008 年的全球金融危机虽已近 8 年,但全球金融危机的阴霾却并未完全消散,诸如美国、欧洲和日本等全球主要经济体,同时也是全球贸易品的主要"需求大户",经济活动仍然处于相对疲软的状态,进而影响着全球贸易增速。由于国际贸易是国与国之间的贸易,因此,亚历山德里亚等(Alessandria 等,2010)[①]认为,贸易增速的变化还会因为国家之间的联系和传导而产生相互的影响作用。正是基于这一意义,作为国际市场主要需求方的发达经济体,由于其进口需求下降,因而会影响到新兴市场经济体的出口绩效进而收入水平,这反过来又会导致新兴市场经济体进口需求的下降。而与需求相对应的生产面角度看,阿咪提等(Amity 等,2011)[②]认为,需求疲软必然反映在生产领域,即导致产出受到冲击,而产出的减少显然会降低对作为中间投入品的进口需求,毫无疑问,这一逻辑也是促成当前全球贸易增速下降的重要原因。当然,由于全球贸易增速下降更多地是以货币形式表示,因此布图拉克(Buturac,2013)[③]认为,在受到贸易量变动影响的同时,也会受到贸易品价格变动的影响。其内在的逻辑和作用机制表现为,在国际市场供给面尚未作出相应调整前,需求下降必然导致贸易品价格下调,因此恩格尔等(Engel 等,2012)[④]认为,贸易增速下降既与需求量本身萎缩有关,也与需求价格下降有关。关于这一点,有些学者从贸易品价格的角度进行了较为全面的分析,王永中(2015)[⑤]和金恩等(Chinn 等,2014)[⑥]研究结论发现,贸易品价格尤其是大宗贸易品的价格下跌,对当前全球贸易增速下降具有重要的促进作用。

[①] Alessandria and George, "Inventories, Lumpy Trade, and Large Devaluations", *American Economic Review*, Vol.100, No.5, 2010, pp.2304-2339.

[②] Amity M. and DE Weinstein, "Exports and Financial Shocks", *Quarterly Journal of Economics*, Vol.126, No.3, 2011, pp.1841-1877.

[③] Buturac G., "Beyond the Global Recession: Mutual Trade and Economic Convergence", *Journal of International Economics*, Vol.91, No.2, 2013, pp.275-289.

[④] Engel C., Wang J., "International Trade in Durable Goods: Understanding Volatility, Cyclicality, and Elasticities", *Journal of International Economics*, Vol.93, No.1, 2013, pp.37-52.

[⑤] 王永中:《全球大宗商品市场的回顾与展望》,《2015 年世界经济形势分析与预测》,社会科学文献出版社 2015 年版,第 86 页。

[⑥] Chinn M., B. Eichengreen and H. Ito, "A Forensic Analysis of Global Imbalances", *Oxford Economic Papers*, Vol.66, No.2, 2014, pp.465-490.

作为经济不景气下总需求疲软重要表征之一的进口需求下降,无疑是影响全球贸易增速变化的重要因素之一。但从主导作用的角度看,以需求疲软为表现的所谓经济周期性因素,是否是造成当前全球贸易增速下降之谜的根本原因?对此,有学者进行了特征事实分析乃至计量检验,从而力图给当前全球贸易增速下降的经济周期性因素主导作用提供必要的经验证据。比如,鲍斯等(Boz 等,2014)[①]的研究从三个层面证明当前全球贸易增速下降主要是由周期性因素所致。首先,对当前全球贸易增速下降的数据进行特征事实分析,结果显示,当前进口需求下降主要集中在危机冲击"重灾区"的发达经济体,并且从受影响的贸易品角度看,对投资品需求的下降要甚于对消费品需求的下降,从而为经济周期性因素导致的全球贸易增速下降提供了初步的佐证。其次,通过借鉴博希埃等(Bussiere 等,2013)[②]的模型框架,定量研究了经济周期性因素在全球贸易增速下降中的贡献度,采用18个国际合作与发展组织国家的面板数据的经验分析结果发现,贸易增速下降的大部分能够被经济周期性因素所解释。最后,作为一个对比分析,笔者从商品结构等角度进行了量化分析,结果发现所谓结构性因素虽然对当前全球贸易增速下降具有一定的促成作用,但作用效果极其有限。因此综合来看,是经济周期性因素主导着全球贸易增速变化。杜瓦尔等(Duval,2014)[③]通过对贸易增加值和贸易总值的变化对比分析中同样发现,无论是采用哪种核算方法,其变化总是具有顺周期特征,其背后的逻辑意蕴表明经济周期性因素是导致全球贸易增速变化的主导因素。

[①]　Boz E., M. Bussiere and C. Marsilli, "*Recent Slowdown in Global Trade: Cyclical or Structure*", VoxEU.org, 12, 2014 November.

[②]　Bussière M., G. Callegari, F. Ghironi, G. Sestieri and M. Yamano, "*Estimating Trade Elasticities: Demand Elasticities and the Trade Collapse of 2008—2009*", *American Economic Journal: Macroeconomics*, Vol.53, No.3, 2013, pp.118-151.

[③]　Duval R., K.Cheng, K.Hwa Oh, R.Saraf and D.Seneviratne, "*Trade Integration and Business Cycle Synchronization: A Reappraisal with Focus on Asia*", IMF Working Paper No.14/52, 2014, Washington, D.C.

奥利瓦德等(Ollivaud 等,2015)[1]通过构建标准误差修正模型,实证研究了全球贸易和产出之间的长期弹性关系,结果表明,1986—2007 年间全球贸易和 GDP 之间的长期弹性较为稳定,2008 年之后出现了阶段性变化。但是进一步的研究表明,2008 年全球金融危机冲击之后贸易与全球 GDP 之间弹性关系的变化,并非是结构性变化,而主要是源自周期性因素变化,比如投资需求的下降以及对耐用消费品需求减少等。上述检验结果在相关的研究分析中也能够得到相应佐证和说明。世界贸易组织(WTO,2014)的研究分析发现[2],在危机冲击及其后续影响期间,全球投资水平呈下降趋势,从而意味着从全球 GDP 构成看,更多地转向诸如政府消费和私人非耐用品消费等更具低进口倾向的经济活动,从而导致了全球贸易的暂时性增速下滑。国际合作与发展组织(2013)的调查研究进一步指出[3],后危机时代全球投资虽在一定程度上呈现反弹的良好变化趋势,但所谓的投资反弹主要表现在基础设施等领域投资的增加,而基础设施投资增加显然通常表现为低进口倾向,即大部分投资是不依赖进口的。这也就意味着,伴随危机冲击阴霾的逐渐消散,顺经济周期下的其他投资需求反弹必然带动贸易重新反弹。国际货币基金组织(IMF,2015)[4]发布的一项报告同样显示,与危机前相比,后危机时代全球贸易中的私人投资品和耐用消费品的需求比重明显下降,从而主导着全球贸易增速的变化趋势。

此外,作为经济周期作用的重要表征,除了投资需求和消费需求不足外,还存在着贸易保护主义抬头的现象,从而影响着贸易发展。佟家栋等(2013)[5]和康斯坦丁内斯库等(Constantinescu 等,2014)[6]的研究认为,既

---

[1] Ollivaud P. and C. Schwellnus, "Does the Post-crisis Weakness of Global Trade solely Reflect Weak Demand?", OECD Economics Department Working Paper, No.1216, 2015, Paris.

[2] WTO, World Trade Report 2014, Geneva.

[3] OECD, OECD Economic Surveys: China, Paris: OECD Publishing, 2013.

[4] IMF, "Legacies, Clouds and Uncertainties", World Economic Outlook, 2015, Update, January.

[5] 佟家栋、刘程:《国际经济保护主义与经济全球化的调整期》,《南开学报(哲学社会科学版)》2013 年第 2 期。

[6] Constantinescu C., A. Mattoo and M. Ruta, "Slow Trade", Finance & Development, Vol.54, No.5, 2014, pp.36—59.

有的历史经验表明,在危机冲击及其后续影响期间,贸易保护主义往往会相伴而来并持续一段时间。依文特(Evenett,2011)[1]认为,始于2008年的全球金融危机显然也不会例外,伴随危机冲击向实体经济领域的渗透和蔓延,作为危机冲击的"重灾区"国家和地区,为了应付短暂的经济衰退和失业等经济社会问题,就会采取一些消极的"以邻为壑"的贸易保护主义政策措施,以作为应对危机冲击的"权宜之计"。柯依等(Kee等,2013)[2]认为,更为重要的是,正是因为贸易保护主义政策措施具有"以邻为壑"的特征,因而容易产生"报复效应"和"示范效应",进而引发全球范围内贸易保护主义的抬头和蔓延。针对当前全球贸易保护主义发展趋势和特征开展的大部分文献研究发现,比如依文特(2013)[3]和葛万德等(Gawande等,2015)[4]基本认为,当前包括反倾销、反补贴等措施在内的贸易保护主义措施相比危机前有着明显的提高,从而对全球贸易增速下降具有一定影响。一些国际组织和机构如世界贸易组织(2014)[5]和欧盟委员会(European Commission,2015)[6]认为,虽然影响程度有限,但作为开放条件下经济周期的作用因素之一,必然协同着经济周期内其他因素,共同主导着全球贸易增速下降这一变化逻辑。

(二) 贸易增速下降之谜:结构性因素探源

经济周期性因素无疑对全球贸易增速下降具有重要影响,然而,全球贸易迟迟未能出现实质性反弹和恢复,以及全球主要国家采取"凯恩斯主义"的宏观刺激政策收效甚微的事实特征,促使学术界很多学者力图

① Evenett S.J., "*Did WTO Rules Restrain Protectionism During The Recent Systemic Crisis*", CEPR Discussion Paper, No.8687, 2011, London.

② Kee H.L., C.Neagu and A Nicita, "Is Protectionism on the Rise? Assessing National Trade Policies during the Crisis of 2008", *Review of Economics and Statistics*, Vol. 69, No. 8, 2013, pp.342−346.

③ Evenett S., "*Five More Years of the G20 Standstill on Protectionism?*", VoxEU. org, 3 September 2013.

④ Gawande K., B.Hoekman and Y.Cui, "Global Supply Chains and Trade Policy Responses to the 2008 Financial Crisis", *World Bank Economic Review*, Vol.29, No.1, 2015, pp.102−128.

⑤ WTO, "*World Trade Report 2014*", Geneva, 2014.

⑥ European Commission, "*Understanding the Weakness in Gobal Trade*", European Economic Forecast, European Commission(DG ECFIN), Winter, Box 1.1, 2015.

从长期因素,即结构性因素角度探讨当前全球贸易增速下降的主要原因。大体而言,影响全球贸易增速变化的结构性因素主要包括:全球生产布局结构性变化、全球贸易品结构性变化、全球贸易参与国变化以及全球贸易和投资自由化制度变迁等。

有些学者的研究认为,经济周期性因素固然重要,但并不能解释当前全球贸易增速下降的全部,甚至不应该被视为主导因素。例如,易思凯斯等(Escaith 等,2014)[1]最近开展的一项实证研究,对周期性因素在全球贸易增速下降中的重要性进行了评估。笔者构建了同时考虑总需求不足和贸易保护影响两种因素的计量模型,以发达经济体为样本的实证检验分析结果表明,周期性因素至多只能解释全球贸易增速下降中的一半,显然,剩下的一半甚至更多则需要从结构性因素中寻找答案。当前全球贸易增速下降可能由结构性因素变动所致,也能够从贸易的收入弹性,即全球贸易增长率与全球 GDP 增长率之比的动态变化中得到说明。康斯坦丁内斯库等(2015)[2]通过测算发现,在 2000 年以前的过去约 40 年间,贸易的收入弹性总体呈现出不断上升的趋势,尤其是在 1986—2000 年间,全球贸易收入弹性的平均值约为 2.2,即全球 GDP 每增长一个百分点,全球贸易将相应地增加 2.2 个百分点。然而,这一关系自进入 2000 年以来却发生了变化,即全球贸易收入弹性表现出了下降趋势,其中 2001—2013 年间全球贸易收入弹性的平均值仅约为 1986—2000 年间的一半。这种变化显然暗含了其中的结构性因素可能发挥了重要作用。而勒穆瓦纳圆(Lemoine 等,2015)[3]的分解分析则进一步表明,需求不足在危机冲击年份及其经济复苏的前一年中,对全球贸易增速下降具有决定性作用,但在最近几年其作用已明显减弱,相对而言,长期的结构性因素在当前的全球贸易增速下降中则发挥着更大的作用。换言之,后危机时

---

① Escaith H.and S.Miroudot,"*World Trade and Income Remain Exposed to Gravity*",OECD and WTO Mimeo,2015.

② Constantinescu C.,A.Mattoo and M.Ruta,"*The Global Trade Slowdown*",World Bank Policy Research Working Paper,No.7158,Washington,D.C.,2015.

③ Lemoine F.,G.Mayo,S.Poncet and C.Cassé,"*L'Usine Du Monde Au Ralenti Oule Changement De Régime Du Commerce Extérieur Chinois*",CEPII Working Paper No.4,Paris,2015.

代全球贸易增速下降,不仅仅是因为全球 GDP 增长缓慢,更重要的是由于某些结构性因素的变动,从而使得贸易对 GDP 的敏感性也越来越弱。

从全球生产布局结构性变化角度看。当代国际分工的主导模式是全球价值链,即不同的生产环节和阶段被按照不同的要素密集度特征而配置到具有不同要素禀赋的国家和地区。胡梅尔斯等(Hummels 等,2001)①以及吴福象和刘志彪(2009)②的研究表明,全球价值链分工模式下的中间产品贸易增加,是促成前一轮全球贸易高速增长的主要驱动力。然而,世界银行(World Bank,2015)③最近的一项统计调查研究结论表明,以中间产品贸易为表征的全球价值链分工演进步伐,自 2000 年以来正在趋缓。如果当前全球贸易增速下降的主导因素,确实是由全球价值链分工模式演进步伐放缓所致,那么不难预期,基于贸易附加值核算出的全球贸易额将会与传统总值核算法的全球贸易额更加接近,或者说两种核算方法得出的贸易额差距会不断缩小。对此,古德伯格等(Goldberg 等,2010)④和柯依等(2014)⑤针对附加值贸易的测算研究,对上述预期给予了证实。甚至有学者研究指出,比如斯里尼瓦桑等(Srinivasan 等,2014)⑥指出,在不久的将来,传统的国际分散化的价值链分工模式可能会出现逆向调整,即同一产品的生产环节和阶段不再被配置到不同国家和地区,而是将被重新组织到某个特定国家和区域内进行更为完整的一

① Hummels D., J. Ishii and K-M Yi, "The Nature and Growth of Vertical Specialization in World Trade", *Journal of International Economics*, Vol.54, No.1, 2001, pp.75-96.

② 吴福象、刘志彪:《中国贸易量增长之谜的微观经济分析:1978—2007》,《中国社会科学》2009 年第 1 期。

③ World Bank, "*What Lies Behind the Global Trade Slowdown?*", Chapter 4 in Global Economic Prospects, Washington, D.C.: World Bank, 2015.

④ Goldberg P., A. Khandelwal, N. Pavcnik and P. Topalova, "Imported Intermediate Inputs and Domestic Product Growth: Evidence from India", *Quarterly Journal of Economics*, 2010, Vol.125, No. 4, pp.1727-1767.

⑤ Kee H.L. and H. Tang, "*Domestic Value Added in Exports: Theory and Firm Evidence from China*", mimeo, World Bank, Washington, D.C., 2014.

⑥ Srinivasan M., T. Stank, P. Dornier and K. Petersen, "*Global Supply Chains: Evaluating Regions on an EPIC Framework-Economy*", Politics and Competence, New York: McGraw-Hill, 2014.

体化生产,从而出现全球生产网络向国家和地区生产网络的"蜕变"。当然,有学者强调,如斯坦克等(Stank 等,2014)①认为,这种所谓的"蜕变"并非意味着分工模式重新回到传统的以产品为界限的老路,而是因为诸如 3D 打印等新技术革命,会内生地要求产品生产的不同环节和阶段在空间和时间上实现更加完美的无缝对接。当然,也有学者提出了不同的观点,比如钢格纳斯等(Gangnes 等,2014)②认为,全球价值链分工大势根本不可能出现扭转。

从全球贸易结构性变化角度看。布鲁索勒(Broussolle,2014)③的研究认为,长期以来,由于服务具有无形性、不可储存性等内在特征,从而通常被认为不可贸易性产品,因此相比较而言,对全球贸易的研究也更多地集中于货物贸易,更确切地说,集中于制成品贸易而非服务贸易领域。也正是因为如此,目前对全球贸易增速下降讨论的焦点也主要侧重于制造业部门。然而,伴随着信息通信技术的突飞猛进以及服务贸易规则的不断推行,诸如杰森等人(Jensen 等,2006)④的研究指出,如同全球经济结构不断向"软化"方向发展一样,全球贸易结构也呈现不断向服务倾斜的重要发展趋势。针对全球贸易增速下降现象,有学者如米鲁多等(Miroudot 等,2013)⑤从贸易结构的角度进行了分解和对比分析,结果表明,增速下降主要表现在制造业部门而非服务业部门。近年来尽管全球服务贸易得到了快速发展,但与制造业部门贸易相比,一方面其基数仍然

---

① Stank T., M.Burnette and P.Dittman, "*Global Supply Chains*", 2014(available at http://Globalsupplychaininstitute.utk.edu /publications/documents/GSCI-EPIC-paper.pdf).

② Gangnes B., A. Ma and A. Van Assche, "*Global Value Chains and Trade Elasticities*", Economics Letters, 2014, Vol.125, No.4, pp.482-486.

③ Broussolle D., "Service, Trade in Services and Trade of Services Industries", *Journal of World Trade*, 2014, Vol.48, No.1, pp.31-58.

④ Jensen B.and L.Kletzer, "Tradable Services: *Understanding the Scope and Impact of Services Offshoring*", in S Collins and L Brainard(eds), Brookings Trade Forum 2005, offshoring white collar work, Washington, D.C.: Brookings Institution, 2006.

⑤ Miroudot S., J. Sauvage and B. Shepherd, "Measuring the Cost of International Trade in Services", *World Trade Review*, 2013, Vol.12, No.4, pp.719-735.

偏小,另一方面,贾法瑞等(Jafari 等,2014)①研究认为,服务贸易领域所面临的壁垒和成本要相对更高,因此在短期内很难成为全球贸易的主导。目前在全球贸易总额中服务贸易所占比重仅为 20% 左右的事实特征,也在一定程度上说明了这一点。因此,从这一角度看,当前全球贸易增速下降的实质,是贸易结构性变化所致。即全球经济结构正在不断趋于"软化",从而在一定程度上侵蚀了长期以来一直占据主导地位的制成品贸易的产业基础,致使全球制成品贸易增长乏力(布鲁索勒,2014)②。显然,在全球贸易中制成品仍然占据主导地位的条件下,全球贸易的增长状况主要决定制成品贸易状况,由全球产业结构演进和调整而导致的制成品贸易增长不力,引发全球贸易增速下降也就成为一种必然。这是结构性因素变化的必然逻辑。

从全球贸易参与国的变化角度看。有学者研究指出,基于贸易收入弹性指数衡量,无论是 2000 年之前的全球贸易高速增长,还是之后全球贸易呈现的增速下降趋势,实质上都与贸易参与国的变化因素有关。芬斯特拉等(Feenstra 等,2010)③的研究就曾指出,中国融入全球价值链而实施的出口导向型发展战略模式,对全球贸易高速增长具有极为重要的贡献。类似地,阿瑞斯等(Aziz 等,2008)④和巴格瓦蒂等(Bhagwati 等,2013)⑤研究指出,诸如印度等新兴市场经济不断融入全球经济中来,都对全球贸易高速增长起到了重要推动作用。然而,诸如中国等发展中经济体在融入经济全球化潮流中从而在影响甚至改变世界贸易的同时,自

①　Jafari Y. and D. Tarr, "*Estimates of Ad Valorem Equivalents of Barriers Against Foreign Suppliers of Services in Eleven Services Sectors and 103 Countries*", World Bank Policy Research Working Paper, No.7096, Washington, D.C., 2014.

②　Broussolle D., "Service, Trade in Services and Trade of Services Industries", *Journal of World Trade*, 2014, Vol.48, No.1, pp.31-58.

③　Robert C. Feenstra and Shang-Jin Wei, "*China's Growing Role in World Trade*", University of Chicago Press, 2010.

④　Aziz J. and X. Li, "China's Changing Trade Elasticities", *China and the World Economy*, 2008, Vol.16, No.3, pp.1-21.

⑤　Bhagwati J. and A. Panagariya, "*Why Growth Matters: How Economic Growth in India Reduced Poverty and the Lessons for Other Developing Countries*", New York: PublicAffairs, 2013.

身也在不断地发生变化,包括经济发展阶段变化、比较优势变化以及开放型经济发展战略的调整,等等。而这些变化同样会影响全球贸易的总体发展状况。比如,李等(Li 等,2012)①、斯格洛斯特等(Ceglowski 等,2011)②以及哟斯托尼(Yoshitomi,2003)③的研究指出,发展中经济体在获取经济全球化红利的同时,其自身的生产要素价格也会不断趋于上升,从而弱化了传统比较优势,从而使得其传统出口部门增长动力衰竭。也有研究指出,如巴斯登的一系列研究指出(Batson,2013④、2015⑤),随着发展中经济体,尤其是作为全球贸易大国的中国,其自身产业结构的不断完善和升级,以及配套能力的不断增强,在全球价值链分工条件下作为中间投入的许多进口品,正日益地被国内生产所替代,从而对其他国家和地区进而全球贸易增速带来不利影响。当然,对此也有学者存在不同的看法和观点。国内学者裴长洪教授(2014)⑥就认为,全球贸易增速下降实质上与中国进口需求变化并无实质性关联。此外,于等(Yu 等,2015)⑦的研究指出,诸如更加注重内需市场开拓、转变以往的出口导向型发展战略的全球经济再平衡策略,也会对全球贸易增长产生重要影响。

从贸易和投资自由化制度安排角度看。毋庸置疑,开展贸易的前提是国家间相互开放或者说自由化,显然,贸易与投资自由化的深入演进,为贸易高速增长提供了便利和制度保障,突出表现为世界贸易组织主导下的全球贸易规则顺利推行,以及各种区域经济一体化组织的快速发展,

---

① Li H., L. Li, B. Wu and Y. Xiong, "The End of Cheap Chinese Labor", *The Journal of Economic Perspectives*, 2012, Vol.26, No.4, pp.57–74.

② Ceglowski J. and S. S. Golub, "Does China still have a Labor Cost Advantage?", *Global Economy Journal*, 2011, Vol.12, No.3, pp.28–35.

③ Yoshitomi M., "*Post-Crisis Development Paradigms in Asia*", Tokyo: ADBI, 2003.

④ Batson A., "*Upgrading China's Export Machine*", Gavekal Dragonomics China Research, May 2013.

⑤ Batson A., "Can the New Silk Road Revive China's Exports", *Gavekal Dragonomics China Research*, February 2015.

⑥ 裴长洪:《经济新常态下中国扩大开放的绩效评价》,《经济研究》2015 年第 4 期。

⑦ Yu Bin, Wu Zhenyu, "Transformational Changes and Rebalance of China's Economic Operation", DRC Working Paper, No.201508012.

这种制度安排为贸易高速增长提供了保障(阿米提等,2007)①。在实践中,表现为伴随贸易自由化的深入发展,越来越多的国家参与到经济全球进程之中,更多的发展中经济体获得了融入全球价值链的机会,关税和非关税壁垒得以大幅度地削减乃至消除,等等。然而,以世界贸易组织为主导的贸易和投资自由化制度安排所释放的制度红利基本完毕,甚至有学者研究认为,如不进行必要的改革,世界贸易组织有可能面临着破产的危险(理查德等,2013)②。当然,导致这种尴尬困局的主要原因可能是世界贸易组织现有制度安排已经不能适应国际分工发展新需要(盛斌,2013)③。但不论原因如何,其背后的逻辑意蕴显然表明在现有制度安排下,贸易和投资自由化进程已经显著放慢脚步了。原有的制度安排所能释放的贸易增长红利已经基本释放完毕,而新的制度安排却又尚未实质性形成,因而从贸易发展所需要的制度保障角度看,全球贸易增速下降也就在所难免(依文特等,2015)④,海斯曼等(Houseman 等,2015)⑤也持有类似观点。总之,贸易自由化进程受阻,或者至少可以说进程放缓,无论是作为双边还是多边制度安排,基本上与经济周期并无必然联系,作为长期的结构性因素,的确有碍于全球贸易的新一轮增长。

(三) 贸易增速下降之谜:探析方法的综合对比

表1进一步梳理了当前关于全球贸易增速下降主要影响因素的识别文献,这不仅有助于更为清晰地了解其研究内容和主要核心观点,更重要的是反映出当前对全球贸易增速下降成因的解读方面以及现有文献所采取的主要研究方法。而对现有研究文献所采用的主要方法进行总结和梳

---

① Amiti M. and J. Konings, "Trade Liberalization, Intermediate Inputs, and Productivity", *American Economic Review*, 2007, Vol.97, No.5, pp.1611–1638.

② 理查德·巴德温、杨盼盼:《WTO 2.0:思考全球贸易治理》,《国际经济评论》2013 年第 2 期。

③ 盛斌:《迎接国际贸易与投资新规则的机遇与挑战》,《国际贸易》2014 年第 2 期。

④ Evenett S.J. and J. Fritz, "*Throwing Sand In the Wheels: How Foreign Trade Distortions Slowed LDC Export-Led Growth*", Report Commissioned by the Government of Sweden, 2015.

⑤ Houseman S.N. and M. Mandel, "*Measuring Globalization: Better Trade Statistics for Better Policy, Kalamazoo*", MI: W.E.Upjohn Institute for Employment Research, 2015.

理,也可以在很大程度上了解现有研究进展及核心观点的说服力。

表1 贸易增速下降成因研究文献梳理

因素识别		代表性文献	主要研究方法	核心观点及结论
周期性因素	需求疲软	国际合作与发展组织(2015);阿比德(2014);杜瓦尔等(2014);鲍斯等(2014)	定性分析;基于统计数据的事实特征描述性统计;以及利用跨国面板数据的实证研究	经济周期作用下的需求不足,拖累了全球贸易增长
	投资不足	阿米提等(2011);布图拉克(2013);恩格尔等(2012);金恩等(2014);奥利瓦德等(2015);世界贸易组织(2014);国际合作与发展组织(2013);国际货币基金组织(2015)	对数据进行简单的统计性描述及历史对比分析;通过构建误差修正模型,对周期性因素的可能影响进行识别	经济周期下生产开工不足,导致对包括进口投资品在内的投资需求不足,制约了贸易增长
	贸易保护	依文特(2011);佟家栋等(2013);康斯坦丁内斯库等(2014);柯依等(2013);依文特(2013);葛万德等(2015);世界贸易组织(2014);欧盟委员会(2015)	基于历史分析法,探讨危机冲击期间贸易保护主义的抬头及其对贸易的可能影响;对危机冲击前后的贸易保护主义措施数量进行对比分析	经济危机冲击期间,贸易保护主义抬头是必然之势,进而对全球贸易增长产生不利影响,导致贸易增速下降
结构性因素	全球生产布局结构性变化说	古德伯格等(2010);World Bank(2015);Kee等(2014);斯里尼瓦桑等(2014);钢格纳斯等(2014)	利用附加值核算法对传统总值核算法进行改进,基于新的统计数据从生产布局角度对贸易包括贸易增速进行重新认识	贸易增速变化与贸易数据统计方式密切相关,从贸易附加值角度看,贸易增速在危机冲击前后并无实质变化
	全球贸易品结构性变化	布鲁索勒(2014);米鲁多等(2013);贾法瑞等(2014)	从产业结构和贸易结构关系的角度,利用相关统计数据,对贸易增速变化提供商品结构层面的直观认识	全球产业结构的不断演进尤其是趋于"软化",侵蚀了作为贸易主导的制造业规模基础,从而影响贸易增速
	全球贸易参与国变化	芬斯特拉等(2010);巴格瓦蒂等(2014);李等(2012);斯格洛斯特(2011);巴斯登(2013);巴斯登(2015);于等(2015)	主要采用定性分析和停留在猜想层面,即从贸易参与国比较优势变化等角度,说明对全球贸易增速变化的影响	诸如中国等发展中大国融入全球化,推动了全球贸易高速增长,而比较优势的变化反过来又使得贸易增速下降

续表

因素识别		代表性文献	主要研究方法	核心观点及结论
结构性因素	全球贸易和投资自由化制度变迁	理查德等（2013）；盛斌（2013）；赫斯曼等（2015）	以定性分析为主,基于世界贸易组织等提供的制度框架及其变迁,解释对贸易发展的影响	世界贸易组织主导下的原有制度框架已经不适应全球分工和贸易发展新需要,需要适应性变革
	其他方面	易思凯斯等（2014）；康斯坦丁内斯库等（2015）；勒穆瓦纳圆等（2015）	以定量研究和实证分析为主	周期性因素难以解释贸易增速下降,应从结构性因素角度探讨

资料来源:笔者整理。

从表1总结的情况来看,对当前全球贸易增速下降成因的探讨,所采用的主要研究方法大体可分为三种。第一种采用的是历史分析法,即基于历史的经验数据或者经验现象,对当前全球贸易增速下滑进行判断和推断。历史经验虽然可以借鉴,但是分工和贸易模式等因素变迁和变化,可能会出现一些与历史经验不相一致的作用机制,对现实问题的讨论更应该"与时俱进"。第二种采用的是较为普遍的方法,是对现有统计数据进行相对简单和直观的统计性描述和分析,从数据变化当中导出当前全球贸易增速变化的特征、表现,进而推断出可能的影响因素。应该说,这种方法有助于我们更加直观地认识当前全球贸易增速变化现象,但是由于缺乏对可能的影响因素进行进一步的深度检验,从而能否据此说明某些因素是否成为全球贸易增速下降的主导因素,实际上仍然有待于进一步的深入研究。第三种主要采用了实证分析和计量检验,对可能的影响因素在计量层面上力图进行识别。相较于简单的统计性描述而言,应该说,这一方法识别出的影响因素,更能够用于解释全球贸易增速下降问题。但是纵观这一方面的现有研究文献,仍然存在着两个需要进一步拓展和完善的地方。一是采用实证研究和计量分析的样本数据相对有限,因而大大制约了计量研究结果的可靠性和可信性;二是实证分析和计量研究基本上还是停留在统计意义层面上的因果关系识别,缺乏必要的、有深度的理论分析作为支撑。

（四）结论性评述及展望

针对当前全球贸易增速下降这一重要现象，犹如 2009 年金融危机冲击下出现的贸易"大崩溃"一样，已经成为学术界和实践部门关注的热点问题。然而，导致当前全球贸易增速下降的成因，究竟是经济周期性的短期因素，还是结构性的长期因素，目前尚无形成统一认识和定论。综合现有文献来看，客观而论，各种因素都在一定程度或多或少地发挥作用。应该说，既有文献已从不同视角和层面涉及贸易增速变化的直接或间接影响因素，但现有研究仍然存在着巨大的拓展空间，这突出表现在以下几个方面，这也是未来研究的重要发展方向。

第一，既有研究文献大多以单一因素分析居多，无论是关注周期性因素还是结构性因素，基本上都是侧重于某一视角的研究。显然，这种单一视角和单一因素的分析方法，难以揭示各因素可能产生的交互作用与综合作用对贸易增速变化的影响。此外，即便是单一因素和单一视角的研究，也大多属于静态分析，缺乏动态考察。换言之，既有的研究还没能够把各种因素变动及其影响纳入统一、动态的分析框架来进行研究，对诸因素的变动对全球贸易增速的影响效应还缺乏深入的机理分析和严谨的实证检验。

第二，全球贸易增速下降虽然是一个整体性现象，但从个体角度来看，可能并不完全相同。比如，不同的国家和地区在贸易增速变化方向上是具有一致性还是差异性？不同的产业部门在贸易增速变化方向上是具有一致性还是具有差异性？不同的产品在贸易增速变化方向上是具有一致性还是具有差异性？显然，从不同国家、不同地区、不同产业部门，其贸易增速变化应该是不同的。比如有些产品的出口增长会下降甚至转为负增长，有些产品出口反而可能增长较快，等等。那么这些差异性的背后意味着什么，是与经济周期性因素有关，还是与结构性因素有关，抑或是哪种因素发挥着主导作用。这种差异性能否在统一、动态的分析框架下得到解释，从而在国家、区域、产业和产品层面进一步检验各影响因素的实际作用和大小。对于诸如此类问题的回答，显然需要专门、系统、深入地研究。

第三,缺乏从分工演进视角的深度剖析。虽然现有文献已经涉及对全球价值链问题的关注,并且指出全球价值链分工可能出现的"逆转"对全球贸易增速的深刻影响。然而,一方面,正如现有文献仍然存在争议一样,全球价值链分工演进是否会发生"逆转"仍然值得商榷,还有待进一步的实践检验;另一方面,目前还没有证据表明全球价值链分工已经出现"逆转"的情况下,说明全球价值链分工体系仍然是当代主导的国际分工形式。那么在同样的国际分工模式下,为何会出现前期的高速增长和后危机时代的增速下降乃至负增长的巨大反差呢? 全球贸易增速变化机理,是不是与全球价值链分工演进的程度和速度有关? 对于这些问题,未来的研究应该给予更为深刻、细致和具有说服力的研究。

第四,现有研究对制度变革和技术变革的关注仍然有待加深。实际上,贸易的基础是分工,贸易的增加源自分工扩大,而分工发展则主要由技术变革和制度变革所推动。目前,全球经济正处于深度调整期,此间的突出特点是,前一轮科技革命推动分工深化和前一轮全球经济规则形成的制度红利,其动力机制已基本衰竭,正在等待新科技革命崛起和全球经济新规则的形成及普遍推行,但新一轮科技革命及其可能引发的产业范式变革还未成为产业化发展趋势,由此推动的分工深化尚未露出端倪。与此同时,全球经济新规则同样尚未实质性形成并进入普遍推行阶段。从这一意义上看,当前全球贸易增速下降除受既有文献揭示因素的可能影响外,显然与全球经济深度调整大背景有关,也与分工演进的阶段性特征等因素有关。据此,分析和理解贸易增速变化,必须置于全球经济深度调整这一大背景。

第五,现有研究在方法上仍有待进一步拓展和完善。犹如上文分析所指出,现有文献所采取的几种主要研究方法,虽然所得结论不无启发意义,但囿于统计数据等因素约束,同时也存在着很大的不足。更为重要的是,对当前全球贸易增速下降的"时代特征",还缺乏有深度的理论分析。换言之,将分析仅仅停留在对有关数据的统计性描述及其相关关系的简单识别上,是远远不够的。新的国际分工和贸易模式下,无论是贸易的增长还是贸易的衰退,都可能出现了与以往不完全一致的内在变化机制。

经济和贸易理论总是要随着实践的发展而不断地发展和完善,这就意味着首先需要在理论上明晰当前全球贸易增速变化的作用机理,只有建立在有深度的理论剖析基础之上,所得结论再辅以必要的计量检验手段等方法加以证实,则所得结论将更为可靠和可信。唯有如此,才能更加正确地认识当前全球贸易增速变化的本质原因,才能据此提出科学有效的应对之策。

第六,对中国外贸增速变化尚缺乏有针对性的专门研究。作为全球贸易重要组成部分的中国外贸,当前各层面外贸增速变化除受既有文献揭示因素的可能影响外,显然与全球经济深度调整大背景有关,也与中国融入全球价值链和发展的阶段性以及经济进入"新常态"等自身因素有关。因此,深入了解当前包括中国在内的全球贸易增速下降之谜的成因所在,对于中国外贸发展战略的调整,以及采取更为科学有效的应对举措,抵抗外贸增速进一步下滑的风险,从而促进中国外贸的持续、健康和高水平发展,具有特别重要的现实指导意义。

三、研究框架和内容

以问题为导向,即根据本书拟回答全球经济深度调整背景下,有关中国外贸增速下降的几个重要问题,本书的研究设定了下述五个方面的内容。

第一部分,关于中国外贸增速变化的表现特征问题。本书研究发现,近年来,中国外贸增速从绝对角度看虽呈显著下降之势,但从国际比较角度看仍可用"高大上"形容。所谓中国外贸发展之"高",主要是指中国出口贸易明显好于全球主要经济体的出口贸易,因此从相对角度看,仍然属于"中高速"增长。也正因如此,尽管从绝对角度看中国外贸发展进入增速下降状态,但是相对而言,中国在全球贸易主体结构中的位置却仍趋于上升。比如,2009 年中国出口贸易在全球出口市场中所占份额还不足9%,但 2017 年已经超过了 13.38%。这一点可称为中国外贸发展之"大"。如果透过贸易规模和总量增长数据的"面子"而透视外贸发展"里子"的话,有关研究显示,我国外贸结构呈显著优化发展态势,突出表现为近年来在出口增速总体下滑甚至出现负增长的情景下,诸如机电产品、资本品、铁路设备、电力设备、通信设备等中高端产品出口表现为正增长且相对较快。这一点可称为中国外贸发展档次之"上"。因此,中国外贸增速下降并非独特的自有现象而是全球现象,况且从全球范围来看,中国外贸发展仍然是一颗耀眼的"明星"。

第二部分,关于中国外贸增速变化的内在机理问题。在当前全球经济深度调整背景下,诸如需求减弱效应说、信贷紧缩效应说、贸易保护主义抬头效应说等传统理论和观点,仍然能够部分解释中国外贸增速下降,但却未能揭示本质原因。本书研究认为,贸易的基础是分工,看待当前全球贸易失速现象理应深入到国际分工层面。从当前国际分工的主导形态即全球价值链角度出发,本书通过构建理论模型刻画了当前中国外贸增速变化的内在机理,理论分析表明:第一,从全球价值链分工演进的动态角度看,在分工演进的不同阶段,其对贸易总额及其增速的影响也不尽相同;第二,在价值链分工演进的初始阶段,在"基数效应"和"分工深化效应"两大因素作用下,贸易会出现相对较高的增长速度;第三,当价值链分工演进到一定阶段后,由于基数的变大以及分工深化的减缓,两者的共同作用虽然仍会导致贸易总额的不断增长,但贸易增速会出现明显的下降;第四,从一国分工地位的动态演进角度看,价值链攀升有促使贸易增速下降的作用;第五,价值链分工深化效应和价值链攀升效应对贸易增速的作用,受价值链上下游生产成本差距的影响,差距越大效应越明显。

第三部分,关于中国外贸增速变化的影响因素问题。在外贸增速变化的机理分析基础之上,本书进一步从实证角度研究了影响中国外贸增速变化的关键因素。结论表明:第一,全球价值链分工深化效应这一大背景,对出口增速具有显著的倒"U"型影响,即伴随全球价值链分工的不断深化,其对各经济体融入其中从而实现出口增长的影响,表现出先强后弱的变化趋势。第二,一国在全球价值链分工中的位置对其出口增长具有显著影响,具体而言,在全球价值链分工体系中越是处于低端,对其出口增长越是具有促进作用,而越是处于高端,对其出口增长的促进作用越是弱化。这一结论同时也意味着,一国在全球价值链中的位置变动,对其出口增长也会产生显著影响。更确切地说，当一国沿着全球价值链高端攀升时，其出口增长反而可能会受到抑制，此时"抑制"的本质可能更多源自"虚幻统计"的挤出效应；反之，当一国在全球价值链分工体系中被不断压向低端时，其出口增长反而可能会出现更出色表现，此时出口增长绩效的本质可能更多源自"虚幻统计"的挤入效应。第三，从其他影响因素来看，全球经济稳定增长、贸易自由化发展、各国利用外资、技术创新能力等，均对出口增长具有显著正向促进作用；制造业工资水平作为比较成本的重要决定因素之一，其上升的确对出口增长带来不利影响；至于实际有效汇率，本书没有发现其对出口增长具有显著影响。总体来看，实证研究所揭示的影响因素，既验证了本书机理分析的理论假说，也肯定了传统因素的作用。

第四部分，关于中国外贸增速变化的长期趋势问题。本书研究认为，贸易规模的扩大源自分工扩大和深化，而推动分工演进的主要力量是技术进步和制度变革。当前全球经济处于深度调整期的实质是世界经济长周期处于下降期，即原有的技术进步和制度红利所形成的动力机制基本衰竭，而新的技术革命和制度安排尚未形成，由此推动的分工深化尚未露出端倪。这一点构成了全球贸易实现新一轮增长的根本性约束和挑战，是当前全球贸易增速放缓乃至低于经济增速成为一个重要趋势特征的根本原因。因此，就包括中国外贸增速变化的促成因素而言，从短期来看难以出现根本性变化，因此这一趋势可能具有中长期特征，对贸易进一步发展构成一定程度上的挑战。外贸发展进入新一轮高速增长的必要基础，就是新一轮的产业革命和技术革命爆发，并形成规模化的产业形态和组织形态，并有与之相适应的全球经济贸易规制和体制机制。这些因素的变化都非短期可以实现。据此，可以形成的判断是，相对前一轮高速增长，中国外贸进入中低速增长将会是一个长期趋势。与此同时，当前包括中国在内的全球贸易增速放缓，主要是指货物贸易，但是从全球价值链分工演进角度看，另外一个突出特征就是价值链向服务领域的拓展，从而带动制造业"服务化"发展，以及全球服务贸易的快速增长。在这一新的趋势下，一方面，制造业"服务化"可以在通过提升出口国内附加值形式而实现制造业真实出口增长,而不是仅仅追求名义增长;另一方面,可以依托服务贸易而寻求新的增长点和增长引擎。

第五部分,针对中国外贸增速变化的对策建议问题。本书研究认为,全球经济深度调整,包括当前兴起的"逆全球化"思潮,的确对中国外贸发展带来了一定程度的冲击,致使中国外贸增速从以往的超高速进入中低速增长通道,但这并非意味着发展贸易的重要性在减弱,相反,正确看待贸易低速增长现象,摒弃传统的"以增速论英雄"贸易发展观,寻求在低速增长时期全球贸易发展所蕴含的重要战略机遇,是中国继续实施贸易立国和贸易强国及贯彻开放发展战略的需要。为此,需要通过供给侧结构性改革,在进一步扩大开放中打造外贸企业竞争新优势。具体的战略举措包括:以"一路一带"建设为重点,促进外贸平稳发展和转型升级;依托服务贸易发展培育新增长点;依托科技创新提升外贸转型发展能力;依托培育人力资本增创外贸发展新优势;依托企业"走出去"带动外贸发展;依托引进国际先进要素提升外贸发展质量;构建出口可持续发展新机制,培育出口竞争新优势;调整进口贸易政策,发挥进口在提升价值链分工地位中的促进作用;创新外商投资管理体制,提升利用外资质量;建立对外直接投资管理新体制,促进企业加快"走出去"步伐;扩大服务业对外开放,提升服务贸易战略地位。

四、本书创新及不足

与现有的文献相比,本书的研究在以下几个方面有所创新:

第一,学术思想上的创新。贸易增长理论中,基于分工演进动力变化视角,将分工演进趋势、分工地位及阶段性变化以及传统因素纳入统一分析框架的理论研究不够充分,实证研究也较为缺乏。本书基于当前全球经济深度调整背景下中国外贸增速变化的实践,在上述方面作出尝试,可能是一个较为新颖的理论着眼点。

第二,学术观点上的创新。通过本书的研究,我们认为:(1)贸易现象并非单纯的贸易问题,而是技术和制度变革推动下国际分工形态和分工格局发展阶段的综合现象,对单个国家贸易现象的考察,包括整体、分产业和分区域等,都必须置于全球经济的大环境中进行。(2)中国外贸增速变化除了受既有研究所揭示的传统因素影响外,与全球经济深度调整期驱动价值链分工动力衰弱的大背景有关,也与中国不同地区、不同产业融入全球价值链方式及地位变迁有关;价值链攀升在一定程度上对"统计虚高"具有水分挤出效应,从而也会出现外贸增速下降的表象。(3)中国外贸增速变化,是全球经济进入深度调整期以及中国经济发展到新阶段的必然,外贸增长在整体上从以往高速转向中低速的同时,地区和产业等层面将会有所分化。(4)抵抗外贸增长整体上进一步下滑的风险,必须通过供给侧结构性改革、加快培育新型比较优势、完善开放格局,通过打造外贸竞争新优势以抵消传统领域比较优势的丧失,以及"弥补"由于价值链跃升的"统计虚高"水分挤出效应,是新阶段实现我国外贸"量稳质升"的有效途径。

第三,研究结论上的创新。本书研究发现:(1)全球价值链分工深化效应这一大背景,对出口增速具有显著的倒"U"型影响,即伴随全球价值链分工的不断深化,其对各经济体融入其中从而实现出口增长的影响,表现出先强后弱的变化趋势。而这种变化源自两个方面的效应:一方面是分工深化导致贸易规模扩大的基数效应;另一方面是分工深化带来的边际分解难度增大。这两种因素的共同作用正是当前中国贸易增速下的根本原因之一。(2)一国在全球价值链分工中的位置对其出口增长具有显著影响,具体而言,在全球价值链分工体系中越是处于低端,对其出口增长越是具有促进作用,而越是处于高端,对其出口增长的促进作用越是弱化。这一结论同时也意味着,中国在全球价值链中的位置变动,对其出口增长也会产生显著影响。更确切地说,当中国沿着全球价值链高端攀升时,其出口增长反而可能会受到抑制,此时"抑制"的本质可能更多源自"虚幻统计"的挤出效应;反之,当中国在全球价值链分工体系中被不断压向低端时,其出口增长反而可能会出现更出色表现,此时出口增长绩效的本质可能更多源自"虚幻统计"的挤入效应。(3)从其他影响因素来看,全球经济稳定增长、贸易自由化发展、各国利用外资、技术创新能力等,均对出口增长具有显著正向促进作用;制造业工资水平作为比较成本的重要决定因素之一,其上升的确对出口增长带来不利影响。此外,包括经济基本面因素的变化等,也对中国外贸增速具有重要影响。

当然,由于学识有限,我们所做的工作只是初步的、浅层次的,算是开了个头,还需要作多方面的深入研究。主要的局限性包括:

第一,针对中国外贸增速变化影响机理探讨,以及影响因素的实证检验,虽然对于我们理解当前中国外贸增速变化提供了必要的理论阐释和实证经验支撑。但外贸增速出现的显著变化毕竟是最近几年才出现的突出现象。因此,这种变化是否具有长期趋势,仍然需要做进一步的跟踪和后续研究。

第二,在应对中国外贸增速变化的对策措施上,有些子政策假说的实际效应还有待进一步实证检验。毕竟,从对策措施的实施到实际见效具有时间滞后性,尤其是推动外贸转型升级和培育开放发展新优势等,绝非一蹴而就的事。例如,在技术创新、工匠精神培育、制度质量完善和外贸经验模式等领域,推进外贸供给侧结构性改革,通过供给内容结构和供给方式结构的调整,从而在供给层面上实现产品品质提升、价值链攀升、产业结构升级以及新型贸易业态发展等外贸转型发展的目标,但由于"加强外贸领域的供给侧结构性改革"的提出时间不长,其累积效应还没有充分体现,因此对诸如此类的子政策假说效应还需要跟踪研究。

第一章 中国外贸增速变化：
事实特征及国际比较

自改革开放以来,尤其是 2001 年加入世界贸易组织以来,中国依托"人口红利"等所形成的低成本竞争优势,在全面而快速地融入全球价值链分工体系中,实现了对外贸易的"爆炸式"增长。然而,这一进程被 2008 年突如其来的全球经济危机所打断:受其影响,2009 年中国进、出口下挫幅度分别高达 11.2% 和 16%。虽然在全球主要国家联手应对"危机"的宏观经济政策刺激下,中国进出口在 2010 年和 2011 年实现了恢复性增长,但好景不长,在之后的 2012—2017 年连续六年间,中国外贸增速依旧持续低迷。中国商务部统计数据显示:2012 年至 2017 年,中国进出口总额的同期增长率分别为 7.92%、7.82%、6.03%、-7.02%、-0.9% 和 11.4%,远远低于预期的 10%、8%、7.5%、6%、3% 和 12% 的增长目标。其中,我国出口贸易同期增长速度分别为 7.92%、7.82%、6.03%、-1.9%、-2.0% 和 7.9%,即 2015 年和 2016 年甚至出现了负增长;进口贸易同期增长速度则分别为 1.4%、5.4%、-0.6%、-13.2%、0.6% 和 15.9%。但在总体增速呈下降趋势的大背景下,这种趋势是否在产业层面、产品层面、国别层面、区域层面等表现出一致性,或者差异性?从国际比较层面看,中国外贸增速变化有何共性及自身特征?中国外贸增速变化所呈现的行业差异性特征,是否与融入全球价值链分工体系有关?

第一节 中国外贸增速呈总体下滑趋势

改革开放以来至 2008 年全球金融危机爆发期间,中国在进、出口方面均保持着较高的增长率。表1-1分析了20世纪90年代以来中国进出口贸易的增长率情况。

表1-1　1994—2017年中国进、出口额及增长率　（单位：亿美元）

年份	出口额	出口增长率	进口额	进口增长率	进出口总额	总额增长率
1994	1210.06	—	1156.15	—	2366.21	—
1995	1487.80	22.95%	1320.84	14.24%	2808.64	18.70%
1996	1510.48	1.52%	1388.33	5.11%	2898.81	3.21%
1997	1827.92	21.02%	1423.70	2.55%	3251.62	12.17%
1998	1837.12	0.50%	1402.37	-1.50%	3239.49	-0.37%
1999	1949.31	6.11%	1656.99	18.16%	3606.3	11.32%
2000	2492.03	27.84%	2250.94	35.85%	4742.97	31.52%
2001	2660.98	6.78%	2435.53	8.20%	5096.51	7.45%
2002	3255.96	22.36%	2951.70	21.19%	6207.66	21.80%
2003	4382.28	34.59%	4127.60	39.84%	8509.88	37.09%
2004	5933.26	35.39%	5612.29	35.97%	11545.55	35.67%
2005	7619.53	28.42%	6599.53	17.59%	14219.06	23.16%
2006	9689.36	27.16%	7914.61	19.93%	17603.97	23.81%
2007	12179.40	25.70%	9558.45	20.77%	21737.85	23.48%
2008	14285.50	17.29%	11330.80	18.54%	25616.3	17.84%
2009	12016.7	-16.00%	10056	-11.20%	22072.7	-13.83%
2010	15736.86	30.96%	13934.21	38.57%	29671.07	34.42%
2011	18986	20.65%	17434.6	25.12%	36420.6	22.75%
2012	20489	7.92%	18178	4.3%	38668	6.19%
2013	22096	7.82%	19054	7.3%	41150	7.55%
2014	23427	6.1%	19602	0.4%	43030	3.4%
2015	22982	-1.90%	17015	-13.20%	40009	-7.02%
2016	22522	-2.00%	17117	0.60%	39649	-0.90%
2017	24301	7.90%	19838	15.90%	44139	11.40%

资料来源：根据国家统计局公布的统计数据整理而得。

从表1-1的数据可以发现，1994年至2008年间，除个别因特殊影响的年份外，中国进、出口额增长率尤其是出口额增长率基本保持在两位数。特别是在 2002—2007 年间，年增长率均在 20%以上。而全球金融危机冲击后的 2010 年和 2011 年虽然也呈现出较高增长率，但主要还是因为危机冲击的 2009 年出现较大负增长致使基数大幅降低。在刺激性宏观经济政策作用后，2012—2017 年近三年的外贸增速基本上可以看作是较为平稳的增长状态，但其增速与高速增长时期相比已明显下降并跌至个位数。因此，从外贸增速的表象看，长期以来的超高速增长转为低速增长，将成为中国外贸发展进入新阶段的基本特征之一，我们不妨将之称为外贸发展"新常态"。当然，低速增长能否成为"新常态"，即是否将成为一个相对较长时期较为平稳的增长状态，或许三年的情况还不具备足够的说服力，因为外贸增速下滑会不会仅仅是一个周期性现象，从而在经历一段"坎坷"后重新回到 2008 年之前的超高速增长轨道？对此，现有的相关研究也能够在一定程度上佐证中国外贸可能由此从超高速增长转向低速增长的"新常态"。一是有关经济增长的相关研究，二是有关经济增长与贸易关系的相关研究。著名英国经济史学家安格斯·麦迪森在《中国经济增长的长期表现——公元 960—2030 年》一书中就曾指出①，从 2003—2030 年中国人均 GDP 大约会以平均每年 4.5%的速度增长，但增长速度会逐步放慢；而最近有关中国经济进入新常态的诸多讨论，未来一段时期内中国经济增长速度将维持在 7%左右基本已成学术界共识（李扬，2014②；李伟，2014③；刘世锦，2014④；石建勋，2015⑤）。尽管贸易与经济增长之间的关系较为复杂，但一般而言经济基本面是贸易发展的决定因素，因此经济增长状况在很大程度上可以决定贸易增长状况。另据中国社会科学院的一项最新研究预期表明，未来若干年贸易的收入弹性几乎不会有太大变化，即贸易增速和 GDP 增速之比将会维持在一个相对稳

---

① ［英］安格斯·麦迪森：《中国经济增长的长期表现——公元 960—2030 年》，伍晓鹰等译，上海人民出版社 2008 年版，第 106—108 页。
② 李扬：《提质增效 适应增速新常态》，《人民日报》2014 年 6 月 11 日第 1 版。
③ 李伟：《适应新常态 迈向新阶段》，《人民日报》2014 年 12 月 29 日第 7 版。
④ 刘世锦：《进入增长新常态下的中国经济》，《中国发展观察》2014 年第 4 期。
⑤ 石建勋：《中国经济新常态的演变逻辑分析及展望》，《光明日报》2015 年 1 月 29 日第 6 版。

定的水平。从这一意义上说，伴随经济增速进入"新常态"，外贸发展从增速层面看将进入"新常态"基本已成定局。

实际上，中国外贸高速增长主要发生自 2001 年加入世界贸易组织以来。因此，我们 2001 年加入世界贸易组织到 2008 年金融危机爆发以来的贸易发展状况再做一简单的阶段性分析。图 1-1 给出了 2001 年至2017 年间中国进、出口增长率变化趋势情况。

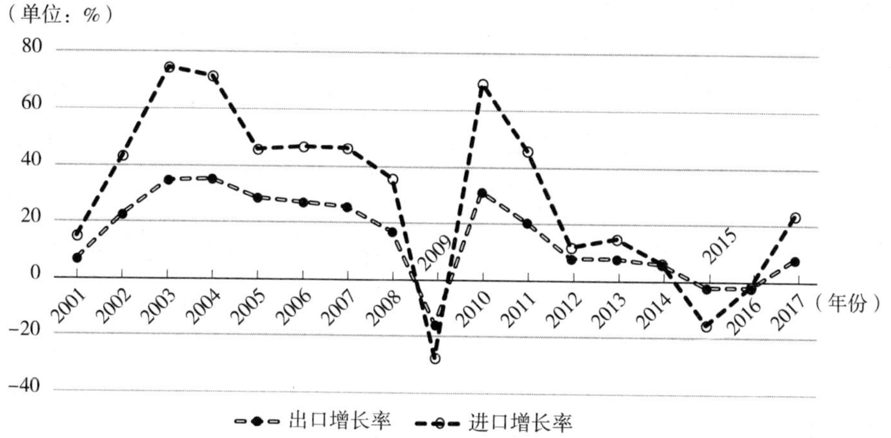

（单位：％）

图 1-1　2001—2017 年中国进、出口增长率

如图 1-1 所示，在 2000—2017 年间，中国进、出口贸易发展具有明显的三个阶段性特征。

第一阶段是快速发展阶段（2001—2008 年）。自浦东开发开放尤其是 2001 年中国加入世界贸易组织以后，一系列的对外开放制度改革大大激发了我国开放型经济的发展活力，进出口贸易持续繁荣。其中，2001—2008 年间中国货物进、出口贸易年均增速分别高达 20.33％和 23.45％。这一阶段内的增长速度不论是从纵向比较来看，即从与以往增长的历史经验相比，还是从横向比较来看，即与同期其他国家和地区的出口增长经验相比，都可谓是出口"增长奇迹"。这也是学术界将中国出口贸易增长称之为"井喷式"增长的主要时期。由此也使得中国出口贸易在国际市场上的地位得以不断提升：出口额占国际市场份额的比重由 2000 年的4.29％上升至 2008 年的 8.86％。

第二阶段是危机冲击后的外贸发展恢复期（2008—2011 年）。2008 年始于美国的次贷危机迅速扩散至全球进而引发全球金融危机,对全球贸易乃至经济造成了严重冲击,致使 2009 年全球贸易出现了学者们所谓的"贸易大崩溃"。在本轮危机冲击下,美国等发达国家和地区成为"重灾区",从而在很大程度上影响着长期以来以欧、美、日为三大传统出口市场的中国出口贸易发展。统计数据显示,2009 年中国进、出口贸易额较上年分别暴跌-11.20%和-16.00%,但在全球各主要国家联合采取凯恩斯式的宏观经济刺激之下,中国企业凭借多年积累的产品质优、价廉的竞争优势,成功地在 2010 年实现了名义上的恢复性增长,进、出口贸易额较 2009 年分别上涨了 38.57%和 30.96%,之后的 2011 年也基本保持了相对稳定的两位数高速增长势头。值得注意的是,这一时期中国外贸虽然实现了危机后的名义上快速复苏,但与危机冲击前的外贸增速相比,其实已经表现出了增速下滑趋势,即便是 2010 年的看似大幅反弹也是实质上的增速回落,因为这是建立在 2009 年深度衰退的基数效应基础之上的。这一点或许表明中国的外贸增速已经出现了某些隐性的变化趋势,从以往的高速增长进入到中高速乃至中低速甚至负增长的"新常态"。

第三阶段为 2012 年至今的中国外贸增速"新常态"时期。如果说,危机后中国外贸增速变化背后可能隐含了中低速乃至负增长的"新常态",那么这种隐含趋势于 2012 年至今已经表现得越来越明晰。统计数据显示,以美元计价的 2012 年至 2017 年中国进出口总额的增长率分别为 6.19%、7.55%、3.43%、-7.02%、-0.9%和 11.4%,远低于当年预期分别为 10%、8%、7.5%、6%、3%和 12%的增长目标。其中,出口增长率分别为 7.92%、7.82%、6.03%、-1.90%、-2.00%和 7.9%。总之,从危机后及近年来中国外贸增速表现出越来越明显的发展态势看,由长期以来的超高速增长转为低速增长乃至负增长,似乎已经成为中国外贸发展进入新阶段的突出特征之一,这也许是进入新阶段后的外贸整体发展呈现的一种"新常态"。

此外,如果我们利用年度数据来计算中国外贸出口的年度收入弹性

的话,结果表明,2011 年至 2012 年间中国出口贸易收入弹性值约为 3.2,
这意味着全球 GDP 增加 1%,中国的出口贸易将会增加 3.2%;但 2014 年
至 2015 年间,我国出口贸易收入弹性却下降为 −1.18。这意味着全球
GDP 增加 1%,而中国的出口贸易却相应地减少 1.18%。这也是中国外
贸增速近年来陷入低迷状态的另一层面的表现。根据传统的国际经济学
理论可知,一国出口主要受到世界收入水平和汇率水平的影响,而进口主
要受到本国收入水平和汇率水平的影响。因此,如果说中国出口贸易增
速下降可以从全球经济低迷即世界收入水平下降的角度找到理由的话,
进口层面的变化则显然出现了悖论,比如 2013 年虽然中国经济增长率相
对 2012 年有所下降,但进口贸易却从 4.3%下降到 7.2%,下降的幅度远
远大于经济增长率的下降幅度;而 2015 年我国经济增长率是正数,但同
年的进口贸易却出现了 14.2%的负增长。基于传统国际经济理论理解,
进口应该也是增长的,但事实却并不是如此。这其中的原因究竟何在?
显然运用传统的国际经济学理论已经不能解释这一现象。为此,下文力
图从贸易国别层面、区域层面、产业层面以及广义经济分类(BEC)产品
类别层面,对中国外贸增速变化进行进一步的经验分析,以此明晰其背后
可能存在的原因。

第二节　中国外贸增速变化的国别差异

从贸易国别分析近年来中国进、出口贸易额的变化情况,不仅能够理
清影响中国进、出口贸易增速变化的主要来源国以及这些国家对于中国
外贸的相对重要程度,而且为进一步分析外贸增速变化的原因提供了可
能性。与前述采用年度数据分析外贸整体层面变化不同,此处采用月度
数据从而在更为细致的层面分析外贸增速变化的来源国差异性。图 1−2
和图 1−3 绘制的是 2012 年 1 月至 2015 年 12 月之间,我国的月度出口额
在主要出口国市场上的变化趋势,以及我国的月度进口额在主要进口来
源国国别市场上的变化趋势。虽然中国香港历年来一直是中国大陆的主
要进出口市场之一,但其在进出口贸易中实际上是扮演着转口贸易的特

殊作用,即出口到中国香港的很大一部分产品最终是流向发达国家,同时中国大陆从香港地区进口的很大一部分产品是由发达国家生产或销售的,所以在图1-2和图1-3的分析中并没有将中国香港地区列为分析对象。另外,习近平总书记于2013年9月提出了"一带一路"倡议,这一倡议对中国外贸发展产生了深刻影响,包括贸易增速的可能变化。因此在图1-2和图1-3分析中,我们特别列出了"一带一路"沿线国家作为分析对象①。

（单位：百万美元）

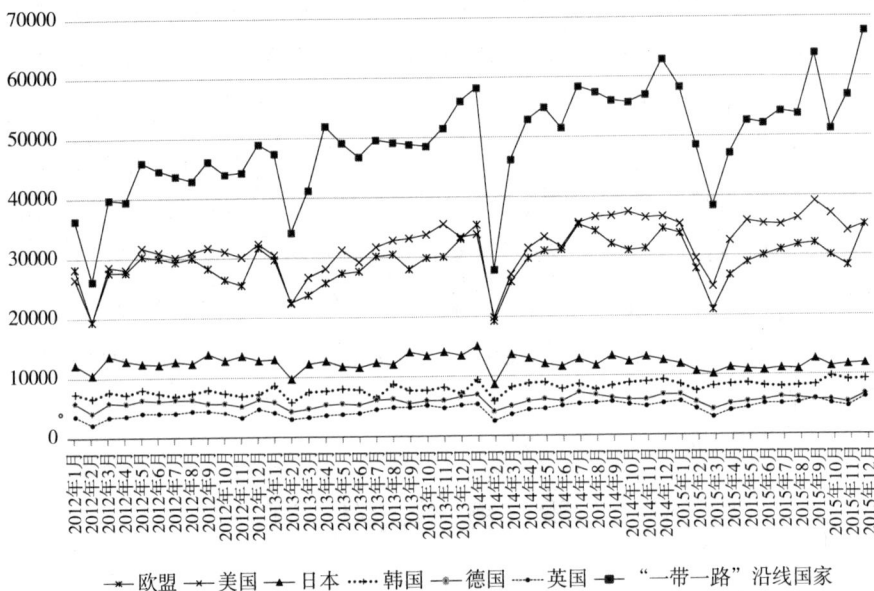

图1-2　2012—2015年中国月度分国别出口额趋势图

资料来源:中华人民共和国海关总署网站(http://www.customs.gov.cn/publish/portal0/)。

---

①　所选取的"一带一路"沿线国家包括:新加坡、马来西亚、印度尼西亚、缅甸、泰国、老挝、柬埔寨、越南、文莱和菲律宾、伊朗、伊拉克、土耳其、叙利亚、约旦、黎巴嫩、以色列、巴勒斯坦、沙特阿拉伯、也门、阿曼、阿联酋、卡塔尔、科威特、巴林、希腊、塞浦路斯和埃及的西奈半岛、印度、巴基斯坦、孟加拉、阿富汗、斯里兰卡、马尔代夫、尼泊尔和不丹、哈萨克斯坦、乌兹别克斯坦、土库曼斯坦、塔吉克斯坦和吉尔吉斯斯坦、俄罗斯、乌克兰、白俄罗斯、格鲁吉亚、阿塞拜疆、亚美尼亚和摩尔多瓦、波兰、立陶宛、爱沙尼亚、拉脱维亚、捷克、斯洛伐克、匈牙利、斯洛文尼亚、克罗地亚、波黑、黑山、塞尔维亚、阿尔巴尼亚、罗马尼亚、保加利亚和马其顿。

由图 1-2 显示的变化趋势可见,中国出口贸易在经过两年短暂恢复期后,在接下来的几年里,在几个主要出口市场上出现了比较大的增速变化。较为明显的是分别于 2014 年 2 月和 2015 年 3 月出现了下降,增速变化幅度比较大的出口市场主要是"一带一路"沿线国家、欧盟和美国。可以进一步发现,在 2013 年 11 月到 12 月期间,与美国之间的出口贸易额是减少的,但与欧盟尤其是与"一带一路"沿线国家之间的贸易额却有一个小幅度上升。另外在 2014 年 11 月到 12 月期间,中国与美国和欧盟之间的出口贸易额均呈现出降低的趋势,而与"一带一路"沿线国家的出口贸易额却呈现出上升趋势。与美国、欧盟和"一带一路"沿线国家这些出口市场相比,日本、韩国、德国和英国虽然与中国之间的出口贸易额也出现了增速变化,但相比之下增速变化幅度相对较小。通过计算中国出口贸易额下降的国别贡献度,即中国在各国出口市场上出口贸易额减少绝对数占当期出口总额减少比重(以 2017 年 1 月为例),结果显示:欧盟出口市场的贡献度最高,达到了 17.23%;其次是美国市场,出口下降的贡献度为 14.69%;接下来分别是日本、韩国、德国和英国,出口下降的市场贡献度分别为 6.88%、3.95%、3.12% 和 2.51%。最低的是"一带一路"沿线国家,为 2.09%。同样我们可以计算样本区间内其他月份各个国家对我国的出口贡献度,观察结果不难发现,相对于其他国家和地区而言,"一带一路"沿线国家与中国之间的出口贸易活动对中国出口贸易增速下降具有明显的"平缓"作用,在国家推出"一带一路"发展战略以后这种情况更为明显。

由图 1-3 显示的变化趋势可见,与出口贸易增速变化较为类似,中国进口贸易在经过两年短暂恢复期后,在不同进口来源国层面上同样表现出几次大的增速变化,较为明显的是分别于 2013 年 2 月和 2015 年 2 月出现了下降,增速变化幅度比较大的进口来源国市场主要是欧盟、韩国和日本,与出口贸易不同,美国作为中国主要进口贸易伙伴之一,相比其他进口市场的贸易增速变化幅度,中国从美国市场的进口增速变化幅度相对较小。其中最小的是"一带一路"沿线国家。进一步观察可以发现,在 2014 年 7 月到 8 月期间,中国从"一带一路"沿线国家,日本以及韩国

（单位：百万美元）

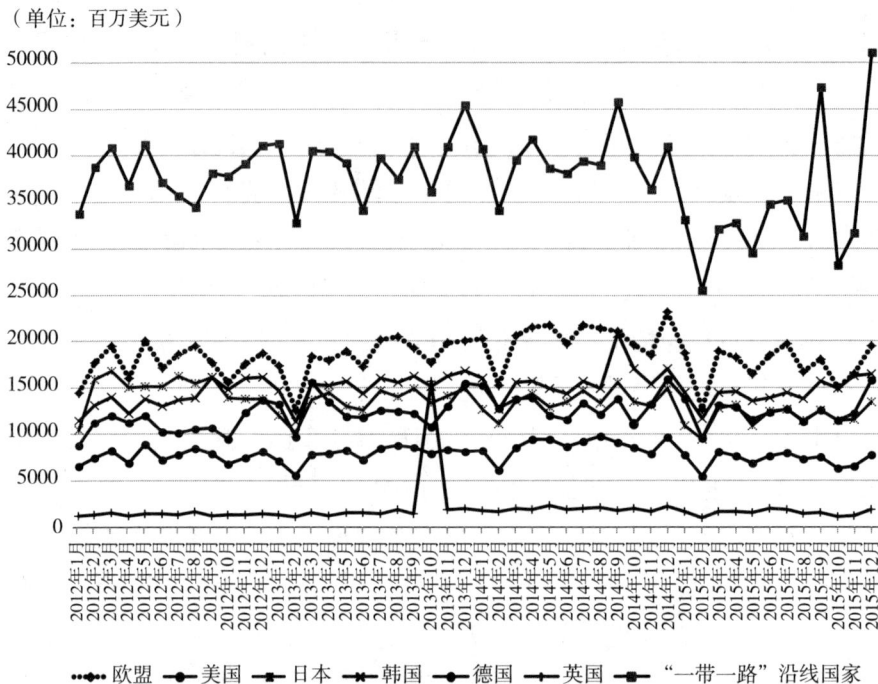

图 1-3 2012—2015 年中国月度分国别进口额趋势图

资料来源：中华人民共和国海关总署网站（http://www.customs.gov.cn/publish/portal0/）。

的进口额都是增加的,其中从"一带一路"沿线国家进口额上涨的趋势十分明显,但与此同时,中国从欧盟市场上的进口贸易却是减少的。继续分析其他月度的进口额变化趋势,可以发现中国进口额在不同进口市场呈现出不同变化趋势的这种情况并不是唯一一次出现,这里不再一一列举。进一步地,通过计算中国进口贸易额下降的国别贡献度,即中国从各国进口市场上进口贸易额减少绝对数占当期进口总额减少比重(以 2015 年 1 月为例),结果显示:来自欧盟和美国进口市场的贡献度分别为 18.93% 和 13.37%;来自韩国和德国进口市场的贡献度分别是 8.71% 和 7.51%;接下来是日本和英国,来自这两个进口市场的贡献度分别为 4.64% 和 1.92%。来自"一带一路"沿线国家在中国进口贸易增速变化中的贡献度最低。同样可以计算样本区间内其他月份各个国家对我国的进口贡献度,观察结果不难发现,"一带一路"沿线国家在中国进口贸易增速下降中贡献度相对较小，表现出"稳定器"作用。

第三节 中国外贸增速变化的区域差异

改革开放以来，我国外贸发展获得了高速增长，取得了令人瞩目的成就，这一外贸增长成就被学术界誉为"增长奇迹"，但伴随而来的却是不断扩大的区域发展差异。笔者根据《中国统计年鉴》整理出表1-2和表1-3。表1-2反映了2009—2017年全国和31个省区市每年的出口额同比增长率，表1-3反映了同期内全国和31个省区市每年的进口额同比增长率。

表1-2 2009—2017年全国和31个省区市出口额同比增长率（单位:%）

年份		2009	2010	2011	2012	2013	2014	2015	2016	2017
全国		-16.01	31.30	20.32	7.92	7.82	6.03	-1.91	-2.00	7.90
东部	北京	-15.81	14.59	6.42	-44.03	6.31	-4.73	-12.30	-12.88	9.92
	天津	-29.00	25.40	18.67	10.29	-0.27	6.30	-2.69	-2.82	7.42
	河北	-34.64	43.77	26.66	30.46	9.58	20.31	-7.77	-8.14	14.76
	辽宁	-20.57	28.98	18.43	2.89	1.70	4.22	-13.69	-14.34	11.08
	上海	-16.17	27.45	16.03	-7.69	-2.46	1.67	-6.77	-7.09	18.67
	江苏	-16.31	35.81	15.54	6.93	-0.13	5.02	-1.08	-1.13	2.98
	浙江	-13.79	35.67	19.88	13.09	7.26	7.12	1.19	1.25	-3.28
	福建	-6.44	34.09	29.86	-4.32	6.18	3.47	-0.39	-0.41	1.08
	山东	-14.70	31.12	20.62	8.13	4.13	9.50	-0.47	-0.49	1.30
	广东	-11.51	26.25	17.37	19.61	15.02	1.85	2.00	2.09	-5.51
	广西	-13.99	14.66	29.73	-26.03	1.96	38.82	15.19	15.91	-1.89
	海南	-17.55	77.31	9.54	10.44	13.04	31.91	-15.28	-16.00	4.13

续表

年份		2009	2010	2011	2012	2013	2014	2015	2016	2017
中部	山西	-69.34	65.74	15.36	55.70	15.42	19.08	-5.83	-6.10	4.11
	内蒙古	-35.54	44.01	40.56	15.08	-2.56	21.78	-8.57	-8.97	5.45
	吉林	-34.51	39.44	11.66	20.61	-5.45	9.60	-9.45	-9.90	9.09
	黑龙江	-52.51	61.48	8.55	-43.94	23.53	-0.59	-3.69	-3.86	15.26
	安徽	-21.80	39.68	37.62	20.86	8.78	18.03	5.15	5.39	-21.30
	江西	-4.64	82.07	63.06	-8.48	16.38	16.26	4.31	4.51	-17.83
	河南	-31.47	43.35	83.73	65.96	20.82	10.25	10.96	11.48	-15.33
	湖北	-14.78	44.72	35.26	-4.00	11.90	14.27	9.64	10.09	-39.87
	湖南	-34.72	44.86	24.48	24.62	16.70	18.66	-4.25	-4.45	17.58
西部	四川	-7.90	32.97	54.07	57.10	5.15	11.98	-2.91	-3.05	12.04
	重庆	-25.20	74.97	164.81	56.54	23.08	35.83	-2.27	-2.38	9.39
	贵州	-28.63	41.54	55.46	5.39	2.02	11.55	5.87	6.15	-4.28
	云南	-9.46	68.52	24.54	-42.74	61.67	19.94	-1.61	-1.69	6.66
	西藏	-46.94	105.35	53.41	71.09	1.10	-0.10	-7.06	-7.39	29.20
	陕西	-25.88	55.67	13.32	20.83	20.27	38.28	6.17	6.46	-25.52
	甘肃	-54.07	122.67	31.81	-15.21	-21.91	45.53	9.04	9.47	-37.39
	宁夏	-40.96	57.48	36.70	23.46	-8.91	48.25	-3.84	-4.02	15.88
	青海	-39.90	85.09	41.96	-35.33	-18.05	-10.23	5.47	5.73	22.62
	新疆	-43.34	18.60	29.74	-15.24	11.73	10.15	-5.45	-5.71	22.54

资料来源:根据历年各省市统计年鉴统计数据整理计算。

根据表 1-2 的数据计算可得,2012 年在全国出口额平均增长率为 7.92% 的情况下,东部地区 12 个省份出口额的平均增长率为 7.61%,中部地区 9 个省份出口额的平均增长率为 10.8%,西部地区 10 个省份出口额的平均增长率为 9.93%;2013 年全国出口额平均增长率为 7.82%,东部地区、中部地区以及西部地区出口额的平均增长率分别为 6.94%、14.4% 和 15%;2014 年全国出口额的平均增长率为 6.03%,东部地区、中部地区以及西部地区出口额的平均增长率分别为 4.41%、13.7% 和 23.3%;2015 年全国出口额的平均增长率为 -1.91%,东部地区、中部地区以及西部地区出口额的平均增长率分别为 -2.35%、0.16% 和 1.32%;2016 年全国出口额的平均增长率为 -2.00%,东部地区、中部地区以及西部地区出口额的平均增长率分别为 -3.67%、-0.66% 和 -1.59%;2017 年全国出口额的平均增长率为 7.90%,东部地区、中部地区以及西部地区出口额的平均增长率分别为 5.05%、12.87% 和 5.68%。由以上结果可以发现,东部地区出口额增长率连续三年均低于全国出口额平均增长率,并且增长率处于不断下降的局面,也就是说东部地区对我国出口拉动作用逐步降低;中部地区每年出口额增长率均高于全国出口额平均增长率,但中部地区出口额增长率比较稳定,也就是说中部地区出口对我国出口贸易增长具有一定的拉动作用且相对稳定;至于西部地区,每年出口额增长率均显著高于全国出口额平均增长率,这一点意味着西部地区对我国出口贸易的拉动作用呈现出越来越大的发展趋势。如果从各省区市细分层面进行进一步考察的话,可以发现在东、中、西三个区域内部,各个省份出口额变动情况也存在较大的差异性趋势。比如位于东部的北京、辽宁、上海、江苏和福建地区大部分年份出口额增长率均低于全国出口额平均增长率,河北省大部分年份出口的增长率均远远高于全国出口额平均增长率,而天津、广东和广西每年出口额增长率与全国出口额平均增长率间的关系处于浮动态势。与此类似,中部和西部内部各个省份出口额增长率也都呈现出不同的增速变化状况。说明外贸发展及其趋势变化的差异性不仅存在于东、中、西的大区域划分层面,即便在各区域内部也具有显著差异。

表1-3 2009—2017年全国和31个省区市进口额同比增长率（单位:%）

年份		2009	2010	2011	2012	2013	2014	2015	2016	2017
全国		-11.18	38.80	24.87	4.30	7.24	0.47	-13.21	0.60	15.90
东部	北京	-22.33	48.05	34.22	-70.53	0.95	12.67	-25.05	1.14	30.15
	天津	-11.38	31.46	32.00	25.29	16.10	7.87	-22.32	1.01	26.87
	河北	-3.32	39.93	28.34	79.84	9.68	-8.60	-23.36	1.06	28.12
	辽宁	-2.78	27.42	19.62	46.29	3.24	2.61	-18.04	0.82	21.71
	上海	-11.11	38.49	21.06	5.59	2.03	6.18	-1.15	0.05	1.38
	江苏	-9.53	39.93	16.25	12.09	1.99	-0.32	-6.74	0.31	8.11
	浙江	-3.73	33.54	27.31	11.28	-0.41	-5.75	-13.50	0.61	16.25
	福建	-5.39	41.62	35.92	13.18	4.89	11.22	-12.02	0.55	14.47
	山东	-8.66	42.59	29.72	45.87	7.89	0.01	-26.20	0.19	11.54
	广东	-9.73	31.56	15.02	25.57	14.68	-9.61	-11.88	0.54	14.30
	广西	-0.15	38.38	33.95	13.72	-7.45	8.68	3.23	-0.15	-3.89
	海南	21.48	77.11	61.41	15.07	-1.42	9.99	-10.82	0.49	13.02
中部	山西	11.47	37.37	18.35	-12.59	-9.00	-6.87	-11.85	0.54	14.26
	内蒙古	-16.30	21.01	34.26	18.38	6.52	-2.62	-11.23	0.81	13.52
	吉林	0.67	43.54	37.95	8.13	5.64	6.66	-10.66	0.98	12.83
	黑龙江	-2.80	50.22	125.78	-12.20	-17.20	13.85	-19.91	0.90	23.96
	安徽	-23.00	74.64	19.95	-13.45	33.74	1.37	-11.73	0.53	14.12
	江西	-8.16	51.62	16.94	6.48	1.34	16.16	-12.26	0.76	14.76
	河南	-9.31	19.10	83.27	67.40	8.01	7.22	2.62	1.12	13.15
	湖北	-19.17	58.00	22.30	-2.62	7.05	15.14	-0.28	0.51	20.34
	湖南	12.65	43.86	34.92	0.78	8.81	13.08	-7.36	0.73	28.86

续表

年份		2009	2010	2011	2012	2013	2014	2015	2016	2017
西部	四川	11.34	38.54	34.97	9.89	8.70	9.93	-28.19	1.28	33.93
	重庆	-9.66	43.87	89.87	52.39	44.95	49.00	-39.12	1.78	47.09
	贵州	-35.34	29.44	55.10	0.20	-18.82	0.68	6.36	1.29	7.66
	云南	-23.37	64.79	12.57	2.13	5.38	33.18	-6.98	1.32	8.40
	西藏	-54.29	144.24	169.86	-47.76	-40.11	61.00	12.99	-0.59	15.64
	陕西	49.84	33.42	29.16	-12.13	49.44	35.57	16.59	-0.75	19.97
	甘肃	-30.35	84.19	13.96	-18.83	1.48	-41.12	-9.18	0.42	11.05
	宁夏	-26.00	71.91	-13.12	16.35	1.38	66.31	-8.09	0.37	9.74
	青海	24.17	-3.62	-18.83	46.95	31.17	-39.70	-5.42	0.25	6.52
	新疆	3.26	38.10	44.03	233.10	11.71	-1.88	-8.13	1.37	9.79

资料来源:根据历年各省市统计年鉴统计数据整理计算。

根据表1-3的数据计算可得,2012年在全国进口额的平均增长率为4.3%的情况下,东部地区12个省份进口额的平均增长率为3.2%,中部地区9个省份进口额的平均增长率为5.6%,西部地区10个省份进口额的平均增长率为31.4%。2013年全国进口额的平均增长率为7.24%,东部地区、中部地区以及西部地区进口额的平均增长率分别为6.91%、4.6%和18.3%。2014年全国进口额的平均增长率为0.47%,东部地区、中部地区以及西部地区进口额的平均增长率分别为-1%、7.74%和17.9%。2015年全国进口额的平均增长率为-13.21%,东部地区、中部地区以及西部地区进口额的平均增长率分别为-17.89%、-11.21%和-6.59%。2016年全国进口额平均增长率为0.60%,东部地区、中部地区以及西部地区进口额的平均增长率分别为0.55%、0.77%和0.67%。2017年全国进口额的平均增长率为15.90%,东部地区、中部地区以及西部地区进口额的平均增长率分别为15.17%、17.31%和16.98%。基于以上计算结果可以发现,东部地区进口额平均增长率连续三年均低于全国进口额增长率,其中在 2014 年和 2015 年对进口额增长的拉动作用为负,表明与 2013 年相比最近两年进口额呈现减少趋势;中部地区进口状况的增速变化比较明显,2012 年和 2014 年中部地区进口额平均增长率高于全国进口额平均增长率,2013 年进口额平均增长率低于全国进口额增长率,2015 年高于全国平均水平;而西部地区进口额平均增长率连续四年均显著高于全国进口额平均增长率,即西部地区出口对我国出口的拉动影响增速变化比较大。同样,如果从各个省区市的细分层面进行进一步考察的话,可以发现在东、中、西三个区域内部各个省区市进口额变动情况同样具有明显的差异性趋势。比如位于东部的天津大部分年份进口的增长率均远远高于全国出口额平均增长率,而东部其他地区则有些年份的进口额增长率高于全国进口额平均增长率,有些年份则低于全国出口额平均增长率。与此种情况类似,中部和西部内部各个省份进口额增长率也都呈现出不同的增速变化状况。此处不再一一分析。

第四节　中国外贸增速变化的产业差异

近几年在中国经济学界比较热议的一个词就是"传统比较优势丧失"。众所周知,在改革开放初期,我国主要依托低劳动力成本优势加入世界市场并取得外贸"增长奇迹",但近些年,由于我国人口结构变化尤其是劳动力成本上升等,出现了学术界所热议的所谓"传统比较优势丧失",突出表现在劳动密集型产业开始逐步向东南亚等更具有劳动力成本优势的国家和地区转移。但从产业结构变化层面来看,可以发现高新技术产业在我国外贸发展中的地位逐步提高。囿于统计数据,虽然无法对近年来高新技术产业的进出口情况进行详细分析,但考虑到"产业是源,贸易是流",即产业是贸易发展基础的这一基本认识,我们可以选取各产业每年的企业个数和企业总资产这两个指标来比较各主要产业在2012—2017 年的发展状况。所选取代表性产业主要包括高新技术行业,以及作为传统比较优势产业代表的煤炭开采和洗选业、黑色金属采矿业、食品制造业、纺织业、橡胶和塑料制品业。

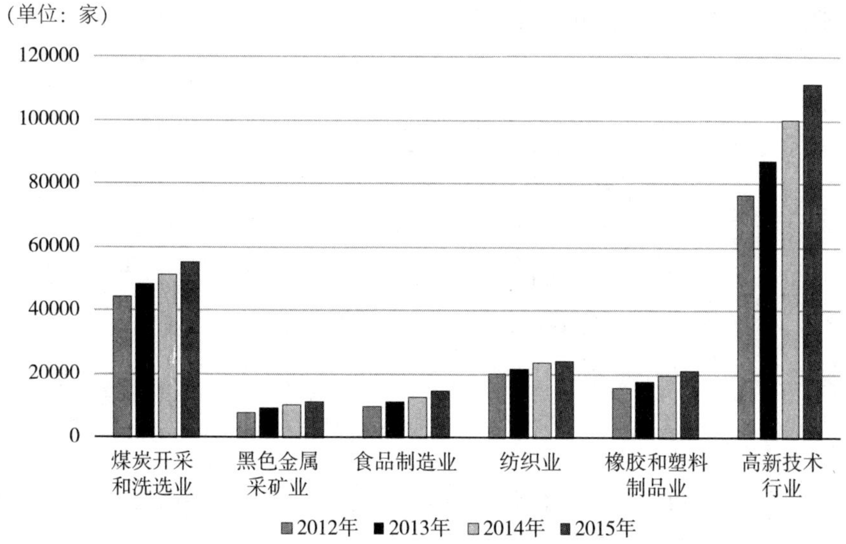

（单位：家）

图1-4 2012—2015年中国各行业企业单位数统计图

由图1-4显示的产业结构变化趋势图可以发现,传统比较优势产业在2012—2015这四年中企业单位数总体是呈现上升趋势的,其中食品制造业以及橡胶和塑料制品业、煤炭开采和洗选业、黑色金属采矿业、纺织业有微弱的增长,总体都是呈现上升趋势的;与前述各产业相比,高新技术行业的企业单位数则呈现出明显的增加趋势。图1-4中所示的六个产业2013年比2012年企业单位个数总共增加了3937家,其中高新技术行业企业单位数就增加了2258家,占企业单位数增加总额的57.35%;2014年比2013年企业单位个数总共增加了488家,其中高新技术行业企业单位个数增加了1045家,占企业单位个数增加总额的比重非常之高。这一变化趋势在接下来的2015年、2016年和2017年的表现同样如此。

另外,据中国工业行业数据库的统计数据显示,虽然传统比较优势产业和高新技术行业的总资产都表现出上升状态,但高新技术行业总资产的增加幅度要明显高于传统优势产业。2013年比2012年企业资产总共增加了21784亿元,其中高新技术行业企业资产增加了10581亿元,占企业资产增加总额的48.57%;2014年比2013年企业资产总共增加了22602亿元,其中高新技术行业企业资产增加了13139亿元,占企业资产增加总额的 58.13%。2015 年、2016 年和 2017 年仍然延续着这一变化趋势。

第五节　中国外贸增速变化的产品异质性

根据联合国统计司广义经济分类法（BEC）对贸易品的分类，笔者对近年来中国外贸发展中不同类别的贸易品进、出口情况做了进一步分析。由于无法获得 BEC 分类的中国进、出口月度统计数据，故笔者使用年度数据对近年来中国进、出口贸易的产品特征进行分析。表 1-4 整理计算的数据即为 2011 年至 2017 年 BEC 分类的中国进、出口贸易额。

表 1-4　2011—2017 年中国 BEC 分类商品的年度进、出口额

（单位：亿美元）

产品 \ 年份		2011	2012	2013	2014	2015	2016	2017
出口	中间产品	7819.92	8266.74	9166.5	9700.13	9682.83	9675.53	10439.79
	资本品	5529.15	6069.65	6190.29	6460.16	6301.81	6293.46	6790.58
	消费品	5362.87	5871.94	6422.73	6936.85	6579.07	6481.29	6993.24
	其他未分类	30.88	23.43	24.61	28.81	27.98	71.72	77.39
	总　计	18742.82	20231.76	21804.13	23125.95	22591.69	22522	24301
进口	中间产品	12937.2	13345.79	14184.93	14300.04	11965.64	13025.87	15096.52
	资本品	2610.59	2569.99	2567.77	2640.5	2260.78	2975.68	3448.71
	消费品	671.83	628.77	901.62	968.82	498.65	803.29	930.98
	其他未分类	497.16	689.77	1049.59	831.49	185.13	312.16	361.78
	总　计	16716.78	17234.25	18703.91	18740.82	14910.2	17117	19838

资料来源：根据联合国 Comtrade 统计数据库（http://comtrade.un.org）统计数据整理计算而得。

根据表 1-4 数据进一步计算不难发现，在出口贸易方面，2012 年中间产品出口、资本品出口以及消费品出口在总出口中所占比重分别为 40.86%、30.00% 和 29.02%；2013 年分别为 42.04%、28.39% 和 29.46%；2014 年分别为 41.94%、27.93% 和 30.00%；2015 年分别为 42.86%、27.89% 和 29.12%。观察结果可发现中间产品出口在总出口中所占比重

基本在42%上下波动,资本品和消费品出口在总出口中所占比重基本在58%上下浮动。也就是说,资本品和消费品出口在中国出口贸易中占据主导地位。在进口贸易方面,2012年中间产品进口、资本品进口以及消费品进口在总进口中的所占比重分别为77.44%、14.91%和3.65%;2013年分别为75.84%、13.73%和4.82%;2014年分别为76.30%、14.09%和5.17%;2015年分别为80.24%、3.34%和15.16%。观察结果可发现,中间产品进口在总进口中所占比重基本在76%上下波动,资本品和消费品进口在总进口中所占比重基本在19%上下波动,其他未分类产品进口在总进口中所占比重基本在5%上下波动。也就是说,中间产品进口在中国进口贸易中占据主导地位。上述占比情况只是初步反映了不同类别的产品在我国进出口贸易中所占地位,还未能充分说明其变化对中国外贸增速变化的实际影响,或者说各种类别产品进出口变化究竟在多大程度上对中国外贸增速变化发挥了作用力。为此,根据表1-4的数据,我们进一步计算了不同类别产品在中国出口和进口贸易增速变化中的贡献度,结果见图1-5和图1-6。

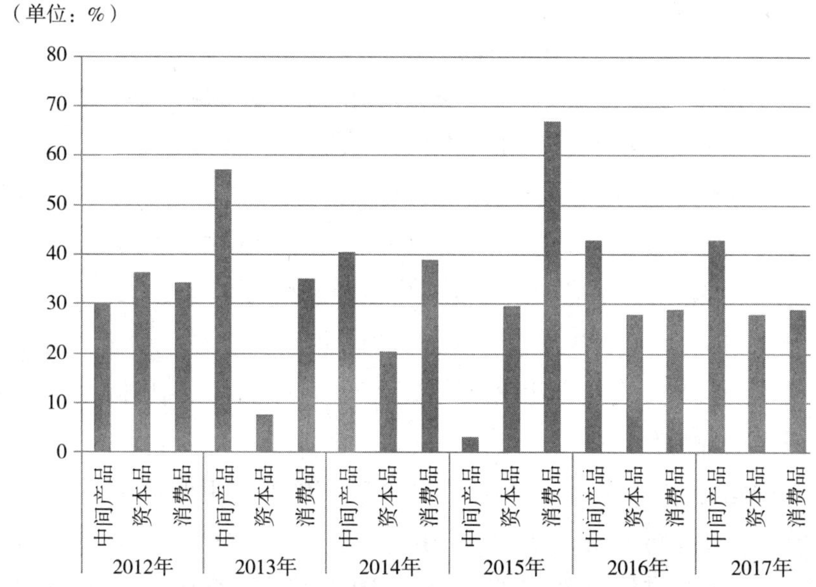

（单位：%）

图1-5　不同类别产品在中国出口贸易增长中的贡献度

（单位：%）

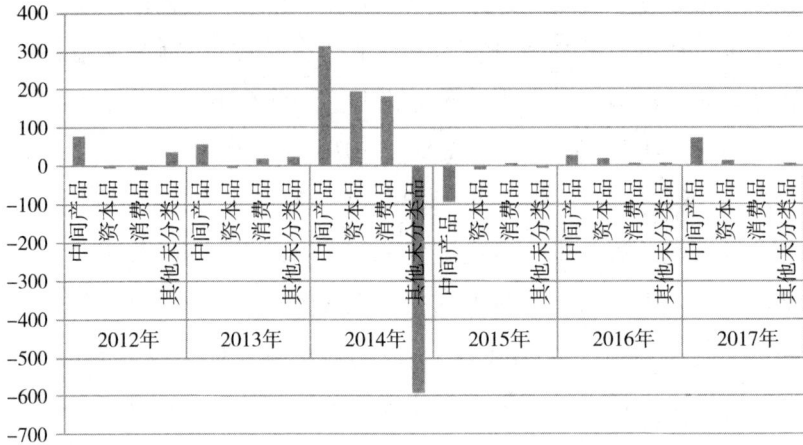

图 1-6　不同类别产品在中国进口贸易增长中的贡献度

从近年来中国出口贸易增速变化情况来看，2012 年中间产品出口增加 446.82 亿美元，同比增加 5.71%，在出口贸易总额增长中的贡献度为 30.01%；资本品出口增加 540.5 亿美元，同比增加 9.78%，在出口贸易总额增长中的贡献度为 36.30%；消费品出口增加 509.07 亿美元，同比增加 9.49%，在出口贸易总额增长中的贡献度为 34.19%。2015 年中间产品出口减少 17.3 亿美元，同比下降 0.18%，在出口贸易总额下降中的贡献度为 3.24%；资本品出口减少 158.35 亿美元，同比下降 2.45%，在出口贸易总额下降中的贡献度为 29.64%；消费品出口减少 357.78 亿美元，同比下降 5.16%，在出口贸易总额下降中的贡献度为 66.97%。可以看出，在 2012—2017 年间，资本品和消费品两项在中国出口贸易总额增加中的贡献度分别为 70.49%、42.7%、59.31%，2015 年这两项在中国出口贸易总额下滑中的贡献度更是高达 96.61%，可见这两项出口在中国出口贸易中仍旧占据主导地位。

从中国进口贸易增速变化情况来看，2012 年中间产品进口增加 408.59 亿美元，同比增加 3.16%，在进口贸易总额增长中的贡献度为 78.96%；资本品进口减少 40.6 亿美元，同比下降 1.56%，在进口贸易总额增长中的贡献度为 -7.85%；消费品进口减少 43.06 亿美元，同比下降

6.41%,在进口贸易总额增长中的贡献度为-8.32%;其他未分类品进口
增加 192.61 亿美元,同比增加 38.74%,在进口贸易总额增长中的贡献度
为 37.22%。2014 年中间产品进口增加 115.11 亿美元,同比增加
0.81%,在进口贸易总额增长中的贡献度为 311.87%;资本品进口增加
72.73 亿美元,同比增加 2.83%,在进口贸易总额增长中的贡献度为
197.05%;消费品进口增加 67.2 亿美元,同比增加 7.45%,在进口贸易总
额增长中的贡献度为 182.06%;其他未分类品进口减少 218.1 美元,同比
下降 20.78%,在进口贸易总额增长中的贡献度为-590.90%。可以看出,
在 2012 年至 2014 年间,中间产品进口在中国进口贸易总额增加中的贡
献度分别为 78.96%、57.10%、311.61%,2015 年在中国进口贸易总额下
滑中的贡献度高达 93.04%;同时 2012—2014 年间其他未分类品在中国
进口贸易总额增加中的贡献度分别为 37.21%、24.49%、-590.90%,2015
年在中国进口贸易总额下滑中的贡献度较低,仅为 0.84%。2016 年和
2017 年的情况较为相似。可见中间产品和其他未分类品进口在中国进
口贸易中占据主导地位。

综上所述,从 BEC 商品分类的角度来分析不同类别的产品对 2012
年至 2017 年中国贸易增速变化的贡献度可以看出,消费品和资本品两项
出口主导中国外贸出口增速变化情况,而中间产品和其他未分类品两项
进口主导中国外贸进口增速变化情况。

第六节　中国外贸增速变化的国际比较

由于对外贸易是国与国之间的贸易,因此,正确看待对外贸易增速变
化问题,不能仅看自身情况,还必须置于国际大环境下进行简要的比较。
如此,从外贸相对地位变化中去认识外贸增速变化问题,更加具有客观性
和全面性。表 1-5 给出了 2008—2017 年中国及全球部分代表性国家和
地区的出口贸易情况,以此明晰中国外贸增速变化究竟是自身独特现象
还是全球现象,以及中国外贸增速变化在全球贸易中的相对性。

表 1-5　2008—2017 年部分经济体出口增长率　　　　（单位:%）

年份 国家	2008	2009	2010	2011	2012	2013	2014	2015	2016	2017
中　国	17.23	-16.01	31.30	20.32	7.92	7.82	6.03	-1.81	-2.00	7.91
美　国	12.13	-17.97	21.06	15.96	4.26	2.19	2.59	-7.07	-3.43	6.59
德　国	9.46	-22.55	12.40	17.08	-4.67	3.33	3.84	-11.20	-2.96	5.53
英　国	4.71	-22.81	17.21	21.78	-6.67	14.43	-6.50	-9.64	-10.99	5.64
日　本	9.39	-25.68	32.56	6.94	-2.99	-10.45	-4.37	-8.60	3.21	6.25
韩　国	13.60	-13.86	28.29	19.05	-1.32	2.15	2.33	-7.99	-5.94	5.79
丹　麦	13.33	-19.62	2.61	15.99	-5.72	4.40	0.88	-13.77	-2.14	7.15
法　国	10.12	-21.33	8.04	13.88	-4.65	2.15	0.28	-13.21	-2.91	6.65
印　度	29.75	-15.36	37.26	33.82	-2.01	6.07	2.14	-16.87	-2.23	6.95
荷　兰	15.83	-21.95	15.34	16.17	-1.76	2.47	0.09	-15.37	0.14	14.09
俄罗斯	33.07	-35.67	32.05	30.30	1.39	-1.13	-4.88	-8.95	-17.44	5.28
瑞　典	8.60	-28.66	21.23	17.92	-7.82	-2.78	-1.90	-11.26	-0.42	5.78
阿根廷	25.53	-20.49	22.48	23.27	-4.53	1.76	-11.86	-12.62	1.92	0.94
澳大利亚	32.47	-17.58	37.78	27.79	-5.54	-1.44	-4.65	-11.38	-2.52	4.91
巴　西	23.21	-22.71	31.98	26.81	-5.26	-0.22	-7.00	-15.09	-3.05	7.53

数据来源:根据世界贸易组织(WTO)统计数据整理而得。

从表 1-5 显示的统计数据看,虽然近年来我国出口贸易增速有明显的下降趋势,并且在 2015 年出现了-1.81%的负增长,但是与全球其他各主要经济体的同期出口绩效相比,这一增速仍然不低。也就是说,仅从自身增速变化的纵向角度看,的确出现了明显的"增速下降",但是从横向比较角度看,"增速下降"情形中仍然保持了较为显著的"优势"。仍以2015 年的出口贸易为例,与中国相比,美国、德国、英国、日本、韩国、巴西等出口贸易增速分别为-7.07%、-11.20%、-9.64%、-8.60%、-7.99%

和-15.09%,出口增速下滑程度之高都要远远高于中国。在表1-5所选的各经济体中,2015年出口增速低于同期中国出口增速最少的5.26个百分点,最高的达到15.06个百分点。2016年的负增长同样如此,即与全球各主要国家相比,中国出口贸易出现的负增长幅度要显著低于各主要国家负增长幅度。而在2017年的恢复性增长中,则又表现出高于大部分国家增长速度的情形。其实自2012年以来的出口增速变化看,基本上均是如此,对此我们就不再一一分析了。可见,中国出口贸易明显好于全球主要经济体的出口贸易,从相对角度看,仍然属于"中高速"增长。这一点可称为中国外贸发展之"高"。也正因如此,尽管从绝对角度看中国外贸发展进入增速下降状态,但是相对而言,中国在全球贸易主体结构中的位置却仍趋于上升,正如最近中国商务部发布的一组数据显示:2017年我国依旧保持全球货物贸易总值第一的位置,占全球出口市场份额的比重达到13.38%,较2016年的13.26%又有所提升。这一点可称为中国外贸发展之"大"。当然,如果透过贸易规模和总量增长数据的"面子"而透视外贸发展"里子"的话,有关研究显示,我国外贸结构呈显著优化发展态势,突出表现为2015年和2016年在出口增速总体为负增长的情景下,机电产品、资本品、铁路设备、电力设备、通信设备等中高端产品出口表现为正增长。这一点可称为中国外贸发展档次之"上"。

综上可见,近年来的外贸增速下降并非中国独有现象,全球主要经济体均在不同程度上经历着同样的外贸增速下降发展阶段。而且从相对地位变化角度看,中国出口市场份额所占全球比重仍然有所上升,足以说明近年来中国"遭遇"的外贸增速下降状况总体上要好于全球整体层面。也正因如此,基本上可以认为,当前中国外贸增速下降是在全球经济深度调整背景下的"正常态",而不是"非常态"。甚至也可以说,是在全球经济进入深度调整期以及中国经济发展到新阶段后,外贸发展必然从以往高速增长,转向中低速增长乃至偶然出现负增长的"新常态"发展阶段。当然,对于上述判断,还只是停留于贸易增速这一表象上的简单分析。为了更深刻地认识这一问题,我们还可以对中国外贸增速下降的原因进行进一步探讨。

第七节　基于价值链视角的中国
外贸增速变化初步分析

在全球价值链的分工体系下,中间品的多次跨境流动往往会高估一国的真实贸易规模,每个行业融入全球价值链的程度不同,遵循上述逻辑同样应该会影响到行业出口贸易增速变化。因此客观准确地分析中国外贸增速变化的行业特征,需要以全球价值链参与度为切入点进行深度剖析。鉴于此,此处采用测度全球价值链参与度的最新测度方法,利用WIOD 数据库公布的最新世界投入产出表,从行业层面测算了中国全球价值链参与度,据此分析中国外贸增速的行业差异性,力求厘清行业全球价值链参与度与外贸增速变化之间的可能关系,以深化理解中国外贸增速变化的特征及可能原因。

一、方法与数据

（一）价值链参与度的测算方法

从全球价值链参与度的视角,分析中国外贸增速变化的行业差异性,首先需要度量的就是行业层面的价值链参与度问题。针对每个国家或各个行业在全球价值链中的融入程度的测度,KPWW（2010）提出的测度方法目前在学术界采用得较为普遍。本书也借鉴其方法测算中国各主要行业的全球价值链参与度。根据 KPWW（2010）提出的全球价值链参与度的测算方法,首先构建一个三国模型,将 r 国对 s 国的出口分解为以下16项:

$$E_{rs} = \underbrace{\frac{(V_r L_{rr})^T * F_{sr}}{T1}}_{} + \underbrace{\frac{(V_r B_{rr})^T * (A_{rs} L_{ss} F_{ss})}{T2}}_{} + \underbrace{\frac{(V_r B_{rr})^T * (A_{rs} L_{st} F_{tt})}{T3}}_{} + \underbrace{\frac{(V_r B_{rr})^T * (A_{rs} L_{ss} F_{st})}{T4}}_{}$$

$$\underbrace{\frac{(V_r B_{rr})^T * (A_{rs} L_{st} F_{ts})}{T5}}_{} + \underbrace{\frac{(V_r B_{rr})^T * (A_{rs} L_{ss} F_{sr})}{T6}}_{} + \underbrace{\frac{(V_r B_{rr})^T * (A_{rs} L_{st} F_{tr})}{T7}}_{} + \underbrace{\frac{(V_r B_{rr})^T * (A_{rs} L_{s} F_{rr})}{T8}}_{}$$

$$+ \underbrace{\frac{(V_r B_{rr})^T * (A_{rs} L_{ss} (F_{rs} + F_{rt}))}{T9}}_{} + \underbrace{\frac{V_r (L_{rr} - B_{rr})^T * (A_{rs} X_s)}{T10}}_{} + \underbrace{\frac{(V_s L_{sr})^T * F_{rs}}{T11}}_{} + \underbrace{\frac{(V_s L_{sr})^T * (A_{rs} B_{ss} F_{ss})}{T12}}_{}$$

$$+ \underbrace{\frac{(V_s L_{sr})^T * (A_{rs} B_{ss} F_{s\cdot})}{T13}}_{} + \underbrace{\frac{(V_t L_{tr})^T * F_{rs}}{T14}}_{} + \underbrace{\frac{(V_t L_{tr})^T * (A_{rs} B_{ss} F_{ss})}{T15}}_{} + \underbrace{\frac{(V_t L_{tr})^T * (A_{rs} B_{ss} F_{s\cdot})}{T15}}_{} \quad (1-1)$$

其中，下标表示不同的国家（有 s、r、t 三国），V 是直接国内增加值系数向量，L 是里昂惕夫逆矩阵，F_{rs} 是 r 国出口到 s 国的最终出口产品矩阵，A_{rs} 是 r 国出口到 s 国的中间投入品消耗系数矩阵，"#"表示矩阵的直乘。以上 16 项按照出口产品的价值来源和最终消耗地共分为五大类：第一类是国内增加值（FDV），由 T1 组成；第二类是为他国消费提供的中间产品出口所包含的国内增加值（IV），由 T2、T3、T4 和 T5 组成；FDV 和 IV 之和是被外国最终吸收的国内增加值出口（DVA）；第三类是复进口增加值，即被他国用作中间投入品进行生产后又出口回本国并在本国被最终消耗的产品中所包含的国内增加值部分（RDV），由 T6、T7 和 T8 组成，DVA 和 RDV 之和是国内增加值；第四类是本国出口中被他国最终吸收的外国增加值（FVA），由 T11、T12、T14 和 T15 组成；第五类是中间产品跨境流动导致的纯重复计算部分（PDC），由国内增加值重复计算（DDC）和国外增加值重复计算（FDC）两部分组成，包含 T9、T10、T13 和 T16，FVA 和 PDC 中的外国增加值重复计算部分组成了总出口中源自其他国家的增加值（FV）。在上述分解基础之上，KPWW（2010）构建的全球价值链参与度指数的具体测度公式为：

$$GVC - Partincipation = \frac{IV_r}{E_r} + \frac{FV_r}{E_r} \tag{1-2}$$

其中，GVC-Participation 即为价值链参与度指数，E 表示传统总值核算法下的出口总值，IV 和 FV 分别表示此数值越大，说明一国参与全球价值链的程度越高。

（二）数据来源及说明

目前在各主要国际组织构建的全球价值链基础数据库中，欧盟支持的 11 个机构联合体开发的世界投入产出数据库（WIOD），不仅在行业分类上更为细致，而且在时间序列上连续性也更强，因而在实际研究中采用的较为普遍。本书研究所采用的基础数据也来源于 WIOD 数据库。需要说明的是，WIOD 发布的世界投入产出表有两个版本，其中一个版本是 2013 年发布的 1995—2011 年世界投入产出数据，另一版本是 2016 年新发布的 2000—2014 年的世界投入产出数据。一方面，2016 年发布的最新版世界投入产出表,除了对往年数据进行年度上的更新外,还将世界投入产出表的部门数由原来的 35 个细分至 56 个,国家(地区)增加到 44 个,表格的制定方式也由原来的每国一表,变更为每年一表的统一制表格式。因此采用 2000—2014 年的世界投入产出数据进行测算,所得结果将更加准确、更加细致、更加具有时效性;另一方面,由于本书关注的主要是 2012 年至今中国外贸增速的"新常态"时期增速变化情形,因此从数据的时间对接角度看,采用 2000—2014 年的世界投入产出数据进行测算行业层面的全球价值链度,能够更好与当前外贸增速变化相衔接。据此,测算行业层面的全球价值链参与度所用数据,来源于世界投入产出数据库(WIOD)所提供的 2012—2014 年间的世界投入产出表(WIOTs)。需要进一步说明的是,该世界投入产出表中包含了 56 个行业,剔除了其中有 9 个中间投入为零的行业,且在后文测算和分析中发现有 1 个出口增长速度波动过大的行业,以及存在 2 个全球价值链参与度波动过大的行业,将上述情形的行业均视为异常值予以剔除,因此样本中共包含 2012—2014 年间 44 个行业的数据①。

二、特征事实

(一) 中国出口增速的行业差异性特征分析

虽然近年来中国外贸增速总体出现下滑乃至进入负增长通道,但在行业上却表现出巨大的差异性。为保持分析数据的一致性,本书按照 WIOD 的行业分类法,对行业层面外贸增速变化情况进行分析,且采用的数据也是来自 WIOD 数据库的总值出口数据。需要说明的是,WIOD 数

---

① 9 个中间投入为 0 的行业分别为:机械和设备的修理和安装(C23),批发和零售贸易业和修理汽车和摩托车业(C28),出版业(C37),传媒业(C38),金融保险辅助行业(C43),建筑和工程活动:技术测试和分析(C46),广告和市场研究(C48),自给自足的家庭生产服务活动(C55),不受管辖的组织和机构的服务活动(C56);1 个出口增长速度为异常值的行业是行政和辅助类(C50),其在 2012 年的出口增长速度为 67220.612;2 个全球价值链参与度为异常值的行业分别是:房地产活动(C44),其 2012—2014 年间全球价值链参与度分别为 -8339930.175、177875.499、-679305.4003;其他专业科学和技术活动、兽医活动(C49),其在 2012—2014 年间全球价值链参与度分别为 946.118、1177.843、1776.895378。各个行业名称参照世界投入产出表(WIOTs)

据库中公布的最新数据仅到 2014 年,因此为了得到 2014 年之后的数据,我们将 WIOD 的产业分类情况与联合国 Comtrade 数据库中的产业分类进行匹配,然后将 Comtrade 数据库中的产业相应地也划分为与 WIOD 的产业一致的分类,并根据其统计数据核算各产业的出口增速。表 1-6 报告了 2012—2017 年间中国各行业出口增速变化情况。

表 1-6　2012—2017 年中国各行业出口增长率　　（单位:%）

年份 行业	2012	2013	2014	2015	2016	2017
C1	-7.80	8.10	1.90	-6.10	-6.20	3.70
C10	4.10	11.90	5.70	-2.30	-2.40	7.50
C11	-5.10	8.00	10.80	2.80	2.70	12.60
C12	2.80	8.40	2.80	-5.20	-5.30	4.60
C13	9.40	10.20	3.40	-4.60	-4.70	5.20
C14	22.60	15.60	2.70	-5.30	-5.40	4.50
C15	1.60	4.50	14.50	6.50	6.40	16.30
C16	15.40	8.90	6.60	-1.40	-1.50	8.40
C17	7.10	6.00	5.20	-2.80	-2.90	7.00
C18	10.40	13.10	10.10	2.10	2.00	11.90
C19	-4.90	9.00	6.90	-1.10	-1.20	8.70
C2	43.60	23.60	47.00	39.00	38.90	48.80
C20	7.00	9.60	7.40	-0.60	-0.70	9.20
C21	-2.20	-6.60	-2.40	-10.40	-10.50	-0.60
C22	33.00	11.10	9.30	1.30	1.20	11.10
C24	6.50	4.60	12.50	4.50	4.40	14.30
C25	20.90	11.60	17.60	9.60	9.50	19.40
C26	73.80	-2.00	13.10	5.10	5.00	14.90
C27	8.30	30.60	-11.30	-19.30	-19.40	-9.50
C29	15.10	-6.90	8.30	0.30	0.20	10.10
C3	-10.20	2.50	-0.50	-8.50	-8.60	1.30

年份 行业	2012	2013	2014	2015	2016	2017
C30	15.10	-6.90	8.30	0.30	0.20	10.10
C31	12.90	-1.90	-2.80	-10.80	-10.90	-1.00
C32	-5.40	-1.90	-2.80	-10.80	-10.90	-1.00
C33	-3.70	-1.90	-2.80	-10.80	-10.90	-1.00
C34	7.80	-1.90	-2.80	-10.80	-10.90	-1.00
C35	-10.50	-6.90	-12.10	-20.10	-20.20	-10.30
C36	-6.90	1.30	0.70	-7.30	-7.40	2.50
C39	-3.60	-6.90	-12.10	-20.10	-20.20	-10.30
C4	-6.90	3.10	2.00	-6.00	-6.10	3.80
C40	14.00	14.60	-10.90	-18.90	-19.00	-9.10
C41	41.30	-6.90	3.10	-4.90	-5.00	4.90
C42	12.20	-6.90	28.60	20.60	20.50	30.40
C45	-2.60	-6.90	8.30	0.30	0.20	10.10
C47	-5.50	-6.90	8.30	0.30	0.20	10.10
C5	1.70	10.40	4.00	-4.00	-4.10	5.80
C51	6.30	20.60	-12.90	-20.90	-21.00	-11.10
C52	8.90	20.60	-12.90	-20.90	-21.00	-11.10
C53	-0.70	20.60	-12.90	-20.90	-21.00	-11.10
C54	7.00	3.50	-11.30	-19.30	-19.40	-9.50
C6	0.10	11.70	3.90	-4.10	-4.20	5.70
C7	14.00	6.80	8.00	0.00	-0.10	9.80
C8	27.40	14.50	10.30	2.30	2.20	12.10
C9	13.10	17.50	8.90	0.90	0.80	10.70

数据来源:2012—2014 年的数据是根据世界投入产出表(WIOTs)统计整理得出;2015 年、2016 年和 2017 年的数据是根据 SITC Rev.3——国际贸易标准分类第三版的行业分类,与 WIOTs 数据库进行匹配分类后计算所得。

　　中国商务部的统计数据表明,虽然以美元计价的 2012—2017 年中国进出口总额的增长率分别为 6.19%、7.55%、3.43%、-7.02%、-0.9% 和

11.4%，其中，出口增长速度分别为 7.92%、7.82%、6.10%、-1.9%、-2.0% 和 7.9%。但从表 1-6 分行业的统计数据可以看出，样本中很多行业在 2012 年的出口增长速度均在 6% 以下，且有很大一部分行业出口增长速度小于 2%，还有一部分行业的出口增长速度为负值。由此可见，不同行业出口增长速度确实存在较大差异，包括存在着正向增长和负向增长的巨大差异。从总值角度看，虽然 2013 年的出口总额增长率比 2012 年仅下降 0.1%，但从行业角度看，有很大一部分行业其出口增长速度下降幅度超过了 2% 的水平，与此同时还存在一部分行业出口增长速度较之于 2012 年呈现出微弱上升的趋势。也就是说，中国外贸增速变化在不同行业上表现出不同的差异性，有些行业呈现下降而有些行业呈现增长。这种情况在 2015 年、2016 年和 2017 年同样存在，对此不再一一赘述。

进一步地观察表 1-6 中不同行业的出口增长速度可发现：2012 年出口增长速度最大的五个行业分别是：污水处理、废物管理和补救活动，林业与伐木业，金融服务活动（保险和养恤金除外），家具制造与其他制造业，纸和纸制品制造；2012 年出口增长速度最低的五个行业分别是：邮政和邮递活动，渔业和水产业，作物和牲畜生产、猎兽和相关服务活动，采矿和采石，食宿服务活动。2013 年出口增长速度最大的五个行业分别是：建筑业，林业与伐木业，公共管理与国防、强制性社会保障，教育，人体健康和社会工作活动；2013 年出口增长速度最低的五个行业分别是：金融服务活动（保险和养恤金除外），电信，邮政和邮递活动，零售贸易（汽车和摩托车除外），法律和会计活动、总公司的活动、管理咨询活动。2014 年出口增长速度最大的五个行业分别是：林业与伐木业，保险、再保险和养恤金（强制性社会保障除外），供水，基本金属制造，污水处理、废物管理和补救活动；2014 年出口增长速度最低的五个行业分别是：公共管理与国防、强制性社会保障，教育，人体健康和社会工作活动，邮政和邮递活动，电信。2014 年的行业增速情况在接下来的 2015 年至 2017 年间表现出了较为稳定的一致性。总之，将 2012—2017 年出口增长速度最大的五个行业和出口增长速度最小的五个行业进行比较，可发现：大部分传统劳动密集型货物贸易行业，如林业与伐木业、家居和其他制造业等，其出口增长速度高于服务业的出口增长速度,如食宿服务活动、邮政和邮递活动等。

(二) 中国各行业价值链参与度的特征分析

改革开放以来,中国以积极的姿态接受发达国家的技术扩散和产业转型,快速而深度地融入发达国家跨国公司主导的全球价值链分工体系之中。但是,由于受行业本身属性差异以及开放战略选择等因素影响,不同行业融入全球价值链分工的程度并不相同。根据前述所述方法,本书测度了中国各行业在 2012—2017 年间全球价值链参度。需要说明的是,由于 WIOTs 数据所涵盖的年份为 2000—2014 年,因此表中 2015 年至 2017 年所汇报的结果,是在利用 WIOTs 数据库测算出的 2000—2014 年结果基础上,基于灰色系统理论,利用多数据的灰色关联(VERHULST)预测模型预测所得。观察表 1-7 可发现:2012 年全球价值链参与度最高的五个行业分别是:林业与伐木业,金融服务活动(保险和养恤金除外),科学研究与发展,电、煤气、蒸汽和空调的供应,采矿和采石;2012 年全球价值链参与度最低的五个行业分别是:家具制造和其他制造业,纺织品、服装、皮革和相关产品制造,基本医药产品和医药制剂的制造,其他运输设备的制造,食品、饮料、烟草制品的制造。2013 年、2014 年全球价值链参与度最高的五个行业与 2012 年一致;2013 年、2014 年全球价值链参与度最低的五个行业与 2012 年同样一致,只是排序略有不同。将 2012—2014 年全球价值链参与度最大的五个行业和全球价值链参与度最小的五个行业进行比较,可发现:大部分初级产业和服务业,如林业与伐木业,采矿和采石以及金融服务活动(保险和养恤金除外)等,其全球价值链参与度高于劳动密集型和资本密集型制造业,如纺织品、服装、皮革和相关产品制造,食品、饮料、烟草制品的制造。而且从具体的价值链参与度测算值来看,行业间具有十分明显的差距,以 2014 年为例,排在最高的价值链参与度指数高达 19.227,而排在最低的价值链参与度指数仅为 0.144。在 2014 年之后的接下来三年中,即 2015 年、2016 年和 2017 年各行业参与全球价值链的程度均有弱化,但行业间所呈现的差异性与前述分析情况类似。

表 1-7 2012—2017 年中国部分行业全球价值链参与度

年份 行业	2012	2013	2014	2015	2016	2017
C1	1.384	1.414	1.510	1.436	1.406	1.400
C10	0.579	0.554	0.523	0.552	0.525	0.515
C11	0.456	0.440	0.415	0.437	0.417	0.408
C12	0.167	0.165	0.155	0.162	0.156	0.152
C13	0.348	0.340	0.327	0.338	0.324	0.318
C14	0.309	0.301	0.283	0.298	0.284	0.278
C15	0.509	0.492	0.450	0.484	0.460	0.448
C16	0.296	0.298	0.272	0.289	0.277	0.269
C17	0.360	0.360	0.333	0.351	0.337	0.328
C18	0.273	0.270	0.244	0.262	0.250	0.243
C19	0.270	0.267	0.247	0.261	0.250	0.244
C2	29.607	26.534	19.227	25.123	22.866	21.613
C20	0.286	0.293	0.277	0.285	0.276	0.270
C21	0.215	0.218	0.209	0.214	0.207	0.202
C22	0.155	0.158	0.154	0.156	0.151	0.148
C24	3.739	4.047	4.094	3.960	3.904	3.845
C25	2.398	2.454	2.413	2.422	2.351	2.311
C26	0.497	0.544	0.565	0.535	0.530	0.524
C27	0.271	0.262	0.262	0.265	0.255	0.251
C29	0.367	0.401	0.400	0.389	0.384	0.377
C3	1.044	1.103	1.197	1.115	1.102	1.097
C30	0.355	0.390	0.391	0.379	0.374	0.368
C31	0.560	0.594	0.644	0.599	0.593	0.590
C32	0.301	0.290	0.288	0.293	0.281	0.277
C33	0.271	0.263	0.251	0.262	0.250	0.245
C34	0.999	1.055	1.147	1.067	1.055	1.051
C35	0.717	0.796	0.968	0.827	0.836	0.846
C36	0.599	0.612	0.666	0.626	0.614	0.613
C39	1.684	1.963	2.467	2.038	2.086	2.119
C4	2.795	3.034	3.334	3.054	3.039	3.031

续表

年份 行业	2012	2013	2014	2015	2016	2017
C40	0.270	0.268	0.272	0.270	0.261	0.258
C41	8.349	10.316	11.514	10.060	10.287	10.245
C42	0.428	0.469	0.437	0.445	0.436	0.424
C45	0.384	0.422	0.424	0.410	0.405	0.398
C47	4.592	5.617	6.048	5.419	5.511	5.459
C5	0.239	0.230	0.228	0.232	0.223	0.220
C51	1.095	1.000	1.453	1.183	1.173	1.225
C52	0.994	0.907	1.271	1.057	1.044	1.084
C53	0.459	0.423	0.554	0.479	0.470	0.483
C54	0.547	0.583	0.709	0.613	0.615	0.623
C6	0.158	0.153	0.144	0.152	0.145	0.142
C7	0.372	0.384	0.378	0.378	0.368	0.361
C8	0.482	0.452	0.435	0.456	0.433	0.426
C9	0.753	0.692	0.663	0.703	0.664	0.653

数据来源:根据世界投入产出表(WIOTs)统计整理得出,其中2015年至2017年是在利用WIOTs数据库测算出的2000—2014年结果基础上,基于灰色系统理论,利用多数据的VERHULST预测模型预测所得。

综合以上各行业出口增速的差异性特征分析,以及各行业全球价值链参与度特征性分析,基本可以得出如下两点判断:一是无论是出口增速,还是价值链参与度,行业间确实存在着巨大差异;二是将出口增速的行业差异性与全球价值链参与度的行业差异性结合起看,容易发现,全球价值链参与度较大的初级产业和服务业等,例如林业和伐木业、金融服务活动(保险和养恤金除外),其2012—2017年出口额的年度增长率也较大;另外,全球价值链参与度最低的五个制造业与出口增长速度最低的五个行业虽然并没有重合部分,但是观察出口增长速度为正值的最低的五个行业和全球价值链参与度最低的五个行业,可发现二者之间仍旧存在较大重合。如食品、饮料、烟草制品的制造,纺织品、服装、皮革和相关产品的制造,基本医药产品和医药制剂的制造。总之,初步的特征性分析表明，出口贸易增速较高的行业，往往对应的是全球价值链参与度较深的行业，而贸易增速较低的行业往往对应的是全球价值链参与度较浅的行业。当然，从行业差异性角度看，价值链参与度与外贸增速变化之间呈现的上述关系，是否具有必然性和一致性，还需要进一步的统计分析。

三、进一步相关性分析

为了进一步明晰外贸增速变化的行业差异性与全球价值链参与度之间的关系，我们对 2012 年、2013 年、2014 年、2015 年、2016 年、2017 年六个年度的行业出口增长速度与其全球价值链参与度做相关性分析。经过观察样本期间行业出口增长速度和全球价值链参与度的散点图及线性拟合趋势，以及根据计算的样本期间行业出口增长速度和全球价值链参与度的相关系数，我们发现：2012—2017 年间每一年行业的出口增长速度均与行业的全球价值链参与度呈现正相关关系。也就是说全球价值链参与程度高的行业其出口增长速度也高，而全球价值链参与度低的行业其出口增长速度也低。进一步地，相关系数的计算结果表明，2012 年、2013年、2014 年、2015 年、2016 年、2017 年六个年度行业层面的出口增长速度和全球价值链参与度的相关系数值分别为 0.683、0.712、0.735、0.703、0.715、0.722，且通过了显著性检验，这进一步验证了行业的全球价值链参与度对其出口增长速度是存在正向影响的。

无论是对行业层面的出口增长速度和全球价值链参与程度的特征事实描述，还是进一步的相关性分析，都初步揭示了出口增速与价值链参与程度之间的密切关系。更确切地说，价值链的参与程度很大程度上影响着行业层面的出口增速。那么循此逻辑不难理解，如果上述分析所揭示的二者关系始终成立的话，从反向作用机制来看，外贸增速的变化尤其是当前中国外贸增速总体下滑，以及部分行业出现的出口增速向好的变化趋势，在很大程度上都与参与价值链分工有关。价值链分工为何能够影响外贸增速变化，除了现有文献所揭示的所谓中间产品多次跨境流动之外，更为重要的是，一方面，价值链分工的本质是国际分工的细化，进而进一步优化了资源配置从而提升产出能力和贸易能力，这是影响增速的重要作用机制之一;另一方面,一国融入全球价值链分工位置不同,往往意味着其所需要的进口中间产品不同、附加值创造能力不同等,因而对其出口增速同样具有显著影响。比如,在价值链低端时往往需要进口大量中间产品,即出口中内含了大量进口中间品而表现为出口高速增长。总之,价值链参与程度会影响出口增速变化,这是理解当前中国外贸增速变化的一个角度。由于现有关于价值链的研究表明,当前全球价值链深度演进的趋势已经趋缓,甚至存在一定程度的收缩,因此对于已经深度融入全球价值链分工体系的中国而言,外贸增速呈现整体下降也就不足为怪了。而另一方面,全球产业结构正在不断调整之中,部分产业的全球价值链边际拓展深化难度加大乃至停滞,但同样会有部分产业伴随技术进步等出现价值链分工深化。这种变化对于中国而言同样如此,这也是为什么会出现行业层面出口增速存在巨大差异的可能原因。

基于前述在全球价值链参与度视角下对 2012—2017 年中国外贸在行业层面的出口变化情况的分析,基本可以看出:第一,中国外贸增速变化在行业层面表现出显著的差异性,而不同的行业参与全球价值链分工的程度也差异甚大;第二,行业的全球价值链参与度与行业的外贸出口增速表现显著的正向关系。

第二章　中国外贸增速变化：
理论机制及模拟分析

前面的事实特征等分析可以看出，近年来全球贸易增速已经远低于之前 1983—2008 年均增幅 6% 的增长率，并且与以往远高于经济增速的情形相比，近年来贸易增速已与全球经济增速持平甚至落后于全球 GDP 增速之后。有学者将这种现象称为全球贸易发展"新常态"（Hoekman，2015）①。实际上，当前包括中国在内的全球贸易增速变化呈现某些典型特征，即一方面突出表现为前述所指出的全球主要国家联手采取凯恩斯式宏观刺激政策并未带来预期性的恢复性贸易增长，另一方面表现为贸易增速变化与全球经济增速变化打破了过去几十年来的惯常关系，即从远远高于全球 GDP 增速下降到基本持平乃至落在后者之下。全球贸易增速表现出的如此变化逻辑不仅超出了正常预期，而且在现有理论研究中也未能找到充分的解释，为此，本书研究不妨将这一现象称为全球贸易增速变化之"谜"。那么，究竟是什么因素导致了包括中国在内的全球贸易"失速"？对此，学术界针对危机后全球贸易崩溃进行的广泛探讨所形成的一系列代表性观点具有重要启发意义，比如全球经济疲软造成的需求不足（Anderson 等，2015）②、危机后全球贸易保护主义的兴起（Alberto 等，2015）③、进出

---

① Hoekman B（ed.），"*The Global Trade Slowdown：A New Normal?*"，A VoxEU eBook，London：CEPR Press and EUI.

② Anderson J. E.，M. Larch and Y，V. Yotov，2010，"Growth and Trade with Frictions：A Structural Estimation Framework"，NBER Working Paper，No.21377.

③ Alberto O.，P. Roberta and N. Rocha，2015，"Trade Policy Uncertainty as Barrier to Trade"，WTO Working Paper，ERSD-2015-05.

口企业融资受阻(佟家栋等,2014)①等。客观而论,目前全球贸易下滑的确是由多种因素造成。由于关注的侧重点不同,不同学者基于不同视角观察所得结论无疑均具有重要启示。但是,危机冲击期间全球贸易"大崩溃"与当前全球贸易失速之谜并非完全等同,因此针对前者研究所取得成果还不能很好地揭示当前现象。综合来看,已有研究文献所形成的一个基本共识是,前一轮包括中国在内的全球贸易高速增长,实质上是得益于全球价值链分工的深入演进。由于当前国际分工主导形态仍然是全球价值链,因此问题的关键在于,为什么在同样的分工形态下会出现"高速"和"失速"的巨大反差? 这可能与价值链本身动态演进所呈现的阶段性特征有关。鉴于此,本书力图构建理论模型对全球价值链分工动态演进影响贸易增速进行刻画,提出了相应假说,并进行相应的数值模拟和举出特定的数字实例,以初步明晰全球价值链分工演进是如何影响贸易增速的,从而为理解中国外贸增速提供必要的理论基础,明晰其中的作用机制,并为后文的实证分析奠定理论先导。

第一节　分工演进促进外贸增速
变化的理论机制

本节根据超边际理论,构建分析分工演进影响贸易增速的理论模型,包括一国在融入全球价值链分工体系中地位变迁将如何影响该国贸易增速。为了分析问题之便且又不失一般性,不妨将世界划分为两个部分 A 和 B,其中 A 表示除 B 国之外的世界上所有其他经济体。假设世界上只有两种商品 X 和 Y,各国均需消费这两种商品,并通过两种商品的消费量决定各自效用。为便于理解,我们首先从无贸易状态的简单情形分析起。

一、封闭状态

假设 A、B 两经济体之间没有分工和贸易,均进行自给自足式的封闭

---

① 佟家栋、刘竹青:《地理集聚与企业的出口抉择:基于外资融资依赖角度的研究》,《世界经济》2014 年第 4 期。

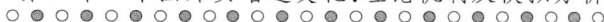

式生产,生产和消费的两种产品分为 X 和 Y。其分工结构见图 2-1。借鉴冯晓等(2012)[①]、赵亚明(2012)[②]等学者的研究方法,假设有效劳动投入是生产两种产品的唯一要素来源,A、B 两经济体的有效劳动禀赋分别为 l_A 和 l_B。假设经济体 A 生产一单位 X 产品所需的有效劳动投入为 m,生产一单位 Y 产品所需的有效劳动投入为 n;经济体 B 生产一单位 X 产品所需的有效劳动投入是经济体 A 的 a 倍,为 am,生产一单位 Y 产品所需的有效劳动投入是经济体 A 的 b 倍,为 bn,a、b 反映两经济体生产产品 X、Y 的成本差异。生产条件见图 2-2。

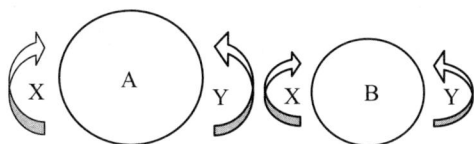

图 2-1　分工结构 1

	X	Y
A	m	n
B	am	bn

图 2-2　生产条件 1

根据超边际理论设置 A、B 两经济体的效用函数及约束条件如下(其中上标 self 表示"自给自足"部分):

$$U_A = \max\left(X_A^{self} Y_A^{self}\right)^{\frac{1}{2}} \quad s.t. \ X_A^{self} = \frac{l_{AX}}{m}, Y_A^{self} = \frac{l_{AY}}{n}, l_{AX} + l_{AY} = l_A \quad (2-1)$$

$$U_B = \max\left(X_B^{self} Y_B^{self}\right)^{\frac{1}{2}} \quad s.t. \ X_B^{self} = \frac{l_{BX}}{m}, Y_B^{self} = \frac{l_{BY}}{n}, l_{BX} + l_{BY} = l_B \quad (2-2)$$

---

①　冯晓、朱彦元、杨茜:《基于人力资本分布方差的中国国民经济生产函数研究》,《经济学(季刊)》2012 年第 2 期。

②　赵亚明:《地区收入差距:一个超边际的分析视角》,《经济研究》2013 年第 5 期。

解得：$X_A^{self} = \dfrac{l_A}{2m}$，$Y_A^{self} = \dfrac{l_A}{2n}$；$X_B^{self} = \dfrac{l_{BX}}{2am}$，$Y_B^{self} = \dfrac{l_{BY}}{2bn}$ (2-3)

两经济体的效用分别为：$U_A = \dfrac{l_A}{2\sqrt{mn}}$；$U_B = \dfrac{l_B}{2\sqrt{abmn}}$ (2-4)

此时，A、B 两经济体之间没有贸易，贸易量为 $M_1 = 0$。

二、传统分工模式

假设两经济体从封闭走向开放，以"最终产品"为界限开展传统的国际分工模式，且假设经济体 A 在 X 产品的生产上具有比较优势，经济体 B 在 Y 产品的生产上具有比较优势，在图 2-2 的生产条件下可得：

$$\frac{m}{n} < \frac{am}{bn}, \frac{a}{b} > 1$$

由于假定 A 表示除 B 国之外的世界上所有其他经济体，因此我们可以认为 B 国生产的产品可以被经济体 A 全部吸收，因此，为实现自身效用最大化，B 国会选择完全专业化生产 Y 产品。将满足本国消费以外的 Y 产品出口到经济体 A，并进口 X 产品。对于经济体 A 而言，B 国 Y 产品的出口量，不能完全满足经济体 A 对 Y 产品的需求，因此，经济体 A 会同时生产 X、Y 两种产品，以实现效用最大化。传统模式下两经济体的分工结构见图 2-3。

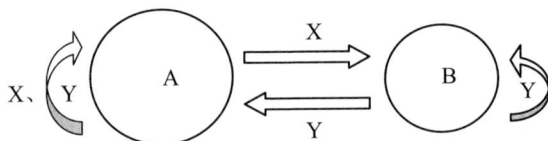

图 2-3 分工结构 2

假定价格是由世界市场上外生给定的，即价格主要是由经济体 A 所决定，因此，X、Y 在国际市场上的价格为 X、Y 在经济体 A 内的价格，分别为 m、n。

由此可得 A、B 两经济体的效用函数及约束条件（其中上标 buy 表示从"国际市场进口"部分，上标 sell 表示"销往国际市场"部分）为：

$$U_A = \max \left[X_A^{self}(Y_A^{self} + Y_A^{buy}) \right]^{\frac{1}{2}}; U_B = \max \left(X_B^{buy} Y_B^{buy} \right)^{\frac{1}{2}} \qquad (2-5)$$

$$s.t. \ X_A^{self} = \frac{l_{AX}}{m} - X_A^{buy}, Y_B^{self} + Y_B^{sell} = \frac{l_B}{bn}, Y_A^{self} = \frac{l_{AY}}{n}, X_B^{buy} = \frac{Y_B^{self} \cdot n}{m} \qquad (2-6)$$

且有:

$$Y_B^{sell} = Y_A^{buy}, X_A^{sell} = X_B^{buy} \qquad (2-7)$$

解得:

$$X_A^{sell} = X_B^{buy} = \frac{nl_B}{2bmn}, Y_B^{sell} = Y_A^{buy} = \frac{l_B}{2bn}, X_A^{self} = \frac{l_A}{2m}, Y_A^{self} = \frac{bnl_A - nl_B}{2bn^2} \qquad$$

$$(2-8)$$

两经济体的效用分别为:

$$U_A = \frac{l_A}{2\sqrt{mn}}; U_B = \frac{l_B}{2\sqrt{abmn}}\sqrt{\frac{a}{b}} \qquad (2-9)$$

此时,全球贸易总额即为:

$$M_2 = X_A^{sell} \cdot m + Y_B^{buy} \cdot n = \frac{l_B}{b} \qquad (2-10)$$

三、价值链分工模式

进一步地,假设伴随国际生产分割技术进步,X 产品的不同生产区段可进行跨国生产和配置。即,X 产品的整个生产过程可划分为 k 个阶段和环节,假设价值链总长度为 1,A 国在价值链各段的有效劳动投入呈均匀分布,即 X 产品价值链各段的有效劳动投入均为 $\frac{m}{k}$;设 B 国在 X 价值链的第 t 段 X_t 的有效劳动投入为 B_t,在价值链 t 段上游环节 X_{t+} 的有效劳动投入为 B_{t+},下游环节 X_{t-} 的有效劳动投入为 B_{t-},见图 2-4。

(一)B 国位于 X 产品价值链最低端的贸易情形

当 B 国位于 X 产品价值链最低端时,$t=1$,为保证 B 国在 X_1 阶段有比较优势,设 B 国在价值链的第 t 段的有效劳动力投入为 αt,假设 B 国生产 X 产品的有效劳动投入总量 am 不变,即 $\int_0^1 \alpha t dt = am$,可求得 B 国在

	X_{t+}	X_t	X_{t-}	Y
A	$(k-t)\dfrac{m}{k}$	$\dfrac{m}{k}$	$(t-1)\dfrac{m}{k}$	n
B	B_{t+}	B_t	B_{t-}	bn

图 2-4 投入结构

产品价值链第一阶段 X_1 的有效劳动投入量为 $\int_0^{\frac{1}{k}} \alpha t dt = \dfrac{1}{k^2}am$ ，其余阶段的有效投入量为 $\dfrac{k^2-1}{k^2}am$ 。两经济体的生产条件见图 2-5。

	X_{t+}	X_t	Y
A	$(k-t)\dfrac{m}{k}$	$\dfrac{m}{k}$	n
B	$\left(\dfrac{k^2-1}{k^2}\right)am$	$\dfrac{1}{k^2}am$	bn

图 2-5 生产条件 2

当 $\dfrac{m/k}{n} < \dfrac{am/k^2}{bn}$ ，即 $a > bk$ 时，B 国在生产 Y 产品上更具比较优势，贸易情况同两经济体进行传统分工模式下贸易类似，不再赘述；当 $\dfrac{m/k}{n} > \dfrac{am/k^2}{bn}$ ，即 $a < bk$ 时，B 国在 X_1 阶段更具比较优势。此时，B 国专业化生产 X_1。

当 B 国专业化生产 X_1 阶段时，B 国需从 A 国进口 X 产品的全部上游环节和阶段 X_{1+}，在国内进行加工组装后，以 X 产品的形式，将满足本国消费以外的其他产品出口到 A 国，并进口 Y 产品。此时，两经济体的分工结构见图 2-6。

得 A、B 两经济体的效用函数及约束条件为：

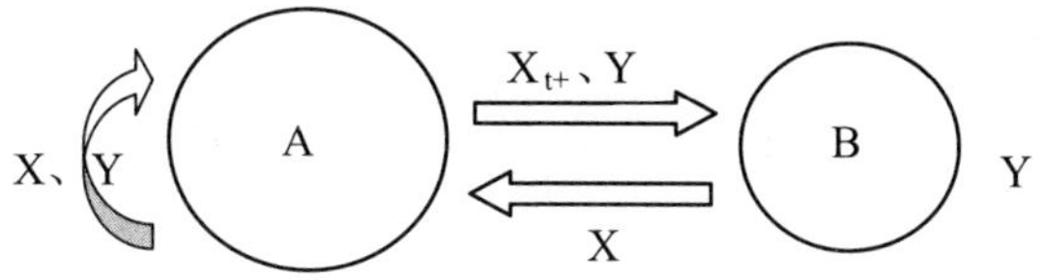

图2-6 分工结构3

$$U_A = \max \left[Y_A^{self} \left(X_A^{self} + X_A^{buy} \right) \right]^{\frac{1}{2}} ; U_B = \max \left(X_B^{buy} Y_B^{buy} \right)^{\frac{1}{2}} \qquad (2\text{-}11)$$

$$s.t. X_A^{self} = \frac{l_{AX}}{m}, X_1^{Bself} = \frac{l_B}{am\sqrt{k^2}}, X_{1+}^{Asell} = \frac{l_{AX_{1+}}}{m/k} = X_{1+}^{Bbuy} = X_{1+}^{Bself} Y_A^{self} + Y_A^{sell} = \frac{l_{AY}}{n}$$

$$(2\text{-}12)$$

$$X_B^{self} + X_B^{sell} = \frac{l_B}{am/k^2}, l_{AX} + l_{AX_{1+}} + l_{AY} = l_A, X_B^{sell} \cdot m$$

$$= X_{1+}^{Bbuy} \cdot \frac{k-1}{k} m + Y_B^{buy} \cdot n \qquad (2\text{-}13)$$

解得:

$$X_A^{self} + X_A^{buy} = \frac{l_A}{2m}, Y_A^{self} = \frac{l_A}{2N}; X_B^{self} = \frac{kl_B}{2am}, X_B^{sell} = \frac{k(2k-1)l_B}{2am}, Y_B^{buy} = \frac{kl_B}{2an}$$

$$(2\text{-}14)$$

两经济体的效用分别为:

$$U_A = \frac{l_A}{2\sqrt{mn}} ; U_B = \frac{l_B}{2\sqrt{abmn}} k \sqrt{\frac{a}{b}} \qquad (2\text{-}15)$$

此时,全球贸易总额即为:

$$M_3 = X_A^{buy} \cdot m + Y_B^{buy} \cdot n + X_{1+}^{Bbuy} \frac{k-1}{k} m = \frac{k(2k-1)l_B}{a} \qquad (2\text{-}16)$$

可知贸易总额是 k 的增函数[①]。由于 k 是表示产品生产的分解程度,因此 k 的变化 Δk 即表示价值链分工的深化程度,那么由此所带来的贸易增速可表示为:

$$v_3 = \frac{(k+\Delta k)(2k+2\Delta k-1)}{k(2k-1)} = \frac{\Delta k(4k+2\Delta k-1)}{k(2k-1)} \qquad (2\text{-}17)$$

[①] $\dfrac{\partial M_3}{\partial k} = \dfrac{2l_B}{a}(4k-1) > 0, \dfrac{\partial^2 M_3}{\partial k^2} = \dfrac{8l_B}{a} > 0$。

显然,由公式(2-17)可知,贸易增速既与 k 有关,也与 Δk 有关,即与产品生产环节的初始分解阶段数有关,也与之后分解阶段数的变化速度有关。通常地,在价值链分工的初始阶段,k 较小而 Δk 变化较快,即 Δk 相对于 k 较大,或者说价值链分工处于深化速度较快阶段,那么贸易增速也就相对较高;当价值链分工达到一定程度后,基数 k 将会变得较大,此时,一方面产品生产环节和阶段进一步分解的难度加大,且即便有进一步分解,但相对于较大的基数 k 而言,由 Δk 所带来的贸易增加都将极其有限。由公式(2-17)不难看出,当 $k \rightarrow +\infty$ 时,贸易增速的极限值 v_3 也趋向于 0。基于同样的逻辑,如果真的出现了价值链分工的"逆向"转变,在其他条件不变情况下,可能会带来贸易的负增长。

(二)B 国实现 X 产品价值链攀升的贸易情形

为进一步考察 B 国在 X 产品生产中出现价值链攀升后对贸易增长的影响,放开 B 国生产函数既定的约束。B 国生产 X 产品各阶段所需的有效劳动投入见图2-7,x 轴为价值链定位,y 轴为有效劳动投入。假设 B 国在 X 产品价值链的第 t ($1 < t < k$ 且 $t \in Z$)阶段 X_t 具有比较优势,P^* 为价值链 X_t 阶段中的一点,设 B 国的生产函数在 P^* 处发生变化,在 X_t 下游,B 国已经掌握了最先进的生产技术,其平均有效劳动投入与 A 国相同;在 X_t 上游,B 国的生产技术尚未达到 A 国水平,平均有效劳动投入高于 A 国。假设价值链的各阶段有效劳动投入在 P^* 点左右均为一次函数,可确定,P^* 下游阶段的有效劳动投入函数经过点 $(0, 2m)$,P^* 上游阶段的有效劳动投入函数经过点 $(0, 2am)$ 。B 国为实现效用最大化,会调整生产函数使 P^* 稳定在 $P_1Q_1 = P_2Q_2$ 时的位置。

由图 2-7 可知,B 国在 X_t 阶段的有效劳动投入为 $\Delta P_1Q_1P^*$ 与 $\Delta P_2Q_2P^*$ 的面积之和,在 X_{t+} 与 X_{t-} 阶段的有效劳动投入分别为梯形 P_2Q_2QP 与 P_1Q_1DO 的面积。

价值链总长度 OP 为1,设 $P_1P^* = x$,$P_1Q_1 = P_2Q_2 = y$ 。由上述分析可知:

$$\frac{P_1P^*}{OP^*} = \frac{P_1Q_1}{OD}, \frac{P^*P_2}{P^*P} = \frac{P_2Q_2}{PQ}$$

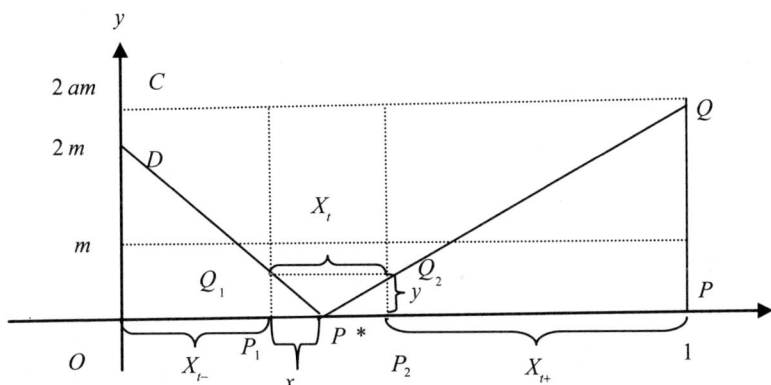

图 2-7 产品各阶段所需有效劳动投入

得公式(2-18)、公式(2-19):

$$\frac{y}{2m} = \frac{x}{x + (t-1)/k} \tag{2-18}$$

$$\frac{y}{2am} = \frac{1/k - x}{1 - x - (t-1)/k} \tag{2-19}$$

解得:$ky^2 + 2m(t - at - 1 - k)y + 4am^2 = 0$ $\qquad$ (2-20)

即:$4am^2\left(\dfrac{1}{y}\right)^2 + 2m(t - at - 1 - k)\left(\dfrac{1}{y}\right) + k = 0$ $\qquad$ (2-21)

由公式(2-21)可知,$\Delta = 4(mt - amt - m - mk)^2 - 16am^2k$ 是 t 的增函数,t 最小为 2,此时,$\Delta > 0$。可得:

$$\frac{1}{y} = \frac{1}{4am}\left[-t + at + 1 + k \pm \sqrt{(t - at - 1 - 4ak) - 4ak} \right] \tag{2-22}$$

由上文可知,$x \in \left(0, \dfrac{1}{k}\right)$,由公式(2-18)可得,$y \in \left(0, \dfrac{2m}{t}\right)$,因此,

$\dfrac{1}{y} > \dfrac{t}{2m}$。经计算可知:

$$\frac{1}{y} = \frac{1}{4am}\left[-t + at + 1 + k + \sqrt{(t - at - 1 - k)^2 - 4ak} \right] \tag{2-23}$$

B 国在 X_t 阶段的有效劳动投入为 $B_t = \dfrac{1}{2}P_1Q_1 * P_1P_2 = \dfrac{y}{2k}$,在 X_{t-} 阶

段的有效劳动投入为：$B_{t-} = \dfrac{1}{2}(P_1Q_1 + OD)OP_1 = \dfrac{(y+2m)(t-1)}{2k}$，在

X_{t+} 阶段的有效劳动投入为：

$$B_{t+} = \frac{1}{2}(P_2Q_2 + PQ)P_2P = \frac{(y+2am)(k-t)}{2k}。$$

基于鲍得温（Baldwin，2013）[①]对价值链分工模式的研究，本书将价值链攀升的方式划分为"蜘蛛型"和"蛇型"两种模式进行综合分析。

1."蜘蛛型"价值链攀升

"蜘蛛型"价值链攀升的主要特点是价值链的各阶段生产具有独立性，各国独立生产价值链的某一阶段，出口到价值链最低端的国家集中进行组装加工。设 B 国在 x 产品价值链的第 t（$0 < t < k$ 且 $t \in Z$）阶段具有比较优势，在"蜘蛛型"价值链条件下，两经济体的分工结构见图2-8，生产条件见图2-9。

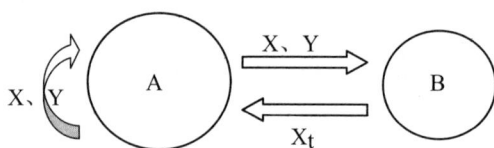

图2-8　分工结构4

	X_{t+}	X_t	Y
A	$(k-1)\dfrac{m}{k}$	$\dfrac{m}{k}$	n
B	B_t	B_t	bn

图2-9　生产条件3

得 A、B 两经济体的效用函数及约束条件如下：

$$U_A = \max\left(X_A^{self}Y_A^{self}\right)^{\frac{1}{2}}, \quad U_B = \max\left(X_B^{buy}Y_B^{buy}\right)^{\frac{1}{2}} \tag{2-24}$$

---

① Baldwin R. and A. J. Venables,"Spiders and Snakes：Offshoring and Agglomeration in the Global Economy",*Journal of International Economics*,2013,90(2)：pp.245-254.

$$s.t. X_A^{self} + X_A^{sell} = \frac{l_{AX}}{m} + \frac{l_{AX_t}}{(k-1)m/k}, X_t^{Bself} = \frac{l_B}{B_t}, Y_A^{self} + Y_A^{sell} = \frac{l_{AY}}{n} \quad (2-25)$$

$$X_B^{buy} \cdot m + Y_B^{buy} \cdot n = X_t^{Bsell} \cdot \frac{m}{k}, X_t^{Bsell} = \frac{l_{AX_t}}{(k-1)m/k}, l_{AX} + l_{AX_t} + l_{AY} = l_A \quad (2-26)$$

解得:$X_A^{self} = \dfrac{l_A}{2m}, Y_A^{self} = \dfrac{l_A}{2n}; X_B^{buy} = \dfrac{l_B}{2B_t k}, Y_B^{buy} = \dfrac{ml_B}{2nB_t k}$ （2-27）

两经济体效用函数分别为:$U_A = \dfrac{l_A}{2\sqrt{mn}}; U_B = \dfrac{l_B}{2B_t k}\sqrt{\dfrac{m}{n}}$。贸易总额

为:$M_4 = X_A^{sell} \cdot m + Y_A^{sell} \cdot n = \dfrac{ml_b}{B_t k}$。由上述分析可知,$B_t k = \dfrac{y}{2}$,因此,

$U_B = \dfrac{l_B}{y}\sqrt{\dfrac{m}{n}}, M_4 = \dfrac{2ml_b}{y}$。可以判定,$\dfrac{\partial M_4}{\partial t} > 0, \dfrac{\partial^2 M_4}{\partial t^2} < 0$ 贸易总额是 t 的

增函数,且随着 k、t 的增大,贸易增速逐步减小。设 $\Delta k = \lambda k (\lambda > 0)$,

$t = \eta k (0 < \eta < 1)$,那么由价值链攀升($t$ 值的变化)所带来的贸易增速

可表示为:

$$v_4 = \frac{M_4(t + \Delta t) - M_4(t)}{M_4(t)} = \frac{\lambda(a-1)\eta}{(a-1)\eta + 1} \quad (2-28)$$

与前述同理,在价值链分工的初始阶段,Δk 相对于 k 较大,当价值链分工达到一定程度后,Δk 相对于 k 逐步缩小,λ 趋向于0;此外,随着价值链的不断攀升,t 相对于 k 逐步增大,η 趋向于1,由公式（2-28）可知,贸易增速均趋向于0,即:$v_{4,t} = 0$。换言之,伴随一国全球价值链地位的攀升,在贸易规模扩大的同时,贸易增速却在不断下降。

2.“蛇型”价值链攀升

“蛇型”价值链攀升的主要特点是价值链的各阶段生产具有传递性,某一环节的生产必须先进口价值链上游产品,进一步生产加工后再整体出口到价值链的下一个环节。B 国在 X 产品价值链的第 t（$1 < t < k$ 且 $t \in Z$）阶段具有比较优势,“蛇型”价值链条件下,两经济体的分工结构见图2-10,生产条件见图2-11。

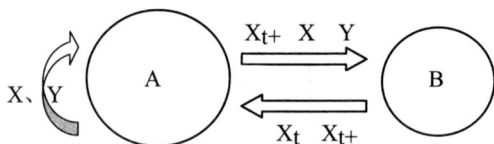

图 2-10　分工结构 5

	X_{t+}	X_t	X_{t-}	Y
A	$(k-t)\dfrac{m}{k}$	$\dfrac{m}{k}$	$(t-1)\dfrac{m}{k}$	n
B	B_{t+}	B_t	B_{t-}	bn

图 2-11　生产条件 4

得 A、B 两经济体的效用函数及约束条件如下：

$$U_A = \max \left(X_A^{self} Y_A^{self} \right)^{\frac{1}{2}}, \quad U_B = \max \left(X_B^{buy} Y_B^{buy} \right)^{\frac{1}{2}} \tag{2-29}$$

$$s.t.\ X_A^{self} + X_A^{sell} = \frac{l_{AX}}{m} + \frac{l_{AX_t}}{(k-1)m/k}, X_t^{Bself} = \frac{l_B}{B_t}, Y_A^{self} + Y_A^{sell} = \frac{l_{AY}}{n} \tag{2-30}$$

$$l_{AX} + l_{AX_t} + l_{AY} = l_A, X_{t+} \cdot \frac{(k-t)m}{k} + X_B^{buy} \cdot m = \frac{l_{AX_t}}{(k-1)m/k} \tag{2-31}$$

$$X_t^{Bsell} = \frac{l_{AX}}{(k-1)m/k} = X_t^{Bsell} \cdot \frac{m}{k} + X_{t+} \cdot \frac{m(k-t)}{k} \tag{2-32}$$

解得：

$$X_A^{self} = \frac{l_A}{2m}, Y_A^{self} = \frac{l_A}{2n}; X_B^{buy} = \frac{l_b}{2B_t k}, Y_B^{buy} = \frac{ml_B}{2nB_t k}; X_{t+}^{Bbuy} = \frac{l_b}{B_t} \tag{2-33}$$

两经济体效用函数分别为：

$$U_A = \frac{l_A}{2\sqrt{mn}}; U_B = \frac{l_B}{2B_t k}\sqrt{\frac{m}{n}} \tag{2-34}$$

贸易总额为：

$$M_5 = 2\left[X_A^{sell} \cdot m + Y_A^{sell} \cdot n + X_{t+}^{Asell} \cdot \frac{(k-t)m}{k} \right] = \frac{2(k-t+1)ml_B}{B_t k} \tag{2-35}$$

由上述分析可知，$B_t k = \dfrac{y}{2}$，因此，$U_B = \dfrac{l_B}{y}\sqrt{\dfrac{m}{n}}$，$M_5 = \dfrac{4(k-t+1)ml_b}{y}$。同样，设 $\Delta k = \lambda k (\lambda > 0)$，$t = \eta k (0 < \eta < 1)$，那么由价值链攀升($t$值的变化)所带来的贸易增速可表示为：

$$v_5 = \frac{M_5(t + \Delta t) - M_5(t)}{M_5(t)} = \frac{(1 - \lambda - \eta\lambda)\left[(a-1)\eta(1+\lambda) + 1\right]}{(1-\eta)\left[(a-1)\eta + 1\right]}$$

$$(2-36)$$

同理，价值链分工的初始阶段，Δk 相对于 k 较大，当价值链分工达到一定程度后，λ 趋向于 0；随着价值链的不断攀升，η 趋向于 1，由公式(2-36)可得，贸易增速均趋向于 0，即：$v_{5,t} = 0$。

四、简要总结

综上分析，可以将不同分工情形下两经济体贸易情况及效用情况总结见表2-1。

表2-1 不同分工情形下两经济体贸易及效用情况

序号	情形		U_A	U_B	贸易总量 M	贸易增速
1	封闭状态		$\dfrac{l_A}{2\sqrt{mn}}$	$\dfrac{l_B}{2\sqrt{abmn}}$	0	—
2	传统分工和贸易		$\dfrac{l_A}{2\sqrt{mn}}$	$\dfrac{l_B}{2\sqrt{abmn}}\sqrt{\dfrac{a}{b}}$	$\dfrac{2l_B}{a}$	—
3	价值链分工和贸易	价值链最低端	$\dfrac{l_A}{2\sqrt{mn}}$	$\dfrac{l_B}{2\sqrt{abmn}}\sqrt{\dfrac{b}{a}}k$	$\dfrac{2l_B}{a}\cdot k(2k-1)$	$\lim\limits_{k \to +\infty}\dfrac{\Delta k(4k + 2\Delta k - 1)}{k(2k-1)}$
4		蜘蛛型价值链	$\dfrac{l_A}{2\sqrt{mn}}$	$\dfrac{l_B}{2\sqrt{abmn}}\sqrt{\dfrac{b}{a}}\dfrac{1}{2}\Theta$	$\dfrac{2l_B}{a}\cdot\dfrac{1}{2}\Theta$	$v_t = \dfrac{\lambda(a-1)\eta}{(a-1)\eta + 1}$ $v_k = \lambda$
5		蛇型价值链	$\dfrac{l_A}{2\sqrt{mn}}$	$\dfrac{l_B}{2\sqrt{abmn}}\sqrt{\dfrac{b}{a}}\dfrac{1}{2}$	$\dfrac{2l_B}{a}\cdot\dfrac{(k-t+1)}{2}$	$v_t = \dfrac{\lambda\eta\left[(a-1)(1-2\eta-\lambda\eta)-1\right]}{(1-\eta)\left[(a-1)\eta + 1\right]}$ $v_k = \lambda$

注:其中 $\Theta = (a-1)t + k + 1 + \sqrt{\left[(a-1)t + k + 1\right]^2 - 4ak}$。

由表2-1总结的各种情况可知,从封闭状态到传统分工和贸易的开放模式,再到价值链分工和贸易的开放模式,伴随分工演进贸易规模在不断扩大。然而,本书关注的核心问题是价值链分工自身演进对贸易增速变化的影响。基于前述分析及表2-1概况的情况,基本可以得出如下几点结论:第一,从全球价值链分工演进的动态角度看,在分工演进的不同阶段,其对贸易总额及其增速的影响也不尽相同;第二,在价值链分工演进的初始阶段,在"基数效应"和"分工深化效应"两大因素作用下,贸易会出现相对较高的增长速度;第三,当价值链分工演进到一定阶段后,由于基数的变大以及分工深化速度的减缓,两者的共同作用虽然仍会导致贸易总额的不断增长,但贸易增速会出现明显的下降;第四,从一国分工地位的动态演进角度看,价值链攀升有促使贸易增速下降的作用;第五,价值链分工深化效应和价值链攀升效应对贸易增速的作用,受价值链上下游生产成本差距的影响,差距越大效应越明显;第六,价值链分工深化减缓效应以及价值链攀升效应,虽然会使得贸易增速下降,但就贸易参与国的效用水平(社会福利)来看,影响仍然是正向的,即贸易利益仍在增加。

第二节　分工演进促使外贸增速
变化的数值模拟

针对全球价值链分工演进,以及分工地位变迁对贸易增速变化的影响,以上分析主要还是停留在理论逻辑上的推演。虽然囿于统计数据以及定量测度的困难,从而还难以对上述理论逻辑进行精确的计量检验,但利用数值模拟进一步探究价值链分工演进及价值链攀升对贸易增速的作用情况,能够为上述理论假说提供一定的佐证。

一、价值链分工深化对贸易增速的影响

为探究价值链分工深化对贸易总额及贸易增速的影响,首先固定 B 国的价值链"位置",在价值链上游生产成本差距不同的条件下,模拟价值链分工深化对贸易总额及贸易增速的影响,即在 α 不同的取值条件下,

模拟 κ 增长对贸易增速 ν 的作用曲线,结果见图2-12。虽然价值链分工存在着前述分析所述的"蜘蛛型"和"蛇型"两种模式,但模拟结果表明,两种分工模式下的模拟曲线是重合的。当然,这一点也是与前述的理论模型的分析结果是一致的,即如果仅从价值链分工演进视角下分析贸易增速的话,无论是"蜘蛛型"还是"蛇型"价值链条件下,分工深化带来的贸易增速均为 λ ,即贸易增速仅受价值链分工深化程度影响,而不区分分工模式的差异。从模拟曲线的变化趋势来看,结果表明,只要两经济体在价值链上存在着生产成本差距($a \neq 1$),伴随着分工深化程度越来越深,即 k 的取值越来越大,贸易增速会呈现出明显的下降趋势,并且当 k 的取值达到一定高度时,贸易增速也随之趋向于0。上述作用曲线正是反映了价值链分工深化对贸易增速的影响,即在价值链分工演进的初始阶段,分工深化所带来的贸易额增长相对于初始的"基数"而言会比较高,从而表现出贸易的高速增长。而伴随分工演进的进一步深化,一方面,产品生产环节和阶段的分解速度可能会逐步下降;另一方面,也是更重要的,就是相对于前期已经形成的较高贸易规模"基数"而言,由此所带来的贸易增长的相对作用会趋于减缓,即表现为贸易增速下降乃至趋于0。这就是图2-13模拟曲线与前述理论模型的逻辑一致性所在。

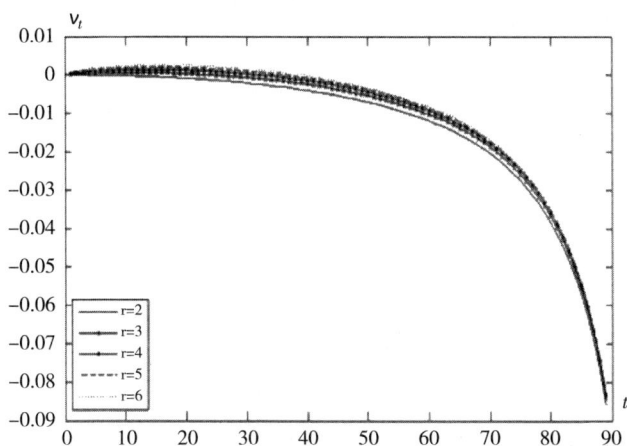

图2-12　分工深化与贸易增速

二、价值链攀升对贸易增速的影响

为探究价值链攀升对贸易增速的影响,首先固定价值链分工程度,在价值链上游生产成本差距不同的条件下,模拟价值链攀升对贸易增速的影响。限于篇幅,且实践中的价值链分工模式大多以"蛇形"为主要,因而此处仅以"蛇型"价值链分工模式为例,不妨固定 $k = 100$,在 α 的不同取值条件下,模拟 t 的变化对贸易增速的作用曲线,所得模拟曲线结果见图 2-13。模拟结果显示,在"蛇型"价值链分工模式下,价值链攀升即表现为 t 值的不断增大,会伴随着贸易增速的不断下降。这一变化趋势同样佐证了前述的理论分析。其实在全球价值链分工条件下,对于越是位于生产环节下游和阶段的国家而言,其生产贸易品所需要进口的上游生产环节和阶段就越多,换言之,最终的出口产品所内含的国外进口成分就越多,从而使得贸易增速表现相对较高。这其中,"重复贸易"或称之为"重复统计"对贸易增速起到了较大作用。同理,伴随价值链的不断攀升,由于其专业化生产的贸易品所需要进口上游生产环节和阶段就会变得越来越少,从而最终出口品所内含的国外进口成分就越来越少,则"重复统计"就会随着价值链攀升而被部分挤出,在其他条件不变情形下,就表现为贸易增速的不断下降。总之,图 2-13 的模拟结果进一步证实了前述理论分析的正确性。

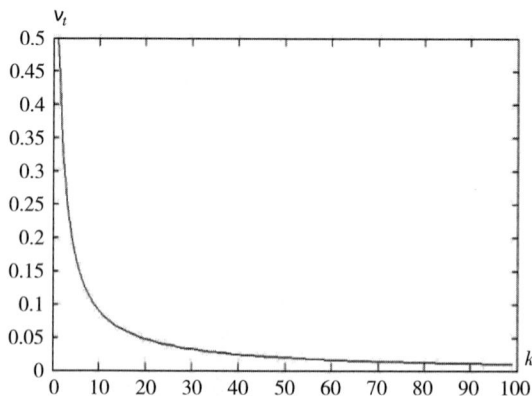

图 2-13 分工升级与贸易增速

三、价值链分工深化与价值链攀升对贸易增速的总影响

上述模拟分析还只是分别从价值链分工深化和价值链攀升,为探究价值链分工深化与价值链攀升对贸易增速的作用,设定价值链上游生产成本的差距水平,利用 $\Delta\kappa$ 与 k 的比值 λ ,以及 t 与 k 的比值 η ,模拟价值链分工深化与价值链攀升下贸易增速的变动情况。仍以"蛇型"价值链分工模式为例,在分别取值 $a=2$ 和 $a=5$ 的生产成本差距下,模拟 λ 、η 的增长对贸易增速的作用函数图像,所得结果见图 2-14。模拟结果显示,在"蛇型"价值链分工模式下,全球价值链分工深化及价值链攀升,两种因素的叠加会使得贸易增速以更快的速度下降,并使得最终增速趋向于 0。当然,这一模拟结果也在预料之中,因为前述的分析结果已经表明,无论是伴随价值链分工的不断深化,还是随着价值链的不断攀升,两者均会在一定程度上影响着贸易增速。但是将两种因素叠加在一起的模拟曲线图,不仅能够进一步证实前述理论分析的正确性,也有利于进一步理解实践中诸如中国贸易增速下降的实践特征。近年来,我国对外贸易增速大幅趋缓,实际上正面临着上述两种因素的叠加影响。一方面,犹如前述的经验描述部分指出,当前全球价值链分工已经深化到一定阶段,边际分解的难度越来越大,这是中国融入全球价值链分工体系发展对外贸易所面临的客观环境。另一方面,中国在全球价值链分工体系中正在从低端向中高端攀升,关于这一点,许多研究已经给予了证实(樊茂清和黄薇,2014[①];中国全球价值链课题组,2014[②];张金杰,2016[③])。

---

① 樊茂清、黄薇:《基于全球价值链分解的中国贸易产业结构演进研究》,《世界经济》2014 年第 2 期。

② 中国全球价值链课题组:《全球价值链与中国贸易增加值核算研究报告》,2014 年 9 月,见 http://image s.mofco m.gov.cn/www/201412/2014122618265 7100.pdf。

③ 张金杰:《中企向全球价值链上游进军》,《人民日报》2016 年 2 月 18 日第 23 版。

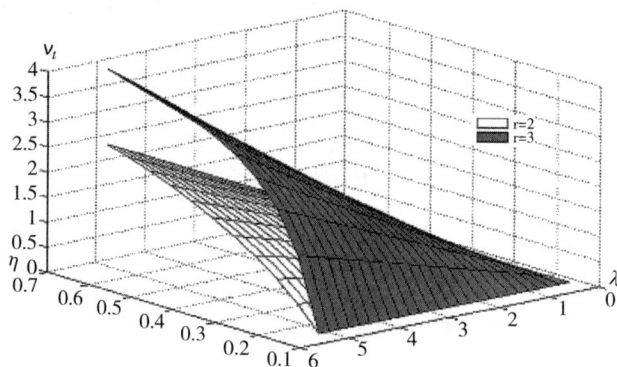

图 2-14 叠加效应

第三节 分工演进导致外贸增速变化的数值举例

前述得理论模型分析及模拟分析已经显示,在全球价值链分工模式下,由于一国只是专业化于产品生产的某一或某些特定环节和阶段,因而在完成最终产品生产之前,必然带来中间产品的多次跨境流动或者更多中间产品跨境流动问题。并且产品价值增值环节分解的阶段越多,则中间产品跨境流动的次数或者跨境流动的中间产品也就越多,进而放大了统计意义上的贸易增速。而且通常来说,全球价值链的分解存在着"蛇形模式"和"蜘蛛模式"两种,但就其价值增值环节的分解以及由此带来贸易增长的变化原理而言,并无本质差异。且在实践中"蛇形模式"更为普遍。因此,我们不妨以"蛇形模式"为例,再用具体的数值举例,更加直观和清晰地阐释二者之间的内在逻辑关系。

举例而言,在传统以产品为界限的分工模式下,最终产品 X 的全部生产过程均在一国国内完成,假定其总的价值增值为 V_X,最终产品出口后,该产品在全球出口贸易中显示的出口额即为 V_X。当国际分工模式发展到以产品价值增值环节为界限后,假定最终产品 X 的生产过程被分割为两个部分 X_1 和 X_2,其价值增值分别表示为 V_{X1} 和 V_{X2}。并且考虑到分析之便且不失一般性,假定 $V_{X1} + V_{X2} = V_X$。此时,如果两个增值环节被分别配置到两个国家,那么为了完成最终产品 X 的生产,第一个生产阶段 X_1 由国家 1 完成后出口到国家 2 以继续第二个生产阶段。在最终产品 X 生产完成之前,中间产品的跨境流动或者说出口额为 V_{X1}。当第二个国家完成了第二阶段的生产后将最终产品 X 出口到国际市场,此时的出口额为 $V_{X1} + V_{X2} = V_X$,加上之前的中间产品出口额 V_{X1},全球出口总额为 $V_{X1} + V_X$。相比传统以产品为界限的分工模式,全球价值链分工模式下全球出口贸易增长了 V_{X1}。显然,此种增长效应完全建立在产品价值链的全球分解基础之上。

进一步地,我们还可以将上述分析一般化。为了分析之便,假定最终产品 X 被分解为 n 个等值的增值环节或阶段,每一个增值环节分别被配置到一个国家,分别记为 $X_1, X_2, \cdots, X_n$,且满足 $V_{X1} = V_{X2} = \cdots = V_{Xn} = V_X/n$。那么为了完成最终产品 X 的生产,第一阶段生产 X_1(对应的附加值 V_{X1})完成后被出口到第二个国家以完成第二阶段生产,第二阶段的生产在第二个国家完成后被出口到第三个国家(此时出口额即为内含第一阶段和第二阶段价值增值总和 $V_{X1} + V_{X2}$),以此类推,当第 n 个阶段完成后最终产品出口到国际市场总额即为内含各增值环节价值增值之和 $V_{X1} + V_{X2} + \cdots + V_{Xn} = V_X$。那么全球出口贸易总额即为每一阶段出口额之和:$V_{X1} + (V_{X1} + V_{X2}) + \cdots + (V_{X1} + V_{X2} + \cdots + V_{Xn}) = V_X/n + 2V_X/n + \cdots + V_X = (1+n)V_X/2$。由此可见,随着 n 的增大,全球出口贸易增加就越多,这就是全球价值链分工的深化效应。当然,由于这种"深化效应"伴随的是中间品的多次跨境流动,从而存在重复统计问题,因此所导致的贸易增长效应其实具有"虚高"特征。这也是为什么当前有关贸易附加值问题成为研究热潮的原因所在。[1] 从另一角度来看,当产品的全球价值链分解到一定阶段或者说深化到一定程度后,n 的取值基本稳定,从而由此带来的贸易增长就会停止。当然,稍为复杂一点的情况就是将上述情形从一种产品扩展至

---

[1] Koopman Robert, Wang Zhi and Wei Shang-Jin, " Tracing Value-Added and Double Counting in Gross Exports", *American Economic Review*, 2014, 104(2): pp.459-494.

多种产品,从不变的产出扩展至产出增长(即表现为 GDP 增长),但不变的是其内在的本质逻辑关系。正是这种内在的逻辑关系,可以解释前述全球价值链分工实践与全球出口贸易增速之间表现出的统计关系:从全球价值链深化阶段伴随的全球出口贸易高速增长,到全球价值链分工格局基本稳定后的贸易低速增长。总之,由全球价值链分工所带来的贸易高速增长,是建立在价值链分工不断深化基础之上的,一旦价值链分工格局基本稳定或者说深化难度加大,速度放缓,那么由此所能带动的贸易增长效应也必然放缓。也正是基于这一逻辑,可以理解为何世界贸易组织在研究全球贸易增速放缓原因时指出:全球价值链分工格局基本定型,进一步深化的边际成本加大。①

将上述情况的取值以具体的数字举例见表 2-2。

表 2-2 数值举例

价值链分工 阶段数 (n)	生产参与 国家 (n)	全球出口 总额(v) (美元)	出口额 增长 (美元)	出口增长率 (边际和基数效应) (%)	出口增长率 (深化效应) (%)
1	1	1	—	—	—
2	2	1.5	0.5	50.00	—
3	3	2	0.5	33.33	100.00
4	4	2.5	0.5	25.00	150.00
5	5	3	0.5	20.00	200.00
6	6	3.5	0.5	16.67	250.00
7	7	4	0.5	14.29	300.00
8	8	4.5	0.5	12.50	350.00
9	9	5	0.5	11.11	400.00
10	10	5.5	0.5	10.00	450.00
11	11	6	0.5	9.09	500.00
12	12	6.5	0.5	8.33	550.00
13	13	7	0.5	7.69	600.00

---

① WTO:*World Trade Report 2014*,https://www.wto.org/english/res_e/booksp_e/world_trade_report14_e.pdf.

续表

价值链分工阶段数 （n）	生产参与国家 （n）	全球出口总额（v） （美元）	出口额增长 （美元）	出口增长率 （边际和基数效应） （%）	出口增长率 （深化效应） （%）
14	14	7.5	0.5	7.14	650.00
15	15	8	0.5	6.67	700.00
16	16	8.5	0.5	6.25	750.00
17	17	9	0.5	5.88	800.00
18	18	9.5	0.5	5.56	850.00
19	19	10	0.5	5.26	900.00
20	20	10.5	0.5	5.00	950.00
21	21	11	0.5	4.76	1000.00
22	22	11.5	0.5	4.55	1050.00
23	23	12	0.5	4.35	1100.00
24	24	12.5	0.5	4.17	1150.00

表2-2的数值即是根据上述分析中的 n 和 v 的各种取值计算而得。由表2-2报告的数值可以看出,随着价值链分工阶段数的增加,每再分解一个阶段,边际效应和基数效应的共同作用(表中第五列所示)会使得贸易增速出现趋缓趋势。而从表中最后一列显示的价值链分工深化效应所带来的贸易增速变化情况,换言之,当从价值增值环节从 1 突然变为 3 时,贸易增速将会达到100%,突然变为 4 时,贸易增速将会达到150%,以此类推,当从价值增值环节从 1 突然分解的阶段数越多,贸易增速就会越高。上述数值举例直观地反映了前述理论模型中的机理和机制。

从全球价值链分工动态演进的角度构建理论模型刻画了当前贸易增速下降的成因,并且在理论先导下,对价值链分工演进影响贸易增速进行了数值模拟和数值举例。所得基本结论可概括为以下几个方面:第一,不仅价值链分工模式对贸易增长产生了深刻影响,价值链分工的动态演进,同样对贸易增速具有深刻影响,即在分工演进的不同阶段,对贸易增速的影响也不尽相同。第二,相对于前一轮全球贸易的高速增长,当前贸易增速下滑乃至出现负增长,是在全球价值链这一主导的国际分工体系下,分工演进发展到特定阶段的必然表现。具体而言,由于价值链分工深化,即价值链分解阶段的细化会促使贸易规模的不断扩张,而这种变化会带来两个方面的影响效应:一是分工细化到一定阶段后,进一步分解的难度加大,对贸易增长的促进作用越来越弱,这可以看作是分工深化速度放缓带来的减缓效应;二是相对于已有分工程度而言,生产环节和阶段的进一步分解,所能创造的贸易扩张相对于已有的"贸易基数"而言,会变得越来越小,从而在贸易增速上必然表现为下降。因此,在这两个方面的共同影响下,贸易增速下降便成为全球价值链分工演进到特定阶段后的必然。第三,从单个国家的角度看,在融入全球价值链中发展对外贸易,其贸易增速不仅要受到全球价值链分工演进的大背景影响,同样也会受到该国融入价值链分工体系中的地位及其价值链攀升的作用。换言之,在其他条件不变的情况下,一国价值链攀升由于对贸易"重复统计"部分具有"挤出"作用,从而在贸易增速上相应地就表现出下降。至于是什么因素导致了当前全球价值链分工深化趋势减缓,边际深化难度加大,我们认为,还需要从推动分工演进的两个最基本因素着手分析,即技术革命和制度变迁。目前学术界所达成的两点基本共识,即前一轮科技革命动力机制基本衰竭而新一轮科技革命尚未爆发,以及原有全球经济规则已经难以适应全球分工进一步演进需要,而新的规则尚未实质性形成和普遍推行,或许就是目前全球价值链分工演进基本"定格"的原因。

上述研究结论不仅有助于理解当前中国外贸增速下降成因,而且对于外贸发展战略的调整也具有重要启发意义。从价值链分工动态演进以及中国攀升全球价值链这一特定视角看,虽然中国外贸增速下降是客观条件变化所致,但这并非意味着我们应无所作为。在客观条件发生深刻变化的背景下,如不能正确应对,不仅会面临外贸发展的更大波动从而丧失贸易利得,也不利于外贸的长期持续发展。相反,采取科学有效的应对措施,对于稳定外贸发展和确保贸易利得等,都有着极为重要的战略意义。通常而言,贸易利得要么来自"以量取胜",要么来自"以质取胜",或者二者兼得。在前一轮开放型经济发展中,中国在融入全球价值链分工体系中实现对外贸易的快速发展,主要依靠"以量取胜",而在客观条件

变化导致贸易增速下降条件下,外贸发展必须摒弃"以增速论英雄"的传统观念,转向"以质取胜"的发展战略。当然,更优质的外贸发展水平不仅有助于依托质量而提升贸易利得,也有助于增创外贸发展新优势,提升外贸竞争力,从而在一定程度上平抑外贸增速的下滑风险。当然,在新的发展背景下采取怎样的举措,才能有效推进中国外贸转型发展,后续章节将做进一步探讨。

第三章　中国外贸增速变化：
影响因素的实证检验

上述分析主要还是理论上的推演，缺乏来自包括中国在内的经验证据，本章将利用包括中国在内的跨国面板数据，对前述理论机制分析部分所提出的理论假说进行逻辑一致性计量检验。

第一节　全球价值链与贸易增速：
事实特征的统计性描述

全球价值链分工模式的变化对全球贸易发展带来了深刻影响，包括贸易增速。相应地，中国外贸发展及其增速的阶段性变化，特别是由超高速增长步入低速增长通道，同样可以置于全球价值链与贸易增速关系这一大逻辑下进行认识。在对前述理论机制分析所形成的假说进行进一步的计量检验之前，我们再利用全球贸易数据，通过事实特征的统计性描述，为上述理论假说提供初步的经验证据，并为后续的进一步计量检验提供必要的经验支撑。

从第二次世界大战以后全球贸易增长的历史数据来看，20 世纪 70 年代中后期以来全球贸易的增速要显著高于 1950 年至 1970 年期间全球贸易增速。根据联合国贸发会议统计数据库提供的数据，我们将 1950—2017 年间的 67 年全球贸易数据，分区间进行了初步考察，具体情况见图 3-1①。

---

① 根据联合国贸发会议数据库提供的数据整理绘制而得，见 http://unctadstat.unctad. org/wds/ReportFolders/report Folders.aspx。

（单位：%）

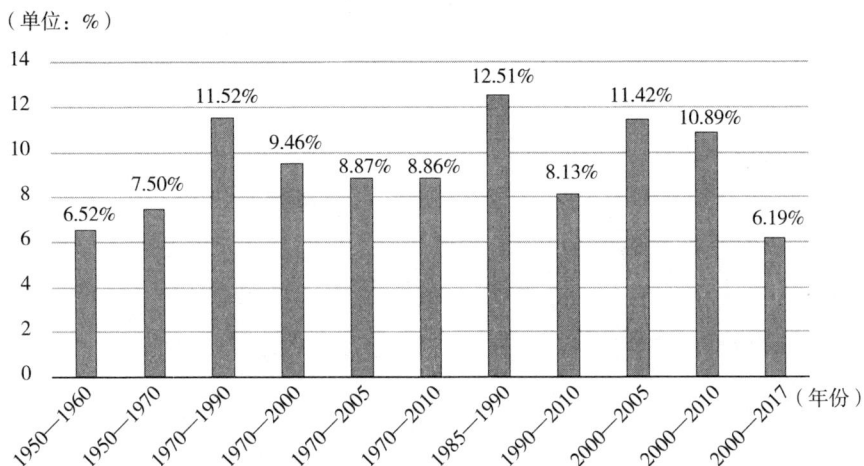

图 3-1 1950—2017 年间不同区间段全球出口增长率情况

图 3-1 显示的结果表明，1950 年至 1960 年 10 年间全球出口贸易年均增长率约为 6.52%，1950 年至 1970 年 20 年间年均增长率约为 7.50%。而与此 20 年间全球出口贸易增长率情况相比，1970 年至 1990 年 20 年间全球出口贸易的年均增长率却高达 11.52%，其中，以 1985 年至 1990 年划分的区间段、2000 年至 2005 年划分的区间段，以及 2000 年至 2010 年划分的区间段，全球出口贸易年均增长率均出现了高速增长情形。当然，如果我们从较长时期的动态变化来看，尽管 20 世纪 70 年代中后期全球出口增速显著提高，但在经历了约 20 年的高速增长之后，增速略有下降，突出表现为相比 1970—1990 年区间段，图 3-1 中 1970—2000 年、1970—2005 年、1970—2010 年以及 2000—2017 年四个区间段已呈逐步下降之势。全球出口贸易增速出现的上述变化，与全球价值链分工演进具有实践上的一致性。关于这一点，我们可以从相关统计数据的对比分析中看出。如果不求严格，我们以全球中间产品出口贸易在全球出口贸易总额中所占比重表示全球价值链分工现实状况的话，那么从图 3-2 报告的数据中容易看出①，中间产品

---

① 根据联合国 Comtrade 数据库统计数据整理计算而得。按照联合国《广义经济类别分类》（Broad Economic Categories，BEC）的分类标准，其中第 111、121、21、22、31、322、42 基本类以及第 53 基本类为中间产品。

出口占比的变化情况与全球出口贸易增速情况具有统计层面上的协同性。

（单位：％）

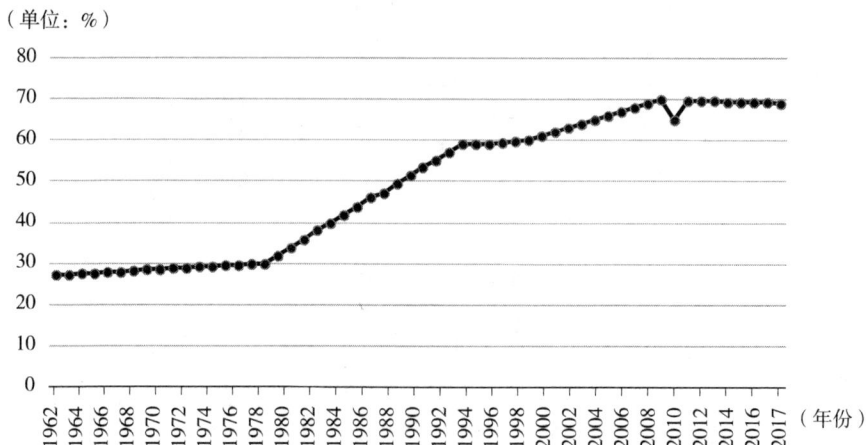

图3-2　1962—2017年全球中间产品出口占比变化趋势

从图3-2显示的情况看,全球中间产品出口占比自1970年以来一直处于上升状态,其中,1970年至1995年这段区间内提高得最快,而之后虽然也在不断上升,但上升的步伐显然已逐步放缓并基本趋于平稳。2009年危机冲击期间占比有所下降,可能原因在于危机冲击下的中间品存货调整效应,而自此之后的近几年则处于一个相对平稳的状态。值得注意的是,继2010年的小幅反弹之后,全球中间产品出口占比已经呈现出微弱的下降趋势。比较图3-2和图3-1的结果,二者在统计层面上的一致性表现在:中间产品出口占比快速提升进而可视为价值链分工快速演进阶段,对应的是全球贸易快速增长阶段;而中间产品出口占比提升速度放缓从而可视为价值链分工格局基本定型,或者说价值链分工深化速度放慢,对应的全球贸易增速放缓阶段。基于统计意义层面的初步考察,实际上与现有研究文献研究发现也是一致的。例如,胡梅尔斯等(Hummels等,2001)①以及刘志彪等(2006)②的研究就曾指出,贸易自由

---

① Hummels David, Jun Ishii and Kei-Mu Yi, "The Nature and Growth of Vertical Specialization in World Trade", *Journal of International Economics*, 2001, Vol. 54, No.3, pp.75-96.

② 刘志彪、吴福象:《贸易一体化与生产非一体化:基于经济全球化两个重要假说的实证研究》,《中国社会科学》2006年第2期。

化政策、关税下降、运输成本降低等只能解释当前贸易增长中的 2/5，其余则与分工形态相关。当然，现有文献只是注意到了全球价值链分工深化阶段对贸易增速带来的积极影响，但同样是在价值链分工模式下，之后出现贸易增速放缓的可能原因，则未有进一步的分析，而这种放缓其实正是价值链分工深化难度加大的外在表现。对此，我们在下文进行进一步的分析。

第二节　全球价值链影响贸易增速的计量模型

基于前文的理论推演及所研究问题的核心所在，本书将所选各样本国的出口增速作为被解释变量（记为 EX），而关键的核心解释变量有二：一是能够反映全球价值链分工深化效应或者说深化程度的变量（记为 GVL）；二是能够反映各样本国在全球价值链中分工地位的变量（记为 GVP）。关于前者，毋庸置疑，产业或者产品的全球分解阶段数，亦即所谓的全球价值链长度，最能反映全球价值链分工的深化程度，因为分解的阶段或者环节数越多，表明全球价值链分工就越细。目前，已有学者如法利（Fally，2013）[1]利用国际组织构建的全球价值链数据库，提出了全球价值链长度的测算方法和指标。此外，裴长洪（2015）[2]曾将全球中间产品出口额占全球出口总额的比重，作为全球价值链分工深化效应的替代变量。这一测度方法的合理性在于，从本质上看，全球价值链的不断分解其实就是越来越多的中间品被配置到其他国家或地区，从而导致更多的中间品跨境流动，其结果必然表现为中间品出口占全球出口总额的比重越来越高。如果这一比值呈现明显的上升趋势，则表明全球价值链分工处于深化阶段，如果这一比值上升趋势趋缓，表明全球价值链分工深化趋势逐步减弱，同样，如果这一比值基本稳定，则表明全球价值链分工进一步深化

---

① Fally T., Russell Hillberry, *Quantifying Upstreamness in East Asia: Insights from a Co-asian Model of Production Staging*, UC Berkeley ARE Working Paper, 2013.

② 裴长洪：《经济新常态下中国扩大开放的绩效评价》，《经济研究》2015 年第 4 期。

的难度加大,分工深化程度的格局基本定型。本书采用全球价值链长度(记为 GVL1)和全球中间产品出口额占全球出口总额的比重(记为 GVL2)两种测度方法作为全球价值链分工深化的测度指标。需要说明的是,法利(2013)提出的方法是测度每一个国家每一种产品的价值链长度,而本书在其基础上将之拓展至测度全球层面的价值链整体长度,即在测算出每一个国家每一种产品的价值链长度后,先以每个国家某一产品出口额占该产品全球出口总额比重为权重,求取该产品价值链长度的加权平均数,作为该产品层面上的全球价值链长度指数;然后,再以每种产品的出口额占全球出口总额为比重,求取所有产品价值链长度的加权平均数。具体拓展方法如下,第一步,利用下述公式(3-1)测速任一出口产品的全球价值链长度:

$$GVL_j = \sum_i^n w_{ij} GVL_{ij} \qquad (3-1)$$

其中,GVL_j 为第 j 种产品的全球价值链长度,GVL_{ij} 表示第 i 个国家第 j 种产品的全球价值链长度;w_{ij} 表示第 i 个国家第 j 种产品出口额占该产品全球出口总额比重。第二步,接着再利用公式(3-2)测算全球层面的价值链整体长度:

$$GVL = \sum_j^m w_j GVL_j \qquad (3-2)$$

其中,GVL_j 即表示利用公式(3-1)所测算的第 j 种产品的全球价值链长度,GVL 表示全球层面的价值链整体长度,该指数越大,表明全球价值链分工程度越深;w_j 表示全球第 j 种产品出口额占全球所有产品出口总额比重。

至于国际分工地位的测度,目前学术界尚未形成统一认识,不同学者研究关注的侧重点不同,所选取的测度指标也各异,代表性的研究包括使用的出口技术复杂度(Hausmann 等,2007[1];戴翔等,2014[2]);贝塞德斯

---

[1] Hausmann R.,Hwang J.and Rodrik D.,"What You Export Matters",*Journal of Economic Growth*,2007,Vol.12,No.5,pp.1-25.

[2] 戴翔、金碚:《产品内分工、制度质量与出口技术复杂度》,《经济研究》2014 年第 7 期。

(Besedes,2011)[1]、李坤望等(2014)[2]、艾克尔斯等(Eckel 等,2015)[3]使用的出口品质;库普曼等(Koopman 等,2014)[4]、张杰等(2014)[5]、罗长远等(2014)[6]、程大中(2015)[7]使用的出口国内附加值等测度指标;等等。应该说,上述文献对于认识一国或地区在全球价值链中的分工地位具有重要参考意义和借鉴价值,尤其是从出口附加值角度进行的研究,构成了测算各国在全球价值链分工地位的基础。建立在现有研究基础之上并通过适当改进,苏庆义等(2015)[8]提出了能够更为准确测度全球价值链分工位置的"出口上游度"指数,考虑到本书研究的实际需要,我们亦采用苏庆义等(2015)提出的"出口上游度"测度指标,作为全球价值链分工位置的替代变量。

当然,从个体角度看,影响出口增速的除了本书最为关注的上述两个核心解释变量外,综合现有关于出口增长影响因素的研究,我们还考虑了如下六个控制变量。第一,全球经济增长率(记为 GDPR)。因为全球经济的稳定繁荣为出口贸易增长奠定了坚实的国际市场需求基础,从而可能成为各国出口增长影响的重要因素,在实际的测度中,即可采用全球GDP 增长率作为测度指标。第二,全球贸易自由化(记为 TF)。以关税和非关税壁垒的降低为主要表现形式的贸易自由化,显然为各国出口贸

---

[1]　Besedes T. and Prusa T. J., " The Role of Extensive and Intensive Margins and Export Growth", *Journal of Development Economics*, 2011, Vol.96, No.2, pp.371-379.

[2]　李坤望、蒋为、宋立刚:《中国出口产品品质变动之谜:基于市场进入的微观解释》,《中国社会科学》2014 年第 3 期。

[3]　Eckel Carsten, Leonardo Iacovone, Beata S. Javorcik and J. Peter Neary, " Multi-Product Firms at Home and Away:Cost-vs Quality Competence", *Journal of International Economics*, 2015, Vol.95, No.2, pp.216-232.

[4]　Koopman Robert, Zhi Wang and Shang-Jin Wei, " Tracing Value-Added and Double Counting in Gross Exports", *American Economic Review*, 2014, Vol.104, No.2, pp.459-494.

[5]　张杰、陈志远、刘元春:《中国出口国内附加值的测算与变化机制》,《经济研究》2013 年第 10 期。

[6]　罗长远、张军:《附加值贸易:基于中国的实证分析》,《经济研究》2014 年第 6 期。

[7]　程大中:《中国参与全球价值链分工的程度及演变趋势——基于跨国投入—产出分析》,《经济研究》2015 年第 9 期。

[8]　苏庆义、高凌云:《全球价值链分工位置及其演进规律》,《统计研究》2015 年第 12 期。

易的发展提供了制度保障。在实际测度过程中,我们借鉴余淼杰(2010)采用的"进口渗透率"测度指标作为贸易自由化的替代变量,即全球进口总额与当期全球 GDP 总额之比。第三,实际有效汇率(记为 REER)。因为这一变量作为价格传导的重要机制,在很大程度上影响着一国出口产品国际竞争力。第四,利用外资(记为 FDI)。由于当前经济全球化的一个重要特征是贸易投资一体化趋势越来越明显,有些国家甚至成为 FDI 企业主导的"出口平台",从而深刻影响着出口贸易。在实际测度时,我们采用一国利用外资额与当期 GDP 之比作为替代变量,以消除国家规模的差异化影响。第五,制造业工资率水平(记为 WAGE)。制造业工资水平是决定比较优势的重要因素,是货物尤其是制成品出口竞争力的重要来源,因而在很大程度上决定这一国出口绩效。第六,技术创新能力(记为 IN)。众所周知,技术创新可以提高生产率,进而能够降低产品生产的实际单位成本,从而增强出口产品的国际竞争力。

综上分析,并考虑到价值链分工可能的非线性影响,本书设定的面板数据模型如下:

$$EX_{i,t} = \alpha_0 + \alpha_1 GVL_t + \alpha_2 GVL_t^2 + \alpha GVP_{i,t} + \beta C_{i,t} + \mu_t + \nu_i + \varepsilon_{i,t}$$

$$(3-3)$$

其中,下标 i 和 t 分别表示国家和年份;C 表示前文所述的各控制变量;μ 为时期固定效应变量,ν 为国家(地区)的固定效应变量,ε 为误差项。其余各变量的符合及含义如前文所述。需要指出的是,考虑到不同变量水平值之间存在的巨大差异,因此在后文的估计过程中对实际有效汇率变量取了自然对数。囿于统计数据及考虑到研究数据的一致性,本书设定的样本期间为 2000—2017 年,采用的样本经济体为世界投入产出表数据库(WIOD)中涵盖的 44 个经济体。需要说明的是,由于 WIOD 发布的最新数据所涵盖的年份为 2000—2014 年,因此 2015—2017 年相关数据是在利用 WIOD 数据库测算出的 2000—2014 年结果基础上,基于灰色系统理论,利用多数据的 VERHULST 预测模型预测所得。

第三节　实证分析中的数据来源及说明

本书测算全球价值链长度(GVL1)指标所使用的数据主要由世界投入产出表数据库(WIOD)中的世界投入产出表提供。需要说明的是，WIOD 发布的世界投入产出表有两个版本，其中一个版本是 2013 年发布的 1995—2011 年世界投入产出数据，另一个版本是 2016 年新发布的 2000—2014 年的世界投入产出数据。2016 年发布的最新版世界投入产出表，除了对往年数据进行年度上的更新外，还将世界投入产出表的部门数由原来的 35 个细分至 56 个①(其中代码 C23—C56 共 34 个行业为服务业行业)，国家(地区)增加到 43 个②，表格的制定方式也由原来的每国一表，变更为每年一表的统一制表格式。本书采用 2000—2014 年的世界投入产出数据进行测算相关指标后，在此基础上运用灰色系统理论，利用

---

① 行业代码及行业名称：C1 作物及畜牧生产、狩猎及相关产业，C2 林业及伐木业，C3 渔业及水产养殖业，C4 采掘业，C5 食品、饮料及烟草业，C6 纺织、服装及皮革业，C7 木材加工(家具除外)及木、竹、藤、棕、草制品业，C8 造纸及纸制品业，C9 印刷及出版业，C10 炼焦及石油业，C11 化工产品制造业，C12 医药制品业，C13 橡胶及塑料制品业，C14 其他非金属矿物制品业，C15 基本金属制品业，C16 金属制品业(机械设备除外)，C17 计算机、电子及光学设备制造业，C18 电气设备制造业，C19 机械设备制造业，C20 小汽车、拖车、半挂车制造业，C21 其他运输设备制造业，C22 家具制品及其他制造业，C23 机械和设备的维修和安装量，C24 电、煤气、蒸汽和空调供应，C25 水收集、处理和供应，C26 污水，垃圾收集、处理和处置、材料回收再利用活动和其他废物管理服务，C27 建筑业，C28 批发和零售贸易业和修理汽车和摩托车业，C29 批发贸易行业(除了机动车和摩托车)，C30 零售贸易行业(除了机动车和摩托车)，C31 土地通过管道运输和运输，C32 水运行业，C33 航空运输业，C34 物流仓储行业，C35 邮政快递业，C36 住宿和餐饮服务业，C37 出版业，C38 传媒业，C39 通讯业，C40 计算机编程、咨询和相关活动和信息服务业，C41 金融服务业(除了保险和养老资金)，C42 保险、再保险和养老资金(除了强制性社会保障)，C43 金融保险辅助行业，C44 房地产业，C45 总部的法律和会计活动和管理咨询活动，C46 建筑和工程活动；技术测试和分析，C47 科学研究和发展，C48 广告和市场研究，C49 其他专业、科学技术与兽医，C50 管理和支持服务活动，C51 公共管理和国防；强制性社会保障，C52 教育行业，C53 医疗和社会工作行业，C54 其他服务业，C55 自给自足的家庭生产服务活动，C56 不受管辖的组织和机构的服务活动。

② 43 个国家(地区)：澳大利亚，奥地利，比利时，保加利亚，巴西，加拿大，瑞士，中国，塞浦路斯，捷克，德国，丹麦，西班牙，爱沙尼亚，芬兰，法国，英国，希腊，克罗地亚，匈牙利，印度尼西亚，印度，爱尔兰，意大利，日本，韩国，立陶宛，卢森堡，拉脱维亚，墨西哥，马耳他，荷兰，挪威，波兰，葡萄牙，罗马尼亚，俄罗斯，斯洛伐克，斯洛文尼亚，瑞典，土耳其，美国，其他地区。

多数据的 VERHULST 预测模型预测 2015 年至 2017 年的相应数据。测算全球中间产品出口额占全球出口总额的比重(GVL2)所依据的数据主要由联合国 Comtrade 统计数据库(UN Comtrade)所提供,按照该数据库的《广义经济类别分类》(Broad Economic Categories,BEC)分类标准,其统计项下的第 111、121、21、22、31、322、42 基本类以及第 53 基本类为中间产品。各经济体出口贸易额数据主要由联合国贸发会议统计数据库(UNCTAD statistics)提供。全球经济增长率(GDPR)、测度全球贸易自由化(TF)所使用到的全球进口额数据以及全球 GDP 数据、各经济体利用外资(FDI)数据和 GDP 数据同样由联合国贸发会议统计数据库所提供,且涉及价格影响的,均按照 2005 年不变美元价格进行了折算。实际有效汇率数据来自国际货币基金组织的国际金融统计数据库(IMF)。各经济体制造业工资率水平数据来自历年《国际统计年鉴》,单位采用的是美元/小时。各经济体技术创新能力(IN)采用的是研发投入占 GDP 比重作为替代变量,数据来自世界银行统计数据库(WB data)。各关键变量的描述性统计见表 3-1。

表 3-1 关键变量的描述性统计

变量	样本数	均值	标准差	中值	最大值	最小值
EX	660	0.0712	0.1213	0.4118	1.1433	−0.3577
GVL1	660	2.7921	0.2205	2.9304	3.4063	1.5919
GVL2	660	0.4161	0.1186	0.5370	0.8624	0.1815
GVP	660	2.3893	0.2150	2.0983	3.0123	1.2324
GDPR	660	2.8801	1.4522	1.1714	4.2814	−2.0140
TF	660	0.1794	0.0081	0.2276	0.2719	0.1556
FDI(%)	660	0.3287	0.9378	7.0458	15.0564	0.0028
LnREER	660	4.6069	0.1224	5.0375	5.8735	4.2838
WAGE	660	12.1312	13.5366	6.0262	12.2741	0.1901
IN	660	0.4054	0.2498	1.4467	2.6213	0.0026

第四节　全球价值链影响贸易增速的实证结果

一、静态面板 GLS 和工具变量法估计结果

本书首先采用变截距固定效应或随机效应的面板 GLS 方法对上述计量模型(3-3)进行估计,并通过计算稳健标准误差来消除面板数据可能存在的异方差问题和自相关问题,选择模型形式主要是依据豪斯曼(Hausman)检验而确定。此外,由于大量的文献研究已经揭示了可能存在的"出口中学习效应",因此,伴随出口增长也可能带来价值链分解能力的进一步提高,以及经济体在全球价值链分工地位的变化。为了消除模型中可能存在的这一内生性问题,从而使得检验结论更具有稳健性,本书进一步采用了工具变量法对计量模型(3-3)进行估计,所得估计结果见表3-2。

表 3-2　静态面板估计结果

变量	(1)固定效应	(2)固定效应	(3)固定效应	(4)固定效应	(5)工具变量	(6)工具变量	(7)工具变量	(8)工具变量
GVL1	0.0412** (2.58)	—	0.0409** (2.79)	—	0.0419** (2.27)	—	0.0428** (2.35)	—
$(GVL1)^2$	-0.0179** (-2.28)	—	-0.0176** (-2.33)	—	-0.0179* (-1.98)	—	-0.0181** (-2.25)	—
GVL2	—	0.2476*** (3.17)	—	0.2428** (3.19)	—	0.2549** (2.36)	—	0.2127** (2.51)
$(GVL2)^2$	—	-0.1127*** (-2.66)	—	-0.1121** (-2.53)	—	-0.1171** (-2.19)	—	-0.1082*** (-3.14)
GVP	0.0135** (2.29)	0.0138** (2.17)	0.0129** (2.36)	0.0177** (2.21)	0.0108** (2.17)	0.0131** (2.58)	0.0129** (2.21)	0.0131** (2.15)
GDPR	—	—	0.0241** (2.43)	0.0239** (2.19)	—	—	0.0237** (2.42)	0.0238** (2.57)
TF	—	—	1.3281* (1.98)	1.3143* (1.95)	—	—	1.3428* (1.93)	1.2579* (1.96)

续表

变量	(1) 固定效应	(2) 固定效应	(3) 固定效应	(4) 固定效应	(5) 工具变量	(6) 工具变量	(7) 工具变量	(8) 工具变量
FDI	—	—	0.0037* (1.99)	0.0036* (1.92)	—	—	0.0042* (1.93)	0.0045** (2.59)
LnREER	—	—	-0.0473 (-1.28)	-0.0426 (-1.35)	—	—	-0.0433 (-1.19)	-0.0412 (-1.21)
WAGE	—	—	-0.0031* (-1.91)	-0.0032* (-1.92)	—	—	-0.0030** (-2.39)	-0.0032** (-2.44)
IN	—	—	0.0861** (2.24)	0.0721* (1.93)	—	—	0.0815** (2.91)	0.0803** (2.25)
常数项	-0.1517 (-0.70)	0.1821** (2.27)	0.1354** (2.33)	0.6235 (1.04)	-0.0423 (-0.17)	-0.0728 (-0.59)	0.9736** (2.28)	0.9201** (2.33)
样本数	660	660	660	660	660	660	660	660
R^2	0.3207	0.3815	0.3896	0.4133	0.3512	0.3528	0.3976	0.4037
豪斯曼检验	93.27 (0.0000)	107.95 (0.0000)	103.28 (0.0000)	102.75 (0.0000)				
不足识别检验	—	—	—	—	31.2571 (0.0000)	35.2974 (0.0000)	28.3697 (0.0001)	27.9352 (0.0001)
弱识别检验	—	—	—	—	23.5269 (0.05)	23.2897 (0.05)	25.9729 (0.01)	25.4575 (0.01)
过度识别检验	—	—	—	—	2.2136 (0.4037)	3.1476 (0.2875)	0.2843 (0.7344)	1.4638 (0.3628)

注:模型(5)—(8)采用的工具变量为 GVL 和 GVP 变量的一阶滞后项。弱工具变量检验括号里的值为 Cragg-Donald Wald F 的10%水平标准值。系数值括号里为 t 值或 z 值;***、** 、* 和 # 分别表示1%、5%、10%和15%的统计显著水平。

表3-2报告的回归结果组合(1)—(4),是经检验最终采用固定效应模型进行回归估计所得。其中,第(1)列和第(2)列是仅将本书最为关注的核心变量,全球价值链分工深化效应及各经济体在全球价值链中分工地位,作为基础解释变量进行回归所得,而第(3)列和第(4)列则是在纳入其他控制变量后进行回归估计所得。从第(1)列和第(2)列的估计结果可以看出,无论是采用全球价值链长度(GVL1),还是采用全球中间产品出口额占全球出口总额的比重(GVL2)作为价值链分工深化效应的替代变量,其一次项的系数估计值都为正而二次项系数估计值均为负,并且

都通过了显著性统计检验。这一结果意味着全球价值链分工深化效应的大背景，对各经济体融入其中从而实现出口增长具有倒"U"型影响，即伴随全球价值链分工深化，贸易增速会表现为先高后低的变化趋势，从而理论假说1得到了经验验证。就全球价值链分工地位变量（GVP）而言，第（1）列和第（2）列的回归结果表明，其系数估计值均为正，且均在5%的显著性水平下通过了统计性检验。由于本书采用的是出口上游度指标作为分工地位的替代变量，而出口上游度指数越大，表明该经济体在全球价值链分工中所处地位越低。因此，上述回归结果意味着，一国融入全球价值链的方式和地位，同样对其出口增长有着重要影响。具体而言，一国越是以低端嵌入的方式融入全球价值链或者说处于全球价值链分工中的地位越低，从而以出口上游度为表征的指数越大的话，其出口增长能力就越强，反之则反是。当然，上述回归结果中所能得到的一个自然而然的推论是，如果一国在全球价值链分工中的地位发生了变化，那么其出口增长同样会受到显著影响，更确切地说，伴随一国在全球价值链中分工地位的提高，在不考虑其他影响因素的作用下，其出口增长反而可能会因此而下降。从而验证了理论假说2。

在纳入其他控制变量后，从第（3）列和第（4）列的回归结果来看，就全球价值链分工深化效应变量而言，无论是变量GVL1还是变量GVL2，与前面第（1）列和第（2）列的回归结果相比，其系数估计值的正负性、数值大小，以及统计检验的显著性等，均没有发生实质性变化，从而在一定程度上表明回归结果的可靠性和稳定性。就全球价值链分工地位变量（GVP）而言，与全球价值链分工深化效应变量类似，与前面第（1）列和第（2）列的回归结果相比，其估计结果在第（3）列和第（4）列中也均未发生实质性变化，从而说明全球价值链分工地位对出口增长所产生的显著影响，具有一定的稳定性和可靠性。总之，第（1）列至第（4）列的回归结果与前文的理论预期基本一致，从而前文的两个理论假说初步通过了较好逻辑一致性计量检验。

至于其他控制变量，第（3）列和第（4）列的回归结果显示，全球经济增长率变量（GDPR）的系数估计值为正，且至少在5%的显著性水平下通过了统计检验,表明全球经济稳定增长对各经济体出口增长的重要作用。这一结果也是与前一轮全球经济稳定繁荣增长背景下全球贸易高速增长的事实特征实践是一致的。贸易自由化变量(TF)的系数估计值为正,且在10%的显著性水平下通过了统计检验,这一结果说明以关税和非关税等贸易壁垒的降低和削减为表现的全球经济自由化发展,的确为各经济体出口增长提供了便利和制度保障,从而显著地促进了出口贸易的健康发展。各经济体利用外资变量(FDI)的系数估计值在第(3)列和第(4)列中同样均显示为正,且至少在10%的显著性水平下通过了统计检验,说明利用外资有力地推动了出口贸易的增长。这一点是与前文的预期是一致的,也是与对外直接投资与对外贸易越来越具有融合发展趋势的客观实践是一致的。就实际有效汇率变量(LnREER)而言,第(3)列和第(4)列的回归结果显示其系数估计值虽为负,但均未通过显著性检验。虽然实际有效汇率作为价格传统的重要机制之一,从而对出口贸易可能产生影响,但大量的经验研究文献确实并未取得一致的研究结论。就本书的回归结果来看,实际有效汇率之所以没有对出口贸易产生显著影响,我们认为可能与全球价值链为主导的国际分工特性有关,由于产品生产环节的分解和区位配置的分散化,从而使得汇率因素在价格传导中的作用越来越弱。制造业工资率水平(WAGE)的系数估计值在第(3)列和第(4)列中均为负,且在10%的显著性水平下通过了统计检验,表明制造业工资水平作为生产成本的重要组成部分,确实是比较优势的决定性因素之一,由此,制造业工资上升会对产品出口竞争力带来不利影响,从而抑制着出口增长。换言之,在同等条件下,具有劳动力成本优势的国家和地区,出口增长的潜能更大。以研发投入占GDP之比表示的技术创新能力变量(IN),第(3)列和第(4)列中系数估计值均显示为正,且至少在10%的显著性水平下通过了统计检验,表明技术创新能力对出口增长具有显著影响,即技术创新能力越强的国家和地区,其出口增长能力就越强,反之,技术创新能力越弱的国家和地区,其出口增长能力会在一定程度上被抑制。

考虑到计量模型可能存在的内生性问题,本书采用传统做法,即以全球价值链分工深化效应变量和全球价值链分工地位变量的滞后一阶项作为工具变量,采用工具变量法对计量模型(3)进行了重新估计,所得结果报告于表3-2中的第(5)列至第(8)列。此外,在表3-2的最后三行给出了工具变量选择的有效性检验,弱工具变量、工具变量识别不足,以及工具变量过度识别的检验结果总体表明,所选工具变量基本有效。第(5)列至第(8)列报告的回归结果与前四列报告结果的逻辑一致,即第(5)列和第(6)列仅以本书最为关注的核心基础变量作为解释变量进行回归而得,第(7)列和第(8)列则是在纳入其他控制变量后进行回归所得。从中不难发现,采用工具变量法的估计结果,与固定效应模型的GLS方法估计结果基本一致。即,从本书关注的核心解释变量来看,以两种指标测度的全球价值链分工深化效应的替代变量,在第(5)列至第(8)列中一次项的系数估计值都为正而二次项系数估计值均为负,且通过了显著性统计检验;与此类似,全球价值链分工地位变量的系数估计值在第(5)列至第(8)列中,同样显示为正且在5%的显著性水平下通过了统计检验。说明考虑了可能的内生性问题后,所得估计结果并没有出现大的变化。至于其他控制变量,比较第(5)列至第(8)列的结果和第(1)列至第(4)列对应列的结果,各变量的估计结果同样没有发生实质性变化,从而说明了各变量估计结果的可靠性和稳定性。这一结果再次表明前文的理论假说通过了较好的逻辑一致性计量检验。

二、GMM估计结果及进一步稳健性检验

虽然使用工具变量法能够在一定程度上解决可能存在的内生性问题,但面板数据的估计仍然会存在着诸如扰动项的自相关、某些回归变量并非严格外生而是先决变量等计量问题。此外,由于出口贸易往往具有惯性特征,即便前一期的出口对后一期的出口具有滞后影响。因此,考虑到这一点,上述计量模型(3-3)还应纳入出口增长变量的滞后项作为解释变量之一,如此,就有了以下动态面板数据模型(3-4):

$$EX_{i,t} = \alpha_0 + \alpha_1 EX_{i,t-1} + \alpha_2 GVL_t + \alpha_3 GVL_t^2 + \alpha_3 GVP_{i,t}$$
$$+ \beta C_{i,t} + \mu_t + \nu_i + \varepsilon_{i,t} \tag{3-4}$$

显然,出口贸易的动态特征意味着使用静态面板数据的回归方法,所

得估计结果可能是有偏的。因此,针对动态面板数据模型(3-4),我们采用系统广义矩估计方法(System GMM)以有效解决上述问题。由于系统广义矩估计方法通常包括"一步法"和"两步法"两种,相比而言,"两步法"的系统广义矩估计更为有效,因此,我们选择"两步法"系统 GMM 进行估计。此外,在上述动态面板数据模型(3-4)中,除了本书最为关注的两个核心解释变量外,还包括其他控制变量,因此在系统广义矩估计过程中,有必要对这些变量进行类型选择,即确定何者为内生变量,何者为外生变量。基于本书研究目的和内容,我们将全球价值链分工深化效应变量、全球价值链分工地位变量视为内生变量,而将除此之外的其余控制变量当作外生变量。与此同时,为避免可能存在的异方差所产生的不良影响,参数估计值的标准误差均采用稳健估计量。据此对动态面板数据模型(3-4)进行估计,所得结果见表3-3。

表3-3 GMM 回归估计结果及稳健性检验结果

变量	(1)	(2)	(3)	(4)	(5)	(6)	(7)	(8)
EX(−1)	0.0563 ** (2.67)	0.0632 ** (2.42)	0.0519 ** (2.19)	0.0526 ** (2.28)	0.0615 *** (3.76)	0.0638 *** (4.13)	0.0617 *** (4.28)	0.0629 *** (4.15)
GVL1	0.0375 ** (2.35)	—	0.0368 ** (2.19)	—	0.0403 ** (2.17)	—	0.0414 ** (2.66)	—
(GVL1)²	−0.0168 ** (−2.35)	—	−0.0171 * (−1.97)	—	−0.0175 * (−1.95)	—	−0.0182 ** (−2.16)	—
GVL2	−	0.2485 *** (3.27)	—	0.2471 ** (3.84)	—	0.2543 ** (2.35)	—	0.2235 ** (2.61)
(GVL2)²	−	−0.1136 *** (−3.26)	—	−0.1128 ** (−2.51)	—	−0.1143 * (−1.97)	—	−0.1081 ** (−2.35)
GVP	0.0138 ** (2.59)	0.0135 ** (2.73)	0.0132 ** (2.67)	0.0175 ** (2.45)	0.0141 ** (2.37)	0.0136 ** (2.62)	0.0133 ** (2.53)	0.0139 ** (2.17)
GDPR	—	—	0.0243 ** (2.63)	0.0238 ** (2.29)	—	—	0.0231 ** (2.52)	0.0233 ** (2.47)
TF	—	—	1.3341 * (1.95)	1.3228 ** (2.73)	—	—	1.3165 * (1.98)	1.2937 ** (2.45)
FDI	—	—	0.0033 * (1.92)	0.0039 * (1.97)	—	—	0.0041 * (1.93)	0.0036 * (1.95)

续表

变量	(1)	(2)	(3)	(4)	(5)	(6)	(7)	(8)
LnREER	—	—	-0.0419 (-1.35)	-0.0427 (-1.27)	—	—	-0.0431 (-1.12)	-0.0426 (-1.28)
WAGE	—	—	-0.0036* (-1.96)	-0.0039* (-1.97)	—	—	-0.0036** (-2.35)	-0.0038** (-2.21)
IN	—	—	0.0817** (2.29)	0.0825* (2.18)	—	—	0.0754* (1.93)	0.0783** (2.67)
常数项	-0.0512 (-0.79)	0.1396 (1.26)	1.2537** (2.17)	1.3291 (0.62)	0.2835*** (4.35)	0.4764*** (5.16)	1.3235*** (4.17)	1.3361** (2.31)
Wald 检验	24.29 (0.0024)	25.36 (0.0015)	34.13 (0.0000)	36.02 (0.0000)	34.13 (0.0000)	33.07 (0.0000)	47.99 (0.0000)	46.01 (0.0000)
Sargan 检验	25.2851 (0.2874)	24.0312 (0.4929)	28.9937 (0.2518)	29.1259 (0.2455)	28.0321 (0.2632)	27.1329 (0.2715)	28.2531 (0.2903)	26.9872 (0.3121)
AR(1) 检验 p 值	0.0329	0.2935	0.0527	0.2624	0.0718	0.9015	0.0628	0.1733
AR(2) 检验 p 值	0.8153	0.6728	0.8216	0.7038	0.8369	0.7587	0.7192	0.8516

注：估计系数下方括号内的数字为系数估计值的 t 统计量，其中 * 、** 和 *** 分别表示 10%、5% 和 1% 的显著性水平。

　　与表 3-2 报告回归结果的逻辑一致，表 3-3 第(1)列至第(4)列组合结果中的前两列是仅考虑本书关注的核心解释变量时进行回归所得，而后两列是纳入其他控制变量后的回归结果。依据表 3-3 第(1)列至第(4)列报告的回归结果，基本可以总结出以下几点结论：第一，作为解释变量的滞后一期出口增长变量，在所有各列的回归结果中其系数估计值均为正，且至少在 5% 的显著性水平下通过了统计检验，表明出口增长确实具有惯性作用，即上一期出口增长对当前出口增长具有显著正面影响。第二，在第(1)列至第(4)列的回归估计结果中，作为全球价值链分工深化效应的替代变量，无论是采用全球价值链长度，还是采用中间品出口占比，无论是仅考虑核心解释变量，还是纳入其余控制变量，该关键解释变量的一次项系数估计值均为正，而二次项系数估计值均为负，且均通过了显著性统计检验。大体而言，这一估计结果与前文保持了较好的一致性，再次说明了全球价值链分工深化效应的大背景，对各经济体出口增长显著非线性影响,从而对前述理论分析形成的假说给予了较好的逻辑一致性检验。当然,实证结果显示的倒"U"影响,还只是初步说明了先高后低的变化趋势,但究竟何时出现拐点,仍需要进一步探讨。为此,我们利用stata 软件中的 utest 命令对实证结果进行了进一步的倒"U"型检验。结果表明,以 GLV1 作为全球价值链长度的替代变量时,其出现的拐点的临界值为 3.18,位于取值区间[1.5915,3.4063]内,说明倒"U"型的结论是成立的;以 GLV2 作为全球价值链长度的替代变量时,其出现的拐点的临界值为 0.7982,位于取值区间[0.1815,0.8624]内,同样说明倒"U"型的结论是成立的。据此可见,理论推演中可能存在的倒"U"型已经在实践经验中有所显现。这一发现其实与现有关于价值链定量测度的文献研究结论也是一致的,王直等(Wang 等,2017)[1]研究表明,在 2008 年的全球金融危机前,全球价值链生产活动在全球经济中的占比明显扩张,尤其是其中"复杂价值链"的关联在快速加深;但是在 2009 年之后,全球价值链则出现了增长趋缓,甚至出现了所谓逆 GVC 现象。结合前述的理论机制探讨可知,这种变化无疑会导致外贸增速下降。第三,在第(1)列至第(4)列的组合结果中,全球价值链分工地位变量的系数估计值也均为正,且通过了显著性统计检验,表明全球价值链分工地位对出口增长具有显著影响,即出口上游度指数越高或者说全球价值链分工地位越低,越表现出高出口增长率,反之则反是。当然,这一点其实是与一国或地区融入全球价值链分工后出口增长的"虚高"有关,也就是说,越是处于低端从而出口中所内含的进口中间品成分越多,出口增长率表现得就越高。第四,至于其他控制变量,将表 3-3 第(1)列至第(4)列的回归结果与表 3-2 的回归结果相比,同样未出现本质变化,对此,本书不再赘述。

此外,为了进一步检验前述所得回归估计结果的可靠性和稳定性,我们再利用出口贸易收入弹性,即各经济体出口额增长率与其当期GDP 增长率之比作为被解释变量,进行进一步的稳健性检验分析。实

---

① Wang Zhi,Shang-Jin Wei,Xinding Yu and Kunfu Zhu,"*Measures of Participation in Global Value Chains and Global Business Cycles*",NBER working paper,No.23222,2017.

际上，现有研究中已有很多学者采用这一测度指标分析贸易增速问题（易思凯斯等，2010[①]；康斯坦丁内斯库等，2014[②]）。据此重新对动态面板数据模型进行回归分析所得结果，如表3-3第（5）列至第（8）列的组合结果所示，并将其与之前对应列的回归结果进行对比，不难发现，当我们将出口贸易依存度作为被解释变量时，以两种测度指标表示的全球价值链分工深化效应变量、全球价值链分工地位变量、出口贸易依存度滞后一期变量，其系数估计值仅在绝对值大小方面出现了较为明显的变化，而在影响的方向性及显著性统计检验方面，均与前述结果具有较高的一致性，即对以出口贸易依存度所表征的出口增长具有显著正向影响，从而在一定程度上印证了前述估计结果的可靠性和稳健性。同样，对于其他控制变量而言，表3-3第（5）列至第（8）列的回归结果与前述回归分析所得结果也基本一致，特别在影响的方向性和显著性方面均没有实质性改变，从而说明了回归结果的稳健性。

第五节　全球价值链影响贸易
增速的进一步分析

由于本章着重研究中国外贸增速变化的影响因素，而以上分析采用的是包括中国经验数据在内的跨国面板数据，其结果显然更适合于各国整体情况，那么是否完全符合中国情况，则仍需要进一步检验。也就是说，本书所着重探讨的价值链分工演进是否对中国外贸增速变化具有实质性影响，仍需要进一步实证检验。考虑到单独以中国作为对象进行分析时，时间序列相对较短，从而单独针对中国数据的实证检验结果可能并不可靠，为此，我们采用另一计量策略，就是在上述实证分析中，将中国从样本经济体中剔除后重新进行回归。如果所得结果与全样本分析并无实

---

① Escaith H., N.Lindenberg and S.Miroudot（2010），"International Supply Chains and Trade Elasticity in Times of Global Crisis"，WTO Staff Working Paper ERSD-2010-08，Washington，D.C.

② Constantinescu C., A.Mattoo and M.Ruta，"Slow Trade"，*Finance & Development*，2014，Vol.51（4）.

质性差异,说明影响中国外贸增速变化的关键因素与整体情况并无本质差异,或者说基于跨国面板数据分析所揭示的关键影响因素,是适合于中国情形的。反之则可能需要进一步的探讨。需要指出的是,本书从分工演进层面探讨影响外贸增速变化的机理和关键因素,因此更具有"共性"特征,而具体到单个国家而言,其外贸增速变化除了"共性"因素外,还有"自身因素",这些"自身因素"的作用要么体现在跨国面板数据中各国同一变量的不同取值之中,要么体现在国家(地区)的固定效应之中。因此,无论是基于总样本分析结论看,还是从总样本中剔除中国后的实证结论看,并不意味着要"忽略"某些"自身因素"可能产生的作用,只是我们更加关注价值链分工这一因素。

将中国从总样本数据中剔除后,据此对动态面板数据模型(3-4)重新进行估计,所得结果见表3-5。

表3-5 剔除中国样本后的 GMM 回归估计结果

变量	(1)	(2)	(3)	(4)	(5)	(6)	(7)	(8)
EX(-1)	0.0568 ** (2.52)	0.0615 ** (2.17)	0.0537 ** (2.35)	0.0519 ** (2.63)	0.0601 *** (3.14)	0.0625 *** (4.26)	0.0603 *** (4.79)	0.0615 *** (4.33)
GVL1	0.0369 ** (2.66)	—	0.0371 ** (2.35)	—	0.0389 ** (2.28)	—	0.0374 ** (2.47)	—
$(GVL1)^2$	-0.0157 ** (-2.19)	—	-0.0163 * (-1.93)	—	-0.0166 * (-1.92)	—	-0.0174 ** (-2.35)	—
GVL2	-	0.2477 *** (3.14)	—	0.2469 ** (3.56)	—	0.2536 ** (2.74)	—	0.2241 ** (2.38)
$(GVL2)^2$	—	-0.1127 *** (-3.34)	—	-0.1131 ** (-2.66)	—	-0.1135 * (-1.92)	—	-0.1097 ** (-2.24)
GVP	0.0136 ** (2.74)	0.0138 ** (2.38)	0.0137 ** (2.41)	0.0141 ** (2.33)	0.0136 ** (2.19)	0.0133 ** (2.52)	0.0137 ** (2.17)	0.0136 ** (2.28)
GDPR	—	0.0239 ** (2.82)	0.0241 ** (2.38)	—	—	—	0.0236 ** (2.77)	0.0235 ** (2.49)
TF	—	—	1.3336 * (1.92)	1.3227 ** (2.69)	—	—	1.3159 * (1.97)	1.2921 ** (2.58)
FDI	—	—	0.0038 * (1.97)	0.0034 * (1.92)	—	—	0.0036 * (1.95)	0.0041 * (1.93)

续表

变量	(1)	(2)	(3)	(4)	(5)	(6)	(7)	(8)
LnREER	—	—	−0.0432 (−1.18)	−0.0437 (−1.56)	—	—	−0.0435 (−1.33)	−0.0429 (−1.21)
WAGE	—	—	−0.0033* (−1.93)	−0.0037* (−1.96)	—	—	−0.0036** (−2.25)	−0.0032** (−2.77)
IN	—	—	0.0808** (2.15)	0.0802* (2.36)	—	—	0.0758* (1.95)	0.0769** (2.43)
常数项	−0.0528 (−0.89)	0.1337 (1.35)	1.2627** (2.66)	1.3837 (1.82)	0.2519*** (4.12)	0.4367*** (4.28)	1.3183*** (3.21)	1.3284** (2.53)
Wald 检验	23.56 (0.0000)	24.87 (0.0000)	35.28 (0.0000)	37.05 (0.0000)	35.33 (0.0000)	34.21 (0.0000)	43.79 (0.0000)	45.32 (0.0000)
Sargan 检验	24.3651 (0.2681)	23.7327 (0.4357)	27.5986 (0.2732)	27.9832 (0.2510)	28.1255 (0.2586)	27.5218 (0.2693)	27.1024 (0.2832)	26.3785 (0.3017)
AR(1) 检验 p 值	0.0516	0.2017	0.0431	0.2286	0.0257	0.6315	0.0718	0.2013
AR(2) 检验 p 值	0.7126	0.5328	0.6533	0.5976	0.6039	0.7125	0.6821	0.7352

注：估计系数下方括号内的数字为系数估计值的 t 统计量，其中 *、** 和 *** 分别表示 10%、5% 和
1% 的显著性水平。

将表3-5的回归结果与表3-3进行比较，容易看出，在剔除中国样本后，基于跨国面板数据的实证结果并未发生实质性的改变。据此基本可以认为，就我们所关注的几个关键影响因素而言，对于中国的影响与对于其他样本经济体的影响并未表现出特别的差异性。据此可以认为，上述基于跨国面板数据所发现的影响因素，对于中国外贸增速变化是具有解释力的，对前述理论分析假说也提供了较好的经验验证。

第六节　全球价值链下贸易增速
变化的政策意涵

基于全球价值链分工演进这一特定视角，本章在前述理论上阐述的全球价值链分工深化效应可能对贸易增速的非线性影响，以及一国攀升全球价值链对其出口增速影响的作用机制，并形成相应理论假说的先导

下,利用1995—2011年的跨国面板数据,进一步对理论假说进行了逻辑一致性计量检验。结论表明:第一,全球价值链分工深化效应这一大背景,对出口增速具有显著的倒"U"型影响,即伴随全球价值链分工的不断深化,其对各经济体融入其中从而实现出口增长的影响,表现出先强后弱的变化趋势。而这种变化可能主要由两个方面的效应所引发:一方面是分工深化导致贸易规模扩大的基数效应,另一方面是分工深化带来的边际分解难度增大。这两种因素的共同作用或许正是当前全球贸易增速下的根本原因之一。第二,一国在全球价值链分工中的位置对其出口增长具有显著影响,具体而言,在全球价值链分工体系中越是处于低端,对其出口增长越是具有促进作用,而越是处于高端,对其出口增长的促进作用越是弱化。这一结论同时也意味着,一国在全球价值链中的位置变动,对其出口增长也会产生显著影响。更确切地说,当一国沿着全球价值链高端攀升时,其出口增长反而可能会受到抑制,此时"抑制"的本质可能更多是由"虚幻统计"的挤出效应所导致;反之,当一国在全球价值链分工体系中被不断压向低端时,其出口增长反而可能会出现更出色表现,此时出口增长绩效的本质可能更多是由"虚幻统计"的挤入效应所导致。第三,从其他影响因素来看,全球经济稳定增长、贸易自由化发展、各国利用外资、技术创新能力等,均对出口增长具有显著正向促进作用;制造业工资水平作为比较成本的重要决定因素之一,其上升的确对出口增长带来不利影响;至于实际有效汇率,本书没有发现其对出口增长具有显著影响,这或许是全球价值链分工弱化了其价格传导机制功能。

上述结论不仅有助于我们从全球价值链分工角度深化认识影响全球贸易增速的因素及其机理,而且对于理解当前包括中国在内的贸易增速变化,也有着极为深刻的启示。当前全球贸易增速趋缓,一方面是与金融危机后全球经济持续低迷有关,以及危机冲击后全球贸易保护主义抬头有关,而另一方面,从内生动力上看,更与全球价值链分工深化趋势减缓有关。裴长洪(2015)的研究已经表明[①],近年来以中间产品贸易占比为

---

① 裴长洪:《经济新常态下中国扩大开放的绩效评价》,《经济研究》2015年第4期。

表征的全球价值链分工演进，已经呈现明显的放缓趋势，或者说全球价值链分工格局基本定型，进一步深化的难度加大，新一轮的深化将有赖于新一轮技术革命和产业革命的爆发。这也是当前全球经济处于深度调整期的重要特征和表现。具体到中国而言，近年来外贸增速下滑除受现有文献揭示的传统因素影响外，从更深层、更本质、更长远的角度看，是与全球价值链分工及其中国融入其中的特性密切相关。一方面，全球价值链分工趋势减缓这一大背景，显然会在很大程度上抑制中国进一步承接价值增值环节的国际梯度转移，加之近年来包括劳动成本上升等各种生产要素价格集中进入上升期，使得传统低成本优势逐步丧失，出口增长能力自然受限和削弱；另一方面，中国虽以"低端嵌入"方式融入全球价值链，但经过多年的发展实现价值链的逐步攀升同样也是事实，这一点已得到许多实证研究的证实（金京等，2013[①]；樊茂清和黄薇，2014[②]），仅从这一意义上说而不考虑其他因素的作用，出口增速同样也会趋缓，因为统计"虚高"的成分会不断挤出。当然，这并非意味着面对中国外贸增速下滑，我们应放任自由，无所作为。相反，在客观条件变化导致贸易增速下降情形下，外贸发展必须摒弃"以增速论英雄"的传统观念，转向"以质取胜"的发展战略，否则可能会面临外贸发展的更大波动从而丧失贸易利得，更不利于外贸的长期发展。实际上，更优质的外贸发展水平不仅有助于依托质量而提升贸易利得，与此同时也有助于增创外贸发展新优势，提升外贸竞争力，从而在一定程度上平抑外贸增速下滑趋势。芬斯特拉（2010）[③]的研究指出，从全球意义上看，前一轮全球贸易高速增长是与中国融入经济全球化分不开的，而金奇（Kynge，2015）[④]的研究则进一步指出，当前全球贸易失速同样也与"中国因素"密切相关，因此，如何能够在当前全球

---

①　金京、戴翔、张二震：《全球要素分工背景下的中国产业转型升级》，《中国工业经济》2013 年第 11 期。

②　樊茂清、黄薇：《基于全球价值链分解的中国贸易产业结构演进研究》，《世界经济》2014 年第 2 期。

③　Feenstra R. C. and S. J. Wei（2010），"China's Growing Role in World Trade"，National Bureau of Economic Research Conference Report.

④　Kynge J.，"Emerging Markets Trade Slide is Made in China"，*Financial Times*，2 June，2015.

贸易普遍低迷的背景下尽早"破茧而出",继续担当着"稳定"乃至引领全球贸易增长的重任,需要我们化压力为动力,加快推进中国外贸转型升级。

第四章 中国外贸"稳增长"：
制造业"服务化"作用

在全球价值链分工条件下，如前所述，由于存在着中间产品多次跨境流动等问题，从而一国出口并非完全在一国国内生产完成，即一国出口的产品价值并非完全由一国独立创造，而是由多国创造的结果。从这一意义上看，出口存在着名义增长和真实增长两种情形。面临国内外环境深刻变化，尤其是在当前全球经济深度调整背景下，中国出口贸易尤其是制造业名义出口面临增速趋缓的约束，而破除约束的路径之一就是依托制造业服务化提升制造业出口国内增加值，实现真实出口增长。以理论分析为先导，本章利用 WIOD 数据库，在整体和细分层面上测算了包括中国在内的 44 个样本经济体 2000—2014 年制造业出口内含服务增加值，并基于灰色系统理论，在前述测算的基础上利用多数据的 VERHULST 预测模型预测了 2015—2017 年的相关数据。研究发现，无论是整体还是细分行业层面，以出口内含服务增加值为表征的制造业服务化有深入发展的趋势，但中国在样本经济体中排名较为靠后。进一步的相关性分析和计量检验结果表明，制造业出口国内增加值率与制造业出口内含国内服务增加值呈显著正相关，而与内含国外服务增加值呈显著负相关；源自国内服务投入的制造业服务化对制造业出口有显著正向影响，而源自国外服务投入的制造业服务化对制造业出口有显著负向影响。总体来看，依托制造业服务化应对当前中国出口尤其是制造业出口放缓的不良影响，对于中国制造而言具有广阔的空间和余地，也是可行的路径之一，但需要区分制造业出口内含的服务增加值来源结构。即通过大力发展国内服务业尤其是现代生产性服务业，以弱化制造业发展对国外服务业的依赖，对确保上述路径可行性具有极为重要的战略意义。

第一节　制造业服务化与外贸发展

改革开放初期,中国制造业出口占国际市场份额比重不足1%。经过几十年的发展,尤其是自加入世界贸易组织以来中国制造业出口规模获得了快速扩张,目前在国际市场上的份额已经达到了约13.9%。从既有国际经验来看,这一比重已经超过了第二次世界大战之后德国和日本曾经达到过的最好历史水平,与美国所达到的最高历史水平也基本接近。正因如此,学术界和实际工作部门普遍认为,当前中国制造业出口已经遭遇到了"天花板"效应,进一步扩张的空间极其有限。更何况,在当前全球经济深度调整背景下,中国以制造业出口为主导的出口贸易显然已经面临着显著的增长趋缓。换言之,中国制造业出口已经面临增长疲弱,不仅是基于既有国际经验判断得出,内外环境的深刻变化同时也对制造业出口规模进一步扩展产生了严重的制约作用。从外部环境看,一方面,全球经济深度调整期间,全球经济增速放缓导致国际市场需求不足;另一方面,全球贸易保护主义抬头尤其是当前"逆全球化"思潮日益兴起,成为制造业出口规模进一步扩张的重要外部约束。从内部环境看,中国各种生产要素成本进入集中上升期,传统低成本优势的不断丧失导致制造业出口的传统竞争力遭遇瓶颈。近年来,中国制造业出口表现出的"乏力"现象乃至出现的负增长,一定程度上可以说正是对上述情境约束的实践反映。在外贸是驱动经济增长一支重要力量的共识下,制造业出口增长空间受阻,必然意味着其对经济发展的作用和贡献将随之下降。因此,中国制造业出口如何应对增速放缓趋势,是当前摆在理论和实际工作部门面前的重大课题。

实际上,在全球价值链分工体系下,一国出口增长存在着两种基本形式,即名义上的出口增长和真实出口增长。所谓名义上的出口增长主要是指基于传统总值核算法得出的。这种增长核算法由于存在着重复统计,因此往往存在被"高估"现象。这正是当前为何诸多国际组织正努力构建贸易增加值增长核算法的主要原因。真实出口增长即是建立在增加值核算基础之上，主要是指一国出口中的国内增加值，反映的是一国参与国际分工创造增加值的能力。由于一国在全球价值链分工中的地位和增加值创造能力不同，在名义出口额相同的情况下真实出口额即贸易增加值却可能大相径庭。在现行总值统计核算法下，目前中国制造业出口规模已非常庞大，面临内外部环境的深刻变化，如果没有新的技术革命和制度变革产生新的增长动能，名义出口增长确实较难获得突破性发展新动力。但这并非意味着真实出口增长也失去了可能余地和广阔空间。相反，考虑到中国制造业低端切入全球价值链分工体系，从而处于增加值创造能力相对较低的中低端环节和阶段的特征事实，依托制造业转型升级，实现价值链攀升，对于突破名义"天花板约束"，尤其是在全球经济深度调整背景下名义出口增速放缓的现实约束，实现真实出口增长无疑存在较大发展空间。从具体发展方向和举措来看，推进制造业服务化发展无疑是重要的思路和可行路径之一。刘志彪（2008）[1]、卡斯泰拉奇（Castellacci F.，2008）[2]以及夏杰长等（2016）[3]众多学者研究认为，在当前全球价值链分工条件下，服务投入在全球生产和分工体系中的作用日益凸显，这不仅表现为服务发挥着"黏合"不同生产环节和阶段的重要作用，与此同时还表现为服务投入本身正成为价值链中越来越重要的增值环节。应该说，上述观点基本已成学术界的共识。格鲁伯等（Grubel 等，1989）[4]、高觉民等（2011）[5]、布莱

---

① 刘志彪：《生产者服务业及其集聚：攀升全球价值链的关键要素与实现机制》，《中国经济问题》2008 年第 1 期。

② Castellacci F., Technological Paradigms, Regimes and Trajectories: Manufacturing and Service Industries in a New Taxonomy of Sectoral Patterns of Innovation", *Research Policy*, 2008, Vol.37, No.4, pp.978-994.

③ 夏杰长、倪红福：《中国经济增长的主导产业：服务业还是工业？》，《南京大学学报（哲学·人文科学·社会科学）》2016 年第 3 期。

④ Grubel H.and M.Walker, " *Service Industry Growth: Cause and Effects*", Vancouver: Fraser Institute, 1989.

⑤ 高觉民、李晓慧：《生产性服务业与制造业的互动机理：理论与实证》，《中国工业经济》2011 年第 6 期。

因里希等(Breinlich 等,2011)[①]研究指出,作为内含技术、信息以及人力资本等高级要素的高端投入,提高制造业生产过程中的服务化水平对制造业转型升级具有关键推动作用。由此可见,制造业出口中内含的服务增加值状况直接决定着真实出口增长状况。

现在的关键问题是,中国制造业出口中内含的服务增加值状况到底如何?具有怎样的演变趋势?与其他主要国家和地区相比究竟处于一个怎样的地位和水平?是否具有进一步提升的空间和趋势?对于这些基本问题的回答,是明晰中国制造业出口能否依托"服务化"突破增速趋缓约束,从而实现真实出口进一步增长的首要认识前提。鉴于此,本书将利用世界投入产出数据库(World Input-Output Database)2016 年发布的最新世界投入产出表,测算 44 个样本经济体制造业出口贸易中内含的服务投入指标,以及制造业出口国内增加值率,对中国乃至全球各主要国家制造出口内含的服务价值及演变趋势作出比较性分析,并对服务投入与制造业出口国内增加值率之间的关系进行初步分析。

第二节 若干基本观点的简要梳理

自温德梅尔胡斯等(Vandermerwe 等,1988)提出制造业服务化概念以来,多年间其内含定义在后来的学术研究中得以不断被扩展,致使对服务化概念的理解呈现出明显的多元化趋势。按照最初的理解,制造业服务化是指企业以顾客为中心,为了能够更好地满足顾客需要,不仅要向顾客提供产品,与此同时还要提供与产品相关的支持、知识和服务等一系列"产品包"。在此基础上,之后的学者对制造业服务化概念进行了拓展。比如,有些学者包括艾斯莫格鲁等(Acemoglu 等,2008)[②]研究认为,所谓的制造业服务化,从资源配置角度看,其实质就是制造产业的资源逐步向

① Breinlich H.and C.Criscuolo,"International Trade in Services:A Portrait of Importers and Exporters",*Journal of International Economics*,2011,Vol.184,No.2,pp.188-206.

② Acemoglu D.,Guerrieri V.,"Capital Deepening and Non-balanced Economic Growth",*Journal of Political Economy*,2008,Vol.116,No.3,pp.467-498.

服务业领域流动,即原有制造业企业将更多的资源配置到服务领域进行业务探索,进而使得制造商逐步蜕变为服务商的变化过程。然而,这种发展变化与其说是制造业的服务化,不如说是产业领域的转行和转产,本质上已经脱离了有形产品和无形服务互补融合的发展轨迹。与上述代表性观点和认识不同的是,更多学者如托费尔(Toffel,2002)①以及贝恩斯等(Baines 等,2009)②认为,制造业服务化的核心要义仍然是通过提供产品和服务的"束",并且企业保留产品的产权而不转让的一种新经济范式。国内学者周大鹏(2010)则从微观、中观和宏观三个层面上的不同表现对制造业服务化问题进行了界定。其主要观点认为,制造业服务化其实就是制造业生产活动过程中"服务因素"占比不断增加的过程;从微观上看,企业可以通过增加服务这种高端要素的投入从而形成异质性更强的产品供给,以满足差异性的市场需求偏好;从产业层面上看,伴随要素投入质量的不断提升,表现出的是制造业价值链升级和产业结构优化③;从宏观层面上看,其实质是知识经济发展的产物。徐振鑫等(2016)④则在借鉴有形产品与无形服务互补融合发展的基本假定基础上,从产业形态升级的角度对服务业概念进行了界定。即所谓的制造业服务化主要是指得益于现代信息技术和数字技术的快速发展,制造企业从以往的单纯产品制造,向以实体产品为载体的融合产品生产和数据智能为一体的高级业态的转型过程。由此可见,理论上对制造业服务化问题的界定可以有不同的角度,学者们往往根据不同的理解或者不同的研究需要,进行相应的界定。但无论如何界定,制造业服务化不可能完全脱离制造业这一本质,否则也就不存在所谓的"制造业"服务化问题了。

---

① Toffel M. W., Contracting for Servising, Hass School of Business University of California Berkeley Working Papers,2002.

② Baines T.,Lightfoot H.,Benedettini O.,Kay J.,The Servitization of Manufacturing:A Review of Literature and Rejection on Future Challenges,*Journal of Manufacturing Technology Management*,2009,20(5):547-567.

③ 周大鹏:《制造业服务化研究、成因、机理与效应》,上海社会科学院 2010 年博士学位论文。

④ 徐振鑫、莫长炜、陈其林:《制造业服务化:我国制造业升级的一个现实性选择》,《经济学家》2016 年第 9 期。

　　至于制造业服务化的测度问题,目前学术界少量零星的研究,主要从微观和产业中观两个层面上进行测度。企业层面上的测度,主要依托于大量的微观企业样本,通过构建大量优质的企业数据,利用搜集的企业财务数据,构建以制造企业服务性收入或者服务产品销售额,作为制造业企业服务化的替代测度指标。基于微观企业层面的测度方法,虽然能从企业角度研究制造业服务化问题,但就测度指标本身而言,显然仍然面临着较大局限性,因为以企业服务性收入或者服务产品销售额作为制造业服务化程度,显然有失偏颇,上述指标值的变动完全有可能是源自企业"转产"的结果,因此本质上与制造业"服务化"无关。相对于企业微观数据,产业层面上的统计数据相对完备且较易获取,其测度方法略显丰富多样。就现有文献来看,代表性的测度方法主要包括达诺夫斯基等(Danowski等,1998)①使用的社会网络分析方法、甘巴尔带拉等(Gambardella等,1998)②使用的赫芬达尔指数法(HHI)以及顾乃华等(2010)、刘斌等(2016)使用的投入产出表法等。尤其是利用投入产出法,更能将制造业生产和服务投入"联系"在一起,因而能够更为恰当地体现制造业"服务化"问题。但目前基于投入产出表测算的少量研究文献,一方面基本上采用的是直接消耗系数法(徐盈之和孙剑,2009③;黄群慧和霍景东,2014④),因此在一定程度上影响着测算结果准确性,另一方面测算结果仅仅停留在产业层面分析,并没有专门针对制造业出口的分析。从制造业出口内含服务增加值角度进行的研究,国内学者程大中(2015)和戴翔(2016)进行了创新性尝试,也得出了一些具有启发性的结论。但综观上述两篇研究文献可以发现,虽然戴翔(2016)的研究中对中国制造业出口

---

① James A. Danowski, Jun H. Choi, Convergence in the Information Industries: Telecommunications, Broadcasting, and Data Processing, Progress in Communication Science, Alex Publishing Corporation, 1998.

② Gambardella A., Torrisi S., "Does Technological Convergence Imply Convergence in Markets? Evidence from the Electronics Industry", *Research Policy*, 1998, Vol. 27, No. 6, pp. 129–149.

③ 徐盈之、孙剑:《信息产业与制造业的融合——基于绩效分析的研究》,《中国工业经济》2009 年第 7 期。

④ 黄群慧、霍景东:《全球制造业服务化水平及其影响因素——基于国际投入产出数据的实证分析》,《经济管理》2014 年第 1 期。

内含服务进行了详细的分解和因素分析,但并没有对中国制造业出口内含服务增加值的情况与其他国家进行横向比较,此外其使用的世界投入产出数据是1995—2011年的数据,从研究的时效性角度来看,数据相对陈旧,对新趋势新情况的揭示显然不够。程大中(2015)的研究,对中国制造业出口内含的服务投入细分到每一个部门,从投入到产出去向进行详细的国家间分解比对,但是他的研究主要是介绍服务中间品的投入来源等状况,并没有对中国制造业投入服务化发展方向可能带来的影响作出直接判断,即中国当前的制造业服务化进程到底是趋利还是有弊,与此同时,该研究所使用的数据也过于陈旧,未能把握中国制造业服务投入的最新动向。

本章以制造业出口内含服务增加值为切入点,分析制造业服务化在名义出口增速趋缓约束下,能否成为中国制造业真实出口增长的有力支撑。因此,相比已有研究,本项目研究的可能贡献在于:第一,从生产过程的要素投入角度对制造业服务化进行理解和测度,即采取完全系数法测度制造业产出(出口)中的服务投入,以作为制造业服务化的测度指标。第二,从整体层面和不同要素密集度的细分行业层面,对中国制造业内含服务增加值与主要国家进行国际比较,以此明晰中国制造业出口内含服务增加值的现状、趋势及发展空间。第三,将制造业服务投入与制造业出口国内增加值率提升效果进行相关性分析,以此验证不同来源的服务投入对制造业全球价值链攀升的影响,以及探寻二者是否具有"同质"性。

第三节　制造业服务化"稳外贸"的理论机制

现有研究虽然能够为我们从"服务中间投入"角度,间接理解制造业服务化对制造业出口的可能影响,尤其是制造业国际竞争力的可能影响,但就制造业服务化究竟如何影响一国制造业出口增长,仍然缺乏直接的理论机制探讨。在全球价值链分工体系下,制造业服务化对出口增长的影响,至少存在着如下三个方面的作用机制。

一、服务价值投入的直接作用机制

在全球价值链分工体系下,服务作为全球价值链中的重要环节和阶段,其作用不仅作为连接不同制造业环节和阶段的黏合剂,其本身也是重要的价值创造和增值环节。只不过从出口统计层面看,由于内含于制造业的服务投入并没有被统计到服务业出口之中,因此,其价值增值和创造部分也就相应地被统计到制造业出口额之中。毫无疑问,服务投入增加值越多,从而在制造业层面表现的出口额就会越多。这是制造业服务化对制造业出口影响的最为直接的作用机制。

二、分工效应的间接作用机制

除了服务投入所能带动的制造业层面出口额的直接增长这一作用机制外,更为重要的是还具有分工效应的间接作用机制。换言之,服务增加值投入不仅创造着制造业层面的出口额,而且由于其投入的价值增值越多,说明制造业和服务业的分工越是细化,从而作为中间投入的服务业对制造业生产效率水平等提升有着重要的促进作用,进而增强制造业出口国际竞争力,促进制造业出口增长。服务投入增加值越多,说明从制造业分离出去的服务业环节和部分也就越多,于是制造生产环节本身也就可以更加专注于制造业核心环节,将资源集中在更为有效的生产环节和过程中,更加有利于从专业化分工中获益,更加有利于提高制造业效率和增值能力。

三、技术溢出的间接作用机制

如同前文文献综述所指出,作为中间投入的服务业尤其是高级生产性服务业,其往往是高端生产要素或者是高端生产要素的重要载体,比如高端生产性服务投入往往具有人力资本、技术和信息密集度较高的特征。而这些高端生产要素服务或者内含这些高端生产要素的服务环节和流程,通常具有较高的溢出效应,通过前向的或者后向的关联关系,产生技术、信息和知识的溢出效应,均会对制造业生产效率和增值能力提升具有显著的积极促进作用。实际上,从提升制造业出口水平的决定性因素角度看,出口竞争力是其中重要的因素之一,而决定制造业出口竞争力的因素除了成本之外,无非就是技术等,何况与其他因素相比,技术往往占据着更加重要的位置,对制造业出口竞争力的提升具有更大的作用和影响。从上述意义看,作为中间投入的服务业尤其是高级生产性服务业,进入制造业越多,通过前向或者后向关联而产生的技术溢出效应就会越大,从而对提升制造业出口作用就会越大。

第四节 制造业服务化"稳外贸"的实证研究设计

基于本书的研究需要,我们将从两个方面进行研究。一是通过测算及其比较研究,明晰中国制造业服务化的发展空间及其增长潜力,由此初步明晰其对制造业出口的直接推动效应;二是通过建立计量检验模型,进一步证实制造业服务化是否对制造业出口具有推动作用。

一、出口内含服务增加值的测算

如前所述,从产业融合角度对制造业服务化程度进行计算,常用采用的测度方法包括社会网络分析方法、赫芬达尔指数法(HHI)以及投入产出表法。本书亦采用投入产出表测算方法。只不过与已有文献相比,本书测度制造业出口服务增加值,将采用完全系数法,并且测算过程中会涉及出口增加值的测算。关于出口增加值的测算研究,目前国内外已经有一些高质量的研究成果,现有的文献大体上可以分为两类:第一类是侧重于测算理论及其改良的研究,这方面的贡献大多见诸于国外学者的一系列研究,包括胡梅尔斯(2001)[1]、多丹等(Daudin 等,2011)[2]、约翰逊等

① Hummels D.,Ishii J.,Yi K.M.,"The Nature and Growth of Vertical Specialization in World Trade",*Journal of international Economics*,2001,Vol.54,No.1,pp.75-96.

② Daudin G.Rifflart and D.Schweisguth,"Who Produces for Whom in the World Economy?",*Canadian Journal of Economics*,2011,Vol.44,No.4,pp.1403-1437.

（Johnson 等,2012）①、库普曼等（2012）②、斯托雷尔等（Stehrer 等,2012）③、蒂默等（Timmer 等,2012）④的研究成果。应该说,发展至今,对出口增加值的测算方法研究已经基本成熟;第二类是在理论研究基础上所开展的一系列应用研究,包括张杰等（2013）⑤、罗长远和张军（2014）⑥以及科瓦尔斯基等（Kowalski 等,2015）⑦的一系列研究。

基于本书研究的实际需要,我们借鉴斯托雷尔等（2012）在库普曼等（2012）的增加值测算方法基础上进行改进提出的投入产出分解计算法,计算制造业内含服务投入增加值。该方法通过对产业层面贸易增加值进行分解测算,在此基础上本书将制造业内含增加值进行筛选加总便可得出制造业出口内含的服务增加值部分。为了测算全球价值链下一国出口中内含增加值,需要借助世界投入产出表构建多国情形下的里昂惕夫矩阵,测算公式如下:

$$
T_v = \begin{bmatrix} TV_{11} & \cdots & TV_{LN} \\ \vdots & \ddots & \vdots \\ TV_{N1} & \cdots & TV_{NN} \end{bmatrix} = VBE = \begin{bmatrix} v_1 & \cdots & 0 \\ 0 & \ddots & \vdots \\ 0 & \cdots & v_N \end{bmatrix} \begin{bmatrix} B_{11} & \cdots & B_{1N} \\ \vdots & \ddots & \vdots \\ B_{N1} & \cdots & B_{NN} \end{bmatrix}
$$

$$
\begin{bmatrix} E_1 & \cdots & 0 \\ \vdots & \ddots & \vdots \\ 0 & \cdots & E_N \end{bmatrix} \tag{4-1}
$$

① Johnson R.C., Noguera G., "Accounting for Intermediates: Production Sharing and Trade in Value Added", *Journal of international Economics*, 2012, Vol.86, No.2, pp.224–236.

② Koopman R., W.Powers, Z.Wang and S.-J.Wei, "*Give Credit Where Credit is Due: Tracing Value Added in Global Production Chains*", NBER Working Paper 16426, 2012.

③ R.Stehrer, N. Foster, G. de Vries, "*Value Added and Factors in Trade: A Comprehensive Approach*", WIOD Working Paper, No.7, 2012.

④ M.Timmer, B. Los, R. Stehrer, G. de Vries, "Slicing up Global Value Chains", WIOD Manuscript, 2012.

⑤ 张杰、陈志远、刘元春:《中国出口国内增加值的测算与变化机制》,《经济研究》2013年第10期。

⑥ 罗长远、张军:《增加值贸易:基于中国的实证分析》,《经济研究》2014年第6期。

⑦ Kowalski P., J. Lopez Gonzalez, A. Ragoussis and C. Ugarte, "*Participation of Developing Countries in Global Value Chains: Implications for Trade and Trade-Related Policies*", OECD Trade Policy Papers, No.179, 2015.

在考虑 N 个经济体、G 个行业的情况下,公式(5-1)中 V 为增加值矩阵,其对角线元素 v_1, v_2, $\cdots$, v_N 为 N 个国家中的 G 个行业增加值占各自行业总产出的份额的对角矩阵:

$$v_n = \begin{bmatrix} v_n^1 & \cdots & 0 \\ \vdots & \ddots & \vdots \\ 0 & \cdots & v_n^G \end{bmatrix}, \quad (n = 1, 2, \cdots, N) \tag{4-2}$$

V 和 v_n 中除对角线元素外其余元素均为 0。B 为"GN × GN"为里昂惕夫矩阵,$B = [I - A]^{-1}$ 即为里昂惕夫逆矩阵,其中 I 为单位矩阵,A 为 N 个国家 G 个行业的投入产出系数矩阵,E 为 N 个经济体 G 个行业总值出口的对角矩阵。T_V 矩阵的列表示各个经济体的出口增加值投入占比分布,T_V 矩阵的行表示各个经济体出口增加值的产出占比分布。T_V 的对角线元素 $TV_{sr}(s=r, r=1, 2, \cdots, N)$ 为经济体 r 出口中内含的国内增加值部分,$TV_{sr}(s \neq r, r=1, 2, \cdots, N)$ 为经济体 r 的出口内含国外增加值部分,由于 TV_{sr} 本身为"G × G"矩阵,其每一列元素中的 $i(i=1, 2, \cdots, G)$ 行,表示对应该列的行业中来自 i 行业的增加值投入,因此在 $TV_{sr}(s=r, r=1, 2, \cdots, N)$ 和 $TV_{sr}(s \neq r, r=1, 2, \cdots, N)$ 中继续将对应制造业行业的列按照行进行分解,并将对应服务行业的行进行加总即可得出来自国内和国外不同制造业行业中的服务增加值投入。此外,将服务增加值投入量除以对应的行业的出口即可得到该行业出口中内涵的国内外服务增加值率(记为 TSR)。

二、出口国内增加值率的测算

在下文的相关分析中还会用到出口国内增加值率,在这里有必要简单介绍下该指标的计算方法。出口国内增加值率与从投入角度来衡量的出口内涵增加值率的概念不同的是,该指标从产出角度来衡量出口中的增加值占比,即一国出口中由本国生产的增加值部分占总值出口的比重,是评价全球价值链分工地位的一个重要指标,该指标数值越高本国从出口中获利越多。本书计算该指标使用的是库普曼等(Koopman 等,2012)

提出的方法,计算公式如下:

$$DVn = Vn \left(I - Ann\right)^{-1} En^{*}, \quad (n = 1, 2, \cdots, N) \tag{4-3}$$

DVn 为国家 n 的行业出口国内增加值列向量,Vn 为国家 n 的增加值矩阵,Ann 为国家 n 的国内投入产出矩阵,En^{*} 为国家 n 的行业出口列向量,I 为 $G{\times}G$ 的单位矩阵,将 DVn 和 En^{*} 中的制造业行业加总后相除即可得到制造业出口国内增加值率。

三、计量模型设定

上述关键指标既是测度研究的基础,也是开展进一步计量分析的基础。除了本书最为关注的制造业服务化这一变量之外,现有文献研究表明(张杰等,2013)[①],全球经济增长率(即为 $GDPR$)、实际有效汇率(记为 $REER$)、利用外资(记为 FDI)、研发创新能力(记为 IN)可能影响着制造业出口;此外,考虑到经济作用的"惯性特征",本书还将被解释变量的滞后一期作为解释变量纳入计量方程之中,据此设定的计量模型如下:

$$EX_{i,t} = \alpha_0 + \alpha_1 EX_{i,t-1} + \alpha_2 SR_{i,t} + \alpha_3 GDPR_t + \alpha_4 REER_t$$
$$+ \alpha_5 FDI_{i,t} + \alpha_6 IN_{i,t} + \mu_t + \nu_i + \varepsilon_{i,t} \tag{4-4}$$

其中 EX 表示各行业传统总值核算法的出口额,SR 表示制造业服务化水平(分别用国务服务投入 DSR、国外服务投入 FSR 和总服务投入 TSR 三种指标表示),μ 为时期固定效应变量,ν 为行业的固定效应变量,ε 为误差项,其他变量的含义如同前文所述。

四、数据来源

基于上述方法测算一国(产业)出口的国内外增加值,需要拥有每个国家(产业)的总产出及其增加值增值数据、世界投入产出矩阵数据等。目前,贸发会、世界贸易组织、OECD 等国际组织和机构,在全球价

---

① 张杰、陈志远、刘元春:《中国出口国内附加值的测算与变化机制》,《经济研究》2013年第10期。

值链的基础上开始致力于基本数据库的建设。基于本书的研究需要，为了能够从更细的产业层面和更具有连续性的角度认识中国制造业出口内含服务价值及其国际比较，本书采用的数据来自世界投入产出数据库（WIOD）最新发布的世界投入产出表（WIOT）。该数据库包含44个国家（地区）56个行业2000—2014年的投入产出数据，其中还包括各个国家产出的最终消耗数据。运用此数据结合上文计算方法，便可从制造业总体和行业细分两个层面计算中国和其他国家（地区）的出口内含服务增加值等相关指标。在上述测算结果的基础之上，我们进一步基于灰色系统理论，利用多数据的 VERHULST 预测模型预测了2015—2017年的相关数据。全球 GDP 数据来源于联合国贸发会议统计数据库统计数据，且均按照2005年不变美元价格进行了折算；实际有效汇率数据来源于国际货币基金组织的国际金融统计数据库（IMF）；研发创新能力采用研发投入表示，数据来源于历年《中国科技统计年鉴》，各行业外商直接投资数据采用单位生产规模下各产业外商直接投资额表示，数据源自《中国工业统计年鉴》和《中国工业经济统计年鉴》。

第五节　制造业服务化"稳外贸"的检验结果

一、制造业总体层面的测算结果

利用前文所述的方法和数据来源，我们首先在整体层面上测算了2000—2014年中国制造业出口内含的国内服务增加值、国外服务增加值、总服务增加值及其在制造业总出口额中所占比重，以及预测了2015—2017年的相关数据。据此所得2000—2017年的结果报告见表4-1。

表 4-1　2000—2017 年中国制造业出口服务投入及占比情况

（单位:百万美元;%）

年　份	国内服务投入量	国外服务投入量	总服务投入量	制造业总出口额	国内服务投入占比	国外服务占比	总服务投入占比
2000	38551	13534	52085	199193	19.35	6.79	26.15
2001	42367	14378	56745	210483	20.13	6.83	26.96
2002	51967	19259	71226	259322	20.04	7.43	27.47
2003	66985	30709	97694	366199	18.29	8.39	26.68
2004	90401	46570	136972	517984	17.45	8.99	26.44
2005	120037	60448	180485	671434	17.88	9.00	26.88
2006	157954	77263	235217	862702	18.31	8.96	27.27
2007	204149	99568	303717	1087794	18.77	9.15	27.92
2008	232399	104295	336693	1259033	18.46	8.28	26.74
2009	216867	75792	292658	1036304	20.93	7.31	28.24
2010	278240	107186	385425	1375948	20.22	7.79	28.01
2011	331247	122030	453277	1639057	20.21	7.45	27.65
2012	370931	122506	493437	1727753	21.47	7.09	28.56
2013	429376	131361	560737	1876135	22.89	7.00	29.89
2014	489216	126605	615821	1994689	24.53	6.35	30.87
2015	536462	130219	666681	1990899	26.95	6.54	33.49
2016	595619	131028	726647	1986917	29.98	6.59	36.57
2017	657972	132517	790489	2143884	30.69	6.18	36.87
2000—2017 年变化量	619421	118983	738404	1944691	11.34	-0.61	10.72
2000—2017 年变化率	1606.76	879.14	1417.69	976.28	58.61	-8.97	41.00

数据来源:笔者整理计算。

表 4-1 第二列至第五列的测算结果分别为制造业出口内含的国内服务增加值、国外服务增加值、总服务增加值以及制造业出口总额。从中可以看出,制造业出口中内含的服务增加值,无论是国内服务增加值、国外服务增加值还是总服务增加值,在绝对量上都有大幅度增长。当然,这一绝对量上的变化主要是源于制造业出口规模自身变化所引起(如第五列结果所示),还无法真正反映制造业出口的"服务化"程度或者说真实

变化趋势。相比较而言,第六列到第八列的测算结果更能反映真实情况。从制造业出口内含国内服务增加值占比角度看,表4-1第六列的测算结果表明,已由2000年的19.35%上升到了2017年的30.69%,上升幅度约为11.34个百分点,制造业出口内含国内服务增加占比的变化率达到了58.61%。虽然中国制造业出口内含国内服务增加值占比总体呈上升的变化趋势,但这一发展过程并非是平稳的,从分区段来看,表现出某种程度上的"V"型特征。具体而言,自2001年中国加入世界贸易组织到2008年的全球金融危机爆发期间,中国制造业出口内含国内服务增加占比大体呈下降趋势,而此后则呈现显著的提升趋势。这一变化可能与中国制造业出口受到"危机冲击"从而出现的倒逼转型作用机制有关,也与中国构建产业新体系的战略调整有关,比如加大服务业尤其是高级生产性服务业发展,无疑对制造业"服务化"起到了重要支撑作用。

与内含国内服务增加值占比及其变化趋势不同,表4-1第七列的测算结果表明,中国制造业出口内含国外服务增加值占比从2000年的6.79%,下降到了2017年的6.18%,下降幅度约为0.61个百分点,制造业出口内含国内服务增加占比的变化率达到了-8.97%。更为有意思的是,虽然中国制造业出口内含国外服务增加值占比总体呈下降的变化趋势,但这一发展过程也是非平稳的,从分区段来看,表现出某种程度上的倒"V"型特征。具体而言,自2001年中国加入世界贸易组织到2008年的全球金融危机爆发期间,中国制造业出口内含国外服务增加占比大体呈上升趋势,而此后则呈现显著的下降趋势。由此可见,无论是总体变化趋势来看,还是从分区段变化趋势来看,中国制造业出口内含的国内服务增加值,与内含的国外服务增加值表现出了基本相左的变化趋势。然而,尽管两种不同来源的服务增加值占比表现出了相左的发展趋势,但就表4-1最后一列测算的中国制造业内含总服务增加值占比变化趋势看,总体还是上升的,即制造业出口的"服务化"程度在不断提高。综合第六列至第八列的测算结果可以看出,中国制造业出口内含服务增加值占比的不断提高或者说服务化程度的不断提高,主要源自国内服务投入占比的不断提高。由此可能说明了国内服务业尤其是高端生产性服务业发展,对制造业服务化的关键作用。

二、总体层面测算结果的国际比较

以上测算结果只能显示样本期间中国制造业出口内含服务价值的自身变动,无法反映其在全球各主要国家中所处的地位。为此,我们同时测算了数据库中所有其他国家(地区)2000—2014 年的制造业出口内含服务增加值情况,以便进行国际比较。为确保比较结果的准确性,此处我们只采用测算值而不采用预测值。报告于表 4-2 的所得测算结果涵盖的年份即为 2000—2014 年。表 4-2 第二列至第四列报告的是各国制造业出口内含国内服务增加值及其变动,第五列至第七列报告的是各国制造业出口内含国外服务增加值及其变动,第八列至第十列报告的是各国制造业出口内含总服务增加值及其变动情况。

表 4-2　中国制造业出口内含服务增加值的国际比较　　　(单位:%)

国　家	国内服务投入			国外服务投入			总服务投入		
	2000	2014	变动率	2000	2014	变动率	2000	2014	变动率
澳大利亚	24.84	27.76	11.75	7.69	8.47	10.21	32.53	36.23	11.39
奥地利	16.42	15.47	−5.79	14.62	19.69	34.72	31.04	35.16	13.29
比利时	17.84	12.97	−27.28	19.40	29.19	50.48	37.23	42.16	13.23
保加利亚	20.89	17.01	−18.58	17.68	19.53	10.46	38.57	36.54	−5.27
巴　西	27.44	29.10	6.05	5.56	6.58	18.44	33.00	35.68	8.14
加拿大	19.42	19.69	1.38	11.65	12.22	4.90	31.07	31.91	2.70
瑞　士	14.99	14.84	−1.00	13.89	16.01	15.23	28.88	30.85	6.81
中　国	19.35	24.53	26.73	6.79	6.35	−6.58	26.15	30.87	18.07
塞浦路斯	27.54	14.04	−49.04	15.70	16.95	7.94	43.24	30.98	−28.35
捷　克	13.60	12.85	−5.53	15.27	21.83	42.92	28.88	34.68	20.09
德　国	23.87	22.19	−7.05	10.94	14.51	32.64	34.82	36.70	5.42
丹　麦	15.73	15.60	−0.86	12.74	17.11	34.35	28.47	32.71	14.89
西班牙	20.73	21.75	4.89	13.75	15.87	15.45	34.48	37.62	9.10
爱沙尼亚	15.89	12.88	−18.99	16.80	23.31	38.75	32.70	36.19	10.68
芬　兰	20.42	20.15	−1.31	11.94	18.11	51.70	32.36	38.26	18.25

续表

国　家	国内服务投入			国外服务投入			总服务投入		
	2000	2014	变动率	2000	2014	变动率	2000	2014	变动率
法　国	27.11	24.19	−10.76	11.02	15.58	41.37	38.12	39.77	4.30
英　国	24.01	20.80	−13.36	9.32	12.83	37.68	33.33	33.63	0.91
希　腊	27.46	25.02	−8.88	13.98	15.92	13.89	41.44	40.94	−1.20
克罗地亚	20.82	24.41	17.27	12.81	14.52	13.32	33.63	38.93	15.77
匈牙利	8.79	7.77	−11.59	22.64	25.53	12.79	31.43	33.31	5.97
印度尼西亚	17.19	16.03	−6.76	8.75	7.41	−15.33	25.94	23.44	−9.65
印　度	26.76	24.52	−8.37	6.52	9.31	42.72	33.28	33.83	1.64
爱尔兰	11.61	6.65	−42.69	27.82	38.86	39.71	39.42	45.51	15.44
意大利	28.94	27.59	−4.68	9.61	12.94	34.61	38.56	40.53	5.11
日　本	28.28	22.10	−21.87	3.83	8.98	134.43	32.11	31.08	−3.21
韩　国	16.05	15.02	−6.41	11.15	12.76	14.41	27.20	27.78	2.12
立陶宛	18.77	11.64	−37.97	15.29	18.94	23.88	34.06	30.59	−10.20
卢森堡	7.49	4.30	−42.53	25.66	36.32	41.54	33.15	40.63	22.55
拉脱维亚	21.05	19.30	−8.33	13.12	17.06	30.02	34.18	36.36	6.39
墨西哥	14.27	16.84	18.01	13.87	14.38	3.69	28.15	31.23	10.95
马耳他	10.82	8.69	−19.64	28.46	27.57	−3.11	39.27	36.27	−7.66
荷　兰	23.67	15.03	−36.50	15.48	24.27	56.84	39.14	39.30	0.41
挪　威	22.97	21.41	−6.77	10.90	13.25	21.60	33.86	34.66	2.36
波　兰	24.12	19.93	−17.37	12.59	16.80	33.46	36.71	36.73	0.06
葡萄牙	17.64	18.03	2.22	13.33	17.12	28.42	30.98	35.16	13.50
罗马尼亚	20.06	20.19	0.61	12.95	13.65	5.40	33.01	33.83	2.49
俄罗斯	25.29	30.02	18.73	5.58	4.37	−21.62	30.87	34.40	11.43
斯洛伐克	14.61	8.35	−42.86	18.00	23.68	31.54	32.62	32.03	−1.79
斯洛文尼亚	15.38	13.83	−10.13	15.78	19.98	26.61	31.16	33.80	8.47
瑞　典	21.25	19.53	−8.09	13.77	16.78	21.88	35.02	36.31	3.69
土耳其	26.19	23.70	−9.52	10.03	12.43	23.96	36.22	36.13	−0.25
美　国	26.18	24.19	−7.62	4.80	6.25	30.22	30.98	30.44	−1.76
其他地区	19.67	20.12	2.31	18.30	16.45	−10.10	37.97	36.57	−3.67

数据来源:笔者整理计算,表中数据都以百分比(%)形式呈现,变动指的是2000年至2014年期间的变动,受篇幅所限未能报告完整测算数据,如读者需要,可向笔者索取。

从表4-2报告的测算结果看,2000年所涵盖的43个样本国家(地区)中,中国制造业出口中内含的服务增加值占比以26.15%位居倒数第二,仅高于印度尼西亚的25.94%水平。其中内含的国内服务增加值比重以19.35%在样本国(地区)中排在第25位,内含国外服务增加值占比以6.79%在所有样本国(地区)中排名倒数第6位。经过14年的发展,截至2014年中国制造业出口中内含的服务增加值占比已经上升到了30.87%,在总体样本中排名也上升了4位,由2000年的倒数第二位上升到了倒数第六位。由上述表4-1的分析可知,这一上升主要是由于国内服务投入占比的提升,即从2000年至2014年中国制造业出口内含的国内服务增加值占比由19.35%快速增长到24.53%,与其他国家(地区)相比,这一增幅(26.73%的变动率)位居所有样本国家(地区)的首位。而就制造业出口内含的国外服务增加值而言,通过与其他国家(地区)的比较可以看出,与中国在2000—2014年期间制造业出口内含国外服务增加值占比不升反降的趋势相比,样本经济体中大部分国家(地区)同期均呈现出上升趋势。这是导致中国制造业出口内含国外服务增加值占比排位,从2000年倒数第六位下降到2014年倒数第三位的根本原因。综上分析可见,从国际比较的角度看,中国制造业出口内含服务增加值比重相对较低,在样本经济体各主要国家(地区)中的排位比较靠后。尤其是内含的国外服务增加值比重相对较低。从国际产业结构现行的分工格局和比较优势看,发达经济体在服务业产业上具有显著的比较优势,而中国等发展中经济体的服务业发展显然相对滞后。在这种分工格局下,中国制造业出口内含的国外服务增加值比重相对较低,一种可能的解释是,长期以来中国开放发展主要侧重于制造业领域,具有单兵突进的特征,服务业领域开放相对不足,从而未能在发挥比较优势的作用机制下,有效利用国外服务业优势资源以助推制造业转型升级。总之,不论原因何在,中国制造业出口内含服务增加值与其他样本经济体之间存在的巨大差异,充分说明在这一发展方向上,中国制造业仍然存在着巨大的提升空间。

三、基于要素密集度特征分类制造业层面测算结果

上述测算结果只是从整体层面揭示了中国制造业出口内含服务增加值及其变动情况,还没有从具有不同要素密集度特征的行业层面进行进一步深化认识。正如戴翔(2016)的研究所指出,不同制造业部门发展对服务业的依赖,均与制造业部门特征或者说与制造业部门的要素密集度特征密切相关,这就意味着具有不同要素密集度特征的制造业部门,出口内含的服务增加值应该会有高低不同的特征差异性以及存在不同的提升空间。因此,为了进一步明晰具有不同要素密集度特征的制造业部门,出口内含服务增加值情况及其变动趋势,从而也能更好地说明服务投入在不同制造业部门中的差异性作用,此处再借鉴邱爱莲等(2016)的划分方法①,对18个制造业行业按照要素密集度特征划分为三个组别,即劳动密集型制造业、资本密集型制造业和技术密集型制造业。据此测算了具有不同要素密集度特征的制造业行业,2000—2014年间出口内含服务增加值及其变化趋势,所得结果见表4-3。与前述的分析逻辑一致,为确保比较结果的准确性和精确性,此处我们同样只采用测算值而不采用预测值。报告于表4-3的所得测算结果涵盖的年份即为2000—2014年。

表4-3　2000—2014年中国分类制造业内含服务增加值　　（单位：%）

年份	劳动密集型制造业			资本密集型制造业			技术密集型制造业		
	国内占比	国外占比	总占比	国内占比	国外占比	总占比	国内占比	国外占比	总占比
2000	17.73	5.30	23.02	22.40	5.59	27.99	18.16	8.18	26.33
2001	18.80	5.29	24.10	23.01	5.47	28.48	18.61	8.26	26.87
2002	19.29	5.66	24.94	22.62	5.78	28.40	18.13	8.93	27.06
2003	17.86	5.99	23.85	20.54	6.60	27.14	16.57	10.13	26.70
2004	16.58	6.20	22.78	19.53	7.27	26.80	16.13	10.66	26.78

---

① 邱爱莲、崔日明、逢红梅：《生产性服务进口贸易前向溢出效应对中国制造业 TFP 的影响——基于制造业行业要素密集度差异的角度》，《国际商务（对外经济贸易大学学报）》2016年第5期。

续表

年份	劳动密集型制造业			资本密集型制造业			技术密集型制造业		
	国内占比	国外占比	总占比	国内占比	国外占比	总占比	国内占比	国外占比	总占比
2005	16.60	5.88	22.48	19.46	7.40	26.86	16.99	10.75	27.74
2006	17.09	5.67	22.76	19.94	7.43	27.36	17.30	10.69	27.99
2007	17.56	5.59	23.15	20.69	7.58	28.27	17.59	10.90	28.50
2008	17.23	5.02	22.25	18.74	7.05	25.79	17.67	9.70	27.37
2009	18.61	4.23	22.84	21.52	6.23	27.75	20.56	8.66	29.22
2010	18.84	4.59	23.43	19.93	6.71	26.64	19.68	9.02	28.70
2011	18.87	4.50	23.37	19.36	6.77	26.13	19.75	8.52	28.27
2012	19.54	4.17	23.71	21.22	6.50	27.72	20.92	8.13	29.05
2013	21.38	4.20	25.58	22.74	6.41	29.15	22.01	8.04	30.04
2014	22.55	3.89	26.45	24.33	5.96	30.29	23.76	7.19	30.95

数据来源:笔者整理计算。

表4-3报告的每一组要素密集度特征下制造业出口内含服务增加值测算结果均有三列,依次分别为制造业出口内含国内服务增加值占比、国外服务增加值占比以及总服务投入增加值占比。从表4-3的测算结果中可以看出,与制造业总体层面出口内含服务增加值的变化趋势较为一致,具有不同要素密集度特征的制造业部门出口内含服务增加值,在样本期间内均呈提升之势。但从横向比较来看,三种不同要素密集型度特征的制造业行业出口内含服务增加值有着明显的差异性。具体而言,在资本密集型制造业和技术密集型制造业部门,出口内含的服务增加值要显著高于劳动密集型制造业领域。这种差异性在一定程度上佐证了具有不同要素密集度特征的制造业部门,对服务投入的依赖不同,从另外一个角度也可以说,服务尤其是高端服务投入,在很大程度上影响着制造业部门的特征。从演变趋势看,技术密集型制造业领域出口内含服务增加值占比增幅最大,提升的速度最快,由2000年的26.33%上升至2014年的30.95%,上升了4.6个百分点,高于劳动密集型制造业领域的3.43个百分点的提升水平,以及资本密集型领域的2.3个百分点的提升水平。尤其是将资本密集型制造业部门与技术密集型制造业部门相比,容易发现,

在样本期间的 2008 年之前,前者的服务增加值占比水平略高于后者,而自 2008 年之后,后者的服务增加值占比水平逐渐追上并超过了前者。这种发展趋势的差异性充分说明了,一方面技术密集型制造业部门对生产性服务投入的依赖可能越来越强,另一方面反过来也说明了增加服务投入对于技术密集型制造业转型升级具有重要的影响。

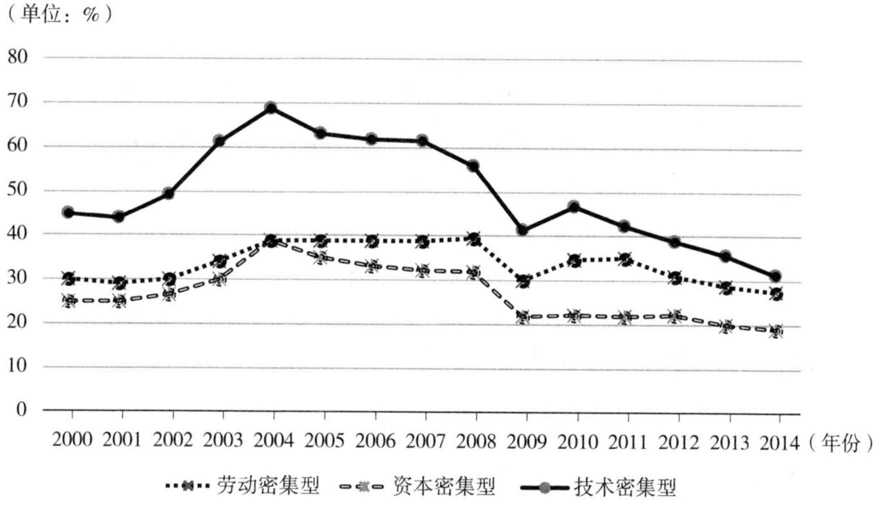

（单位：%）

图 4-1　2000—2014 年三种要素密集型部门内含国外和
国内服务增加值之比变化趋势

此外,从服务增加值的国内来源和国外来源结构方面看。依据表 4-3 的测算结果,我们进一步计算每一组要素密集度特征下国外服务增加值与国内服务增加值之比,并将其变化趋势绘制成图 4-1。从中可以得出两点基本判断:第一,在三种要素密集度特征的制造业部门,出口内含国外增加值与国内增加值之比,均呈下降趋势。上述变化趋势并非意味着中国制造业出口内含的国外服务增加值正在被国内服务增加值"挤出",因为结合前文的总量分析可见,三种要素密集型制造业部门出口内含的国内外服务增加值总体上是呈增长态势的,因此,此处的测算结果只能说明国内服务增加值在制造业生产过程中,扮演着越来越重要的角色。甚至可以说,国外服务增加值占比的下降,在一定程度上说明是未能充分利用外部比较优势的结果,从服务业对制造业转型升级的支撑作用角度看,上述测算结果表明的反而是一种不利影响的理论逻辑。第二,三种要素密集度特征的制造业部门出口所内含的国外服务增加值和国内服务增加值之比存在显著差异。具体而言,该比值由低到高的顺序依次为:首先是技术密集型制造业领域占比最高,其次是资本密集型制造业,最后是劳动密集型制造业。导致上述差异性的可能原因在于,通常而言,从劳动密集型到资本密集型再到技术密集型制造业,往往代表的是制造业产业结构高端化,而越是高端制造业,其对服务投入尤其是高端生产性服务投入需求就会越强,依赖度就会越高。由于我国服务业尤其是高级生产性服务业发展相对滞后,因此,对制造业转型升级的支撑就会显得不足,这种不足随着制造业产业结构的高端化表现得越来越显著,如此,在技术密集型制造业领域,更多地依赖于来自国外服务增加值投入便是自然而然之事。

四、细分行业层面测算结果的国际比较

表4-3的测算结果只能显示样本期间,不同要素密集度特征的制造业部门出口内含服务增加值的自身变动。那么上述结果及其所显示的变化趋势,与其他国家(地区)相比是否具有差异性或者一致性,不同要素密集度特征的制造业部门内含服务增加值在样本经济体中,究竟处于一个什么样的地位和水平?换言之,仅从中国自身角度分析不同要素密集度特征的制造业部门相关测算结果,还很难看出中国制造业服务增加值投入及其结构来源是否合理。因此除了纵向的时间维度比较外,与整体层面的分析保持逻辑一致,此处还有必要进行一个横向空间维度上的国际比较。为此,本书同时测算了2000—2014年样本经济体中所有国家(地区)按照要素密集度特征分类的制造业部门出口内含服务增加值情况。由于篇幅所限,无法对每一年度的情况进行逐一分析,与此同时,为确保比较结果的准确性和精确性,我们只采用测算值而不采用预测值。因此我们仅选取了最具有时效性的2014年测算结果,对不同要素密集度特征的制造业部门内含服务增加值情况进行国际比较。所得2014年的测算结果报告见表4-4。

表 4-4　2014 年主要国家(地区)制造业出口贸易中内含国内外增加值

(单位:%)

国 家	劳动密集型制造业			资本密集型制造业			技术密集型制造业		
	国内占比	国外占比	总占比	国内占比	国外占比	总占比	国内占比	国外占比	总占比
澳大利亚	25.86	6.18	32.04	26.02	11.53	37.55	28.23	11.09	36.32
奥地利	15.62	15.50	31.13	13.19	23.31	36.50	18.12	20.13	35.25
比利时	15.13	21.99	37.12	10.86	32.50	43.37	15.95	29.32	42.27
保加利亚	17.82	14.49	32.31	14.20	23.65	37.85	21.41	18.22	36.63
巴 西	26.32	5.26	31.57	27.33	9.68	37.01	30.64	8.13	35.77
加拿大	19.92	8.42	28.34	20.30	13.01	33.31	18.90	16.09	31.99
瑞 士	15.62	11.81	27.43	10.84	21.43	32.27	21.01	12.92	30.93
中 国	22.56	3.89	26.45	24.33	5.96	30.29	23.76	7.19	30.95
塞浦路斯	14.58	12.96	27.54	12.73	19.66	32.40	13.61	20.45	34.06
捷 克	14.57	16.14	30.71	13.16	22.87	36.03	14.23	23.54	37.77
德 国	21.28	11.16	32.45	19.37	18.64	38.01	25.66	14.13	39.80
丹 麦	13.29	15.74	29.03	15.92	18.17	34.10	17.96	17.84	35.79
西班牙	22.90	10.33	33.23	20.10	18.81	38.91	22.26	18.46	40.72
爱沙尼亚	14.99	17.02	32.01	11.50	26.01	37.51	10.07	29.22	39.28
芬 兰	21.39	12.40	33.78	16.61	22.93	39.54	21.60	19.76	41.36
法 国	22.67	12.40	35.08	23.25	17.77	41.02	26.54	16.33	42.87
英 国	20.06	9.76	29.81	19.83	15.17	35.00	23.48	13.24	36.72
希 腊	26.79	9.29	36.08	23.59	18.58	42.17	32.45	11.60	44.05
克罗地亚	21.56	12.79	34.36	21.72	18.48	40.20	28.47	13.56	42.03
匈牙利	10.76	18.78	29.54	9.54	25.15	34.68	8.78	27.62	36.40
印度尼西亚	14.81	6.27	21.08	14.80	10.20	25.00	17.65	8.85	26.50
印 度	25.06	4.92	29.99	19.28	15.91	35.19	27.64	9.27	36.92
爱尔兰	8.33	31.67	39.99	3.01	43.65	46.65	9.65	38.98	48.63
意大利	25.90	9.83	35.73	23.77	18.00	41.77	31.04	12.59	43.64
日 本	20.66	6.97	27.63	19.30	13.20	32.50	26.01	8.15	34.16
韩 国	15.38	9.42	24.80	12.20	17.06	29.26	18.87	11.98	30.85
立陶宛	14.07	13.14	27.21	8.24	23.78	32.02	14.88	18.79	33.67

续表

国　家	劳动密集型制造业			资本密集型制造业			技术密集型制造业		
	国内占比	国外占比	总占比	国内占比	国外占比	总占比	国内占比	国外占比	总占比
卢森堡	4.74	31.07	35.81	3.85	38.02	41.87	6.47	37.26	43.74
拉脱维亚	17.86	14.29	32.15	16.80	20.87	37.68	19.64	19.82	39.45
墨西哥	18.25	9.51	27.76	21.17	11.48	32.64	17.70	16.61	34.31
马耳他	10.11	21.97	32.08	6.02	31.56	37.59	10.70	28.67	39.36
荷　兰	14.72	19.95	34.67	15.64	24.92	40.56	14.88	27.52	42.40
挪　威	20.37	10.33	30.70	20.39	15.62	36.01	23.75	14.00	37.75
波　兰	19.65	12.82	32.47	18.95	19.09	38.04	20.91	18.92	39.83
葡萄牙	18.66	12.47	31.13	16.63	19.87	36.50	17.13	21.12	38.25
罗马尼亚	19.33	10.66	29.99	18.60	16.59	35.19	22.65	14.27	36.92
俄罗斯	25.42	5.05	30.47	30.17	5.59	35.75	29.45	8.04	37.49
斯洛伐克	12.35	16.09	28.44	10.47	22.96	33.43	9.33	25.79	35.11
斯洛文尼亚	13.54	16.42	29.96	15.05	20.12	35.16	13.83	23.05	36.89
瑞　典	18.97	13.14	32.11	17.59	20.03	37.63	22.27	17.14	39.40
土耳其	21.66	10.30	31.96	22.58	14.87	37.45	25.09	14.13	39.22
美　国	22.21	4.87	27.08	23.26	8.60	31.87	26.73	6.79	33.52
其他地区	17.61	14.72	32.33	21.05	16.83	37.88	21.63	18.03	39.66

数据来源:笔者整理计算。

　　基于表4-4中的测算结果,可以得出如下三个方面的基本判断。第一,中国与其他样本国家(地区)相比,无论是在劳动密集型制造业领域,还是在资本密集型制造业领域,抑或是在技术密集型制造业领域,制造业出口内含的服务增加所占比重,排名都非常靠后。这一点与前述各表的分析结果是基本一致的。第二,从制造业出口内含的服务增加值来源结构角度看,在三种要素密集度制造业部门,中国制造业出口内含的国外服务增加值比重同样低于大多数国家和地区,在所有的样本国家(地区)中排名较为靠后。第三,从三种不同要素密集度特征的制造业部门所具有的差异特征来看,中国制造业出口所内含的服务增加值占比,与其他国家(地区)相比,差距最大的首先是技术密集型制造业领域,其次是资本密集型领域,最后是劳动密集型领域。也就是说,越是高端的制造业,中国出口内含的服务增加值占比在全球排名中就越低。进一步地,尽管三种要素密集度特征的制造业部门,中国出口内服务增加值都要低于其他大部分国家(地区),无论是从国外服务增加值占比还是从国内服务增加值占比方面看,都是如此,但是相对而言,这种来源结构方面的差距在不同要素密集度特征部门同样存在一定的差异性。从程度上看,与国内服务增加值占比的差异相比,中国制造业出口内含的国外服务增加值的差异在技术密集型领域,要略微低于资本密集型制造业领域。这一点可能进一步佐证了前文的判断,即由于高端制造业发展更加依赖于服务业尤其是高级生产性服务业,而在中国高级生产性服务业发展相对滞后,从而对高端制造业发展支撑不足的条件下,更多依赖于国外服务业,便是一种自然选择。总之,综合以上几个方面的判断可以发现,进一步提升中国制造业出口内含的服务增加值,包括国内服务增加值和国外服务增加值,仍然具有较大的空间。尤其是在技术密集型制造业领域,由于中国相比其他国家(地区)更大,一方面说明制造业出口升级可能更多地依赖服务尤其是高端服务投入,另一方面也意味着进一步提升服务增加值率占比具有更大的提升空间。

五、制造业服务化水平与出口增加值率

上文分别从整体层面和按照要素密集度特征分类层面,分别对中国制造业出口内含服务增加值(包括国内服务增加值、国外服务增加值以及总服务增加值)的自身发展情况和国际比较两个维度进行了测度和分析。但是上述分析只能在一定程度上说明,中国制造业出口内含服务增加值具备的可能提升空间和发展趋势,却无法凭借上述仅有的测度结果了解制造业出口内含服务增加值,是否对中国制造业在全球价值链中的分工地位会构成影响,因为对这一问题的进一步明晰,关系到中国制造业产业结构调整和优化升级的可能方向。在全球价值链分工条件下,出口国内增加值率通常是衡量国际分工地位的常用指标。为此,本书采用了前文所述的计算方法,测算了中国制造业出口国内增加值率,作为制造业

全球价值链分工地位的替代变量,据此结合制造业出口内含服务增加值做一个简单的相关性分析,以初步明晰二者之间的相关关系。所得结果报告见表4-5。

表4-5　制造业出口增加值率与内含国内、外服务增加值相关系数

年份	2000	2001	2002	2003	2004	2005	2006	2007	2008
内含国内服务相关系数	0.363（**）	0.363（**）	0.342（**）	0.369（**）	−0.039	0.204	0.232	0.253（*）	0.303（**）
内含国外服务相关系数	−0.691（***）	−0.629（***）	−0.598（***）	−0.620（***）	0.152	−0.549（***）	−0.577（***）	−0.593（***）	−0.583（***）
年份	2009	2010	2011	2012	2013	2014	2015	2016	2017
内含国内服务相关系数	0.325（**）	0.349（**）	0.289（*）	0.287（*）	0.252（*）	0.306（**）	0.317（**）	0.325（**）	0.302（**）
内含国外服务相关系数	−0.578（***）	−0.622（***）	−0.530（***）	−0.560（***）	−0.535（***）	−0.542（***）	−0.498（***）	−0.533（***）	−0.515（***）

数据来源:笔者整理计算,*** 、** 、*分别表示1%、5%、10%的显著性水平。

通过表4-5的相关系数分析可以发现,在2000—2017年的18年中,除了2004年的相关系数没有通过显著性检验外,其他各年度的相关系数均通过了显著性检验,从而表明制造业出口内含服务增加值占比与以制造业出口国内增加值率为表征的制造业全球价值链分工地位之间,存在着显著的相关关系。具体而言,中国制造业出口内含的国内服务增加值占比与制造业出口增加值率呈现显著的正向相关性,而出口内含的国外服务增加值占比与制造业出口增加值率呈现显著的负向相关性。上述结果表明两种不同来源的服务投入增加值,对制造业攀升全球价值链的影响是具有显著差异的。国内服务投入的增加即制造业出口内含国内服务增加值占比提高,能够在一定程度上提升制造业出口的国内增加值率,从而在相关系数分析中得出显著正相关的结果,完全在预期之中。但是国外服务投入的增加即制造业出口内含国外服务增加值占比提高,从相关系数分析的角度看,意味着会在一定程度上降低制造业出口的国内增加值率,即可能存在明显的增加值"挤出效应"和"替代效应"。显然,如果

出口国内增加值率能够准确反映国际分工地位的话,那么上述关系同时也就意味着,提升制造业出口的国内服务增加值,是有利于中国制造业攀升全球价值链,提升国际分工地位的,从而在提升制造业国际竞争力中为制造业出口增长奠定更加坚实的产业基础。对于制造业出口突破"天花板约束"具有积极意义。提升制造业出口的国外服务增加值,却会对中国制造业攀升全球价值链产生抑制作用,不利于国际分工地位和国际竞争力提升,对中国制造业出口可能最终会形成一种新的"天花板约束"效应。从这一意义看,上文测算和分析中所发现中国制造业内含服务增加值的两种不同来源占比的相左性变化,即内含国内服务增加值率不断提升而内含国外服务增加值率不断下降,实际上是一种良性变动,因为上述变化说明了中国制造业正在通过提高国内服务增加值率和降低国外服务增加值率,改善中国在制造业的全球价值链中的分工地位。当然,这一分析和判断仅仅是建立在对特定测度指标的分析基础之上,并非要说明利用国外服务投入就一定会产生不利影响。从国内增加值率角度看是如此,但从其他影响看则未必尽然,比如利用国外高端服务来助推制造业转型升级,虽然在一定程度上会降低出口国内增加值率,但却对制造业高端化发展是有利的,从而对另一种形式上的国际分工地位提升产生积极影响。

六、进一步的计量分析

虽然相关性分析有助于我们初步认识制造业服务化与制造业出口之间的关系,但说服力仍然不够,这是因为相关性分析更多揭示的是二者之间具有相关关系,但还不能确切说明究竟是制造业服务化影响制造业出口,还是制造业出口影响制造业服务化。为此,根据计量模型(4-4)进行进一步的计量分析。在计量分析过程中考虑到可能存在双向关系,即为了解决制造业出口也会带动制造业服务化水平提高的内生性问题,在对计量模型(4-4)进行系统 GMM 回归估计时,控制"制造业服务化"为内生变量,所得回归结果报告见表4-6。

表 4-6　基于内生性处理的系统 GMM 回归结果

	(1)	(2)	(3)	(4)	(5)	(6)
$EX_{i,t-1}$	0.2231*** (3.66)	0.2304*** (3.58)	0.2185*** (3.34)	0.2169*** (3.16)	0.2137*** (3.27)	0.2098*** (2.35)
DSR	0.1231** (2.17)	0.1128*** (3.35)	—	—	—	—
FSR	—	—	-0.0914** (-2.61)	-0.0836** (-2.28)	—	—
TSR	—	—	—	—	0.0417* (1.95)	0.0432*** (1.96)
GDRP	—	0.0231** (2.18)	—	0.0235** (2.27)	—	0.0239** (2.64)
FDI	—	0.1631** (2.19)	—	0.1728** (2.38)	—	0.1735** (2.17)
REER	—	-0.0421 (-1.59)	—	-0.0417 (-1.03)	—	-0.0435 (-1.28)
IN	-	0.1151** (2.57)	—	0.1203** (2.33)	—	0.1284** (2.19)
常数项	-0.6328 (1.27)	-0.2175** (2.38)	-0.1712* (1.92)	-0.1984*** (2.35)	-0.1537*** (2.66)	-0.1893** (2.17)
控制内生变量	YES	YES	YES	YES	YES	YES
AR(1)	0.0039	0.0124	0.0215	0.0316	0.0519	0.0626
AR(2)	0.4285	0.4937	0.7019	0.8327	0.4985	0.7017
Sargan	1.000	1.000	1.000	1.000	1.000	1.000
Wald-χ^2	829.68 (0.00)	1135.69 (0.00)	753.21 (0.00)	1287.59 (0.00)	793.64 (0.00)	1256.28 (0.00)

注：*、**、***分别表示回归结果在 10%、5%、1%的置信水平下显著。Sargan 检验的零假设为工具变量与残差无相关性，即模型不存在过度识别；AR(1)和 AR(2)检验的零假设为残差不存在一阶、二阶自相关；Wald 检验的零假设为回归方程解释变量系数联合显著。

　　表 4-6 第(2)列、第(3)列和第(5)列是仅考虑被解释变量滞后一期以及作为核心解释变量的制造业服务化时，进行回归估计所得结果。而第(2)列、第(4)列和第(6)列是分别在原有核心解释变量的基础之上，再纳入其他解释变量进行回归估计所得结果。从第(1)列的回归估计结

果看，以国内服务投入占比表示制造业服务化变量，系数估计值为正且在5%的显著性水平下通过了统计检验，表明以此为表征的制造业服务化水平提升，对出口是有积极促进作用的。第（2）列的回归估计结果显示，在纳入其他解释变量后，作为核心解释变量的制造业服务化系数估计值，无论是从影响的方向性还是显著性方面看，都未发生显著性改变，从而说明估计结果的稳定性。与之不同的是，当采用国外服务投入占比表示制造业服务化水平时，第（3）列和第（4）列的回归估计结果均显示，其系数估计值为负且通过了5%的显著性统计检验，表明以此为表征的制造业服务化对制造业出口反而产生了不利影响。第（4）列和第（5）列的回归结果表明，当以服务总投入占比表示制造业服务化水平时，其系数估计值为正，且在10%的显著性水平下通过了统计检验，表明总体而言，制造业服务化是有利于制造业出口能力提升的。总体服务投入显然是国内服务投入和国外服务投入的综合，由于两种不同服务投入的来源所产生的影响是截然相反的，因而最终结果如何，取决于两种力量的最终相互作用。以总服务投入占比表示制造业服务化，之所以显示出正向积极影响，可能在于当前内含的服务增加值中，其投入来源仍然以国内服务为主。

第六节　制造业服务化"稳外贸"的中国经验

借鉴前述测度方法，我们进一步测算了中国18个制造业行业[①]的制造业服务化三种指标，即基于服务总投入的制造业服务化指数（记为TSR）、基于国外服务投入的制造业服务化指数（记为FSR）以及基于国内服务投入的制造业服务化指数（记为DSR）。图4-2给出了2014年18个制造业行业的三种测度指标的制造业服务化情况。

[①] WIOD 数据库中18个制造业行业分别为：C5 食品、饮料及烟草业，C6 纺织、服装及皮革业，C7 木材加工（家具除外）及木、竹、藤、棕、草制品业，C8 造纸及纸制品业，C9 印刷及出版业，C10 炼焦及石油业，C11 化工产品制造业，C12 医药制品业，C13 橡胶及塑料制品业，C14 其他非金属矿物制品业，C15 基本金属制品业，C16 金属制品业（机械设备除外），C17 计算机、电子及光学设备制造业，C18 电气设备制造业，C19 机械设备制造业，C20 小汽车、拖车、半挂车制造业，C21 其他运输设备制造业，C22 家具制品及其他制造业。

（单位：%）

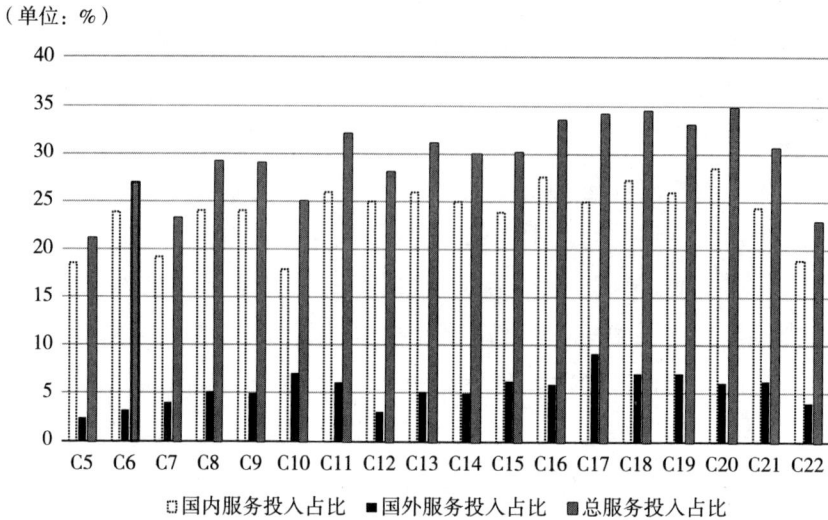

图 4-2　2014 年中国各行业制造业服务化水平

从图 4-2 显示的结果来看,总服务投入占比表示的各制造业行业的服务化水平,虽然不尽相同但总体发展水平不低。其中计算机、电子及光学设备制造业的总体制造业服务化水平已经达到了 34.22%。最低的行业是食品、饮料及烟草业行业,其制造业服务化水平为 21.43%。由此可见,服务化投入在制造业生产过程中的确占据了一定位置。进一步地,从服务投入的国内、国外构成来看,虽然各行业的测算结果均表明国内服务投入仍然占据主导地位,但源自国外的服务投入,同样占据着不可忽视的比重。比如在计算机、电子及光学设备制造业中,来自国外的服务投入占据总服务投入的比重高达 27.12%,国外服务投入与国内服务投入之比为 37.20%。由此可见,在服务业全球化和碎片化的价值链分工体系下,来自国外的服务投入,在制造业服务化发展中已经扮演着极为重要的角色。这一客观事实,初步说明了忽视国外服务投入的来源结构,笼统地谈制造业服务化及其对价值链分工地位的影响,是有失偏颇的,所得结论也是不准确、不可靠的。

考虑到时间序列较短可能影响经验分析结果,此处我们利用中国制造业行业面板数据,对制造业服务化是否影响制造业出口进行进一步实证分析。计量模型的设定形式与(4-4)相同。基于中国行业面板数据对计量模型(4-4)进行系统 GMM 回归估计时,控制"制造业服务化"为内生变量,所得回归结果报告见表4-7。

表 4-7　基于中国经验数据的系统 GMM 回归结果

	(1)	(2)	(3)	(4)	(5)	(6)
$EX_{i,t-1}$	0.2368*** (3.43)	0.2315*** (3.16)	0.2177*** (3.28)	0.2184*** (3.73)	0.2149*** (3.19)	0.2166*** (2.82)
DSR	0.1251** (2.59)	0.1126*** (3.28)	—	—	—	—
FSR	—	—	−0.0907** (−2.17)	−0.0829** (−2.46)	—	—
TSR	—	—	—	—	0.0421* (1.92)	0.0428*** (1.93)
GDRP	—	0.0228** (2.33)	—	0.0219** (2.64)	—	0.0233** (2.57)
FDI	—	0.1628** (2.33)	—	0.1717** (2.16)	—	0.1727** (2.35)
REER	—	−0.0418 (−1.31)	—	−0.0426 (−1.27)	—	−0.0421 (−1.05)
IN	—	0.1144** (2.19)	—	0.1215** (2.18)	—	0.1262** (2.63)
常数项	−0.6519 (1.35)	−0.2207** (2.17)	−0.1843* (1.95)	−0.1795*** (2.62)	−0.1573*** (2.37)	−0.1877** (2.66)
控制内生变量	YES	YES	YES	YES	YES	YES
AR(1)	0.0128	0.0325	0.0217	0.0355	0.0632	0.0519
AR(2)	0.4392	0.4538	0.5936	0.6382	0.4521	0.7251
Sargan	1.000	1.000	1.000	1.000	1.000	1.000
Wald-χ^2	835.66 (0.00)	1182.78 (0.00)	769.37 (0.00)	1258.29 (0.00)	804.51 (0.00)	1268.29 (0.00)

注: *、**、*** 分别表示回归结果在 10%、5%、1% 的置信水平下显著。Sargan 检验的零假设为工具变量与残差无相关性,即模型不存在过度识别;AR(1)和 AR(2)检验的零假设为残差不存在一阶、二阶自相关;Wald 检验的零假设为回归方程解释变量系数联合显著。

表 4-7 回归结果的逻辑与前述表 4-6 一致。比较表 4-7 与表 4-6

的回归结果可以看出,基于中国行业面板数据的经验分析表明,以国外服务投入占比表示的制造业服务化,对出口具有显著的负向影响,以国内服务投入占比表示的制造业服务化对制造业出口具有显著的正向影响。然而,在这作用方向相反的两种力量共同作用下,以总体服务投入占比表示的制造业服务化,对制造业出口仍然表现出显著的正向影响,说明就中国经验情况而言,当前内含的服务增加值中,其投入来源主要也是以国内服务为主。总之,基于中国经验数据的计量结果与基于跨国面板数据的计量结果,呈现出了较好的一致性,对此不再赘述。

第七节 制造业服务化"稳外贸"的路径选择

在全球价值链分工条件下,制造业出口存在着名义增长和真实增长两个层面。面临国内外环境的深刻变化,尤其是在当前全球经济深度调整背景下,中国制造业名义出口的确面临着显著的"天花板约束"效应,并呈现出明显的增速趋缓现象。但长期以来由于存在着出口国内附加值不高的问题,同时暗含了提升制造业出口增加值能够实现制造业出口的真实增长,从而在实质上破除"天花板"对中国制造业出口的约束作用,对于缓解出口增速下降有一定作用和意义,而从制造业转型升级从而提升附加值创造能力角度看,制造业服务化是一个重要战略调整方向。实际上,联合国贸发会议发布的《全球价值链及其发展》报告中的研究表明,1995—2011年期间,全球制成品贸易中所内含的服务增加值比重不断提高,这既是制造业服务化发展的表现,也是其结果。一些学者如沃斯和鲍姆戈登(Wise 和 Baumgartner,2000)[1]研究也同样指出,未来制造是企业将在产业的下游攫取更多利润,而非停留在产品本身。这也是为什么《中国制造2025》将制造业服务化作为制造业强国战略的重要组成部分和发展方向的重要原因。为了分析制造业服务化发展战略的调整,能

---

[1] Wise R., Baumgartner P., "Go Downstream: The New Profit Imperative in Manufacturing", *Harvard Business Review*, 2000, Vol.28, No.1, pp.89-96.

否成为中国制造业出口真实增长的可行路径,本书运用 WIOD 数据库 2016 年发布的最新世界投入产出表数据,首先测算了制造业整体层面和不同要素密集度特征分类行业层面,包括中国在内的 43 个样本经济体 2000—2014 年制造业出口内含服务增加值(包括国内服务增加值、国外服务增加值以及总服务增加值),从而对中国制造业出口内含服务增加值及变化趋势进行分析,并进行了国际比较。其次对中国制造业出口内含服务增加值率与制造业出口国内增加值率之间关系进行相关性分析以及进一步相关计量检验。

结果表明:(1)从整体层面看,中国制造业出口内含服务增加值率从 2000 年至 2014 年总体呈现上升趋势,而在服务增加值不同的来源结构上呈现相反的变化,即内含的国内服务增加值占比呈现迅速上升之势,而内含的国外服务增加值占比却呈现快速下降之势。(2)从不同要素密集度的制造业行业层面看,其总体的变化趋势与制造业整体层面具有一致性,但不同要素密集度特的制造业行业出口内含的服务增加值比率具有显著差异。具体而言,在技术密集型制造业部门,出口内含服务增加值要显著高于资本和劳动密集型制造业领域。在来源结构上,三种要素密集度制造业部门内含国内服务增加值占比均呈上升之势,而内含国外服务增加值占比均呈下降趋势;在技术密集型制造业领域,来自国外服务增加值占比要高于资本和劳动密集型领域。(3)从国际比较角度看,无论是制造业整体层面,还是按照要素密集度特征分类的不同制造业部门层面,中国制造业出口内含的服务增加值都要显著低于样本经济体中大部分国家(地区)。(4)对中国制造业出口内含的服务增加值占比与制造业出口国内增加值率相关性进行检验,结果发现,两者具有显著的相关性,只不过在不同的服务增加值来源结构上,表现出相反的相关性关系。即中国制造业出口国内增加值率与制造业出口内含国内服务增加值占比存在着显著的正相关关系,而与内含的国务服务增加值占比表现出显著的负相关关系。也就是说,中国制造业出口内含的国内服务增加值占比提高以及内含国外服务增加值占比下降,均对提升中国制造业出口国内增加值率具有显著促进作用。(5)进一步的计量回归分析证实了基于相关性分析判断。总之,制造业服务化水平的提升,尤其是依托国内服务投入的制造业服务化水平提升,的确对制造业出口有着显著的促进作用。

综合以上几点可以看出,既然制造业服务化总体演进趋势及程度在不断深化,而中国制造业出口内含服务增加值与其他国家(地区)相比又存在着显著的差距,因此,进一步提升以内含服务增加值为表征的制造业服务化发展,对于中国制造业而言具有广阔的空间和余地。更为重要的是,从服务增加值来源结构上看,由于内含国内服务增加值占比的提高,有利于制造业出口国内增加值率的提升,而内含国外服务增加值占比的提高,不利于制造业出口国内增加值率的提升,因此,期望通过提升制造业出口内含服务增加值即制造业服务化发展的方式,以提升制造业出口的国内增加值创造能力,进而突破名义"天花板约束"而实现制造业出口真实增长,不失为一种重要的路径选择,但需要注重区分国内服务增加值和国外服务增加值的不同作用。值得庆幸的是,我们的上述研究发现,中国制造业出口内含的服务增加值在来源结构上,的确出现了可喜的变化,即国内服务增加值占比正不断趋于提高而国外服务增加值占比正不断趋于下降。目前,中国制造业正处于亟待转型升级发展的关键阶段,而制造业转型升级将会对中间服务投入形成强烈的需求,以此推动国内服务业尤其是高级生产性服务业发展;反过来,国内服务业尤其是高级生产性服务业的发展,对于支撑制造业转型升级,进而逐步改变制造业发展对国外高端服务业的依赖,进一步提升中国制造业内含的国内服务增加值占比,同样具有极为关键的意义和作用。依托国内高级生产性服务业发展支撑的中国制造业转型升级,不仅能够通过提升出口国内增加值率而实现制造业出口真实增长,同时还会因为制造业竞争力的提升,为制造业出口破除"天花板约束"而实现名义上的增长,对于缓解全球经济深度调整背景下,中国出口增速下降具有重要作用。这正是我国"十三五"时期构建产业新体系中为何要大力发展服务业特别是现代生产性服务业的战略要义之一。

第五章　中国外贸"稳增长"：
服务业出口新引擎作用

　　在中国制造业出口增速面临快速下行的巨大压力下，能否依托服务业出口重塑"稳增长"动力源，成为理论和实践部门亟待回答的重要课题。鉴于此，本书从增加值这一真实出口增长角度，运用 WIOD 最新发布的投入产出表，分别计算了中国和 42 个其他样本经济体 2000—2014 年的出口增加值、出口总额和出口附加值率等相关数据，并基于灰色系统理论，在前述测算的基础上利用多数据的 VERHULST 预测模型预测了 2015—2017 年的相关数据。通过行业层面和国别层面的比较研究发现：（1）与制造业相比，虽然传统总值核算法下中国服务业出口不到制造业的 25%，但增加值层面的出口却已到制造业的 80% 左右，且从发展趋势看，制造业出口附加值呈下降趋势而服务业出口增加值呈上升趋势。（2）从国际比较来看，无论基于传统总值核算还是增加值核算，中国服务业出口占总出口比重低于各主要经济体甚至低于全球平均水平。（3）从细分行业看，中国服务业出口部门"缺失"过多，存在着结构严重失调问题。据此所形成的基本判断是，从增加值角度看，服务业出口相对制造业出口确实具有"逆势飞扬"态势，而差距的存在说明中国服务业出口确实具有巨大的提升空间，因此只要战略得当，在全球经济深度调整背景下，面临中国货物出口增速明显放缓的严峻挑战，服务业出口能够成为外贸增长的"新引擎"从而成为潜在动力源。本书研究不仅为稳出口探寻了可能路径，也为中国外贸向服务贸易方向转型发展战略提供了一定依据。

第一节 服务业出口与外贸"稳增长"

改革开放以来尤其是加入世界贸易组织以来,通过充分利用本国低端要素优势和全球经济繁荣下的强劲国际市场需求,中国在融入全球价值链分工体系中实现了出口贸易的井喷式增长(吴福象和刘志彪,2009)[①]。联合国贸发会议的统计数据显示,1978 年中国货物出口额占全球出口市场的比重不足 1%,到了 2016 年这一比重超过 13%的水平,成功实现了从国际经济学意义上的"小国"向"大国"的华丽转变。虽然近年来中国出口在国际市场上的份额占比仍呈微弱上升之势,但自 2008 年全球金融危机冲击以来,在全球贸易增长深陷"低迷泥沼"的大背景下,中国出口增速也出现了断崖式下跌,从以往的两位数超高速增长,跌入中低速乃至负增长通道。中国商务部的统计数据显示,以美元计价的 2012—2016 年中国出口增长率分别为 5.0%、6%、4.9%、-1.9%和-2.0%,不仅远低于以往的高速增长率,甚至跌到了 GDP 增速之下。实际上,正如任志成等(2017)的研究指出[②],在经历了危机冲击 2009 年出口贸易大幅衰退,2010 年和 2011 年中国出口增长虽然出现了名义上的暂时反弹,但考虑到 2009 年出口基数的大幅下降,因而本质上仍然是出口增速的下降。中国出口贸易增长出现的"乏力"现象,引起了理论和实践工作部门的极大担忧,因为在出口是驱动经济增长的一支重要力量甚至可以说是驱动经济增长"发动机"的基本共识下,中国外贸"增速下降"乃至出现负增长,意味着出口贸易对经济发展的作用和贡献将随之下降。因此,如何重塑出口竞争新优势,稳定出口增长,成为当前中国外贸转型发展面临的重要课题。

在全球经济进入深度调整背景下,与货物出口贸易增长的低迷状态

---

① 吴福象、刘志彪:《中国贸易量增长之谜的微观经济分析:1978—2007》,《中国社会科学》2009 年第 1 期。

② 任志成、刘梦、戴翔:《价值链分工演进如何影响贸易增长:现象、理论及模拟》,《国际贸易问题》2017 年第 2 期。

相比,包括中国在内的全球服务业出口却呈现出"逆势飞扬"的增长趋势。世界贸易组织(WTO)的统计数据表明,2010—2014 年期间,全球服务业出口增长率分别为 9.18%、12.43%、2.81%、6.41%、6.91%,远高于同期货物出口增长率。具体到中国而言,近年来相比货物出口的"乏力",服务业出口同样出现逆势强劲增长态势。中国商务部的统计数据显示,2010—2014 年期间中国服务业出口增长率分别为 45.51%、12.73%、4.62%、7.21%、7.6%,也是高于同期货物出口增长。可能正因如此,有学者如霍克曼(Hoekman,2015)①研究认为,在全球货物贸易增长巅峰已过的新平庸时代,服务贸易被寄于带动全球贸易增长"新引擎"的厚望。然而不幸的是,2015 年和 2016 年全球服务业出口增长率分别降至 −5.65%、0.36%,其中中国服务业出口增长率也相应降至 −0.72% 和 −4.41%。据此不免会提出这样一个问题:服务业出口能够成为稳定中国出口增长的动力源吗？ 对这一问题的回答,不仅是从特定视角探寻中国出口稳增长的对策举措,同时也是为以服务业出口为主要内容和方向之一的中国外贸转型发展需求现实依据,因此本书的研究具有较强的政策含义。

第二节　服务业出口对外贸"稳增长"
作用的测算框架

针对本书所提出的上述问题,不仅要看到服务业出口增长的趋势及其可持续性,更要明晰服务业出口的真实增长水平,本书力图在后一个问题上作出初步探讨。因为在全球价值链下,贸易存在着"重复统计"问题,因而具有"名义增长"即传统总值核算法下的增长,以及"真实增长"即当前流行的贸易增加值核算法下的实际增长。当前对服务业出口的认识和判断,仍然是基于传统总值核算法的分析和解读所得,容易形成"偏误"。鉴于此,本书从出口附加值核算角度,对中国服务业出口增长进行

---

① Hoekman B (ed.), " *The Global Trade Slowdown*: *A New Normal?* ", A VoxEU eBook, London:CEPR Press and EUI,2015.

两个方面的比较分析,一是与中国制造业出口增加值进行比较,以明晰服务业出口与制造业出口之间的相对地位及其变化趋势,了解服务业出口相对制造业出口是否真的都具有"逆势飞扬"的态势;二是与全球各主要国家的服务业出口增加值进行比较,以明晰中国服务业出口增加值所处地位、存在的差距以及进一步提升的空间。据此对服务业出口能否成为稳定中国出口贸易增长的动力源问题,作出初步的判断分析。

一、测算方法

基于本书的研究需要,这里首先要解决的问题就是服务业出口国内增加值的核算。针对出口国内附加值的测算,正成为当前国内外学术界研究全球价值链的一个热点。目前,针对出口国内附加值的测算较多,并大体分为两类。一类测度方法是利用企业微观数据,对出口增加值进行分解和测算,代表性的研究如奥普沃德等(Upward 等,2013)[①]、张杰等(2013)[②]、高敏雪和葛金梅(2013)[③]、郑丹青和于津平(2014)[④]、葛阳琴和谢建国(2017)[⑤]等学者的经典文献。但基于微观企业层面的研究并未从产业层面对出口国内附加值进行直接测度。近年来,随着价值链数据库的不断完善,部分文献开始从产业层面测度出口国内附加值,如张芳(2011)[⑥]、罗长远和张军(2014)[⑦]、高敬峰(2015)[⑧]等经典研究文献。但

[①] Upward R.,Z.Wang and J.Zheng,"Weighing China's Export Basket:The Domestic Content and Technology Intensity of Chinese Exports",*Journal of Comparative Economics*,Vol.65,No.2,pp.527-543.

[②] 张杰、陈志远、刘元春:《中国出口国内附加值的测算与变化机制》,《经济研究》2017年第10期。

[③] 高敏雪、葛金梅:《出口贸易增加值测算的微观基础》,《统计研究》2016年第10期。

[④] 郑丹青、于津平:《中国出口贸易增加值的微观核算及影响因素研究》,《国际贸易问题》2014年第8期。

[⑤] 葛阳琴、谢建国:《全球化还是区域化——中国制造业全球价值链分工及演变》,《国际经贸探索》2017年第1期。

[⑥] 张芳:《针对加工贸易之非竞争型投入产出表的编制与应用分析》,《统计研究》2011年第7期。

[⑦] 罗长远、张军:《附加值贸易:基于中国的实证分析》,《经济研究》2014年第6期。

[⑧] 高敬峰:《中国增加值出口规模测算与行业结构解析》,《国际经贸探索》2015年第3期。

基于全球价值链数据库进行的测度分析,大多聚焦于制造业出口,鲜有对服务业出口国内增加值进行测算和比较的,而且不同测度方法也是略有差异。相对而言,库普曼等(2012)①提出的国内出口增加值(DV)计算方法更具合理性,且目前被学术界采用的较为普遍。本书的研究也借鉴这一方法。根据库普曼等(2012)提出的国内出口增加值(DV)计算方法,假设有 N 个国家 G 个行业,经济体 t 的 DV 的计算公式如下:

$$DV_t = V_t \left(I - A_{tt}\right)^{-1} E_{T \cdot}, \quad t = 1, 2, \cdots, N \tag{5-1}$$

公式(5-1)中的 DV_t 为国家 t 中 G 个行业出口国内增加值的 $G{\times}1$ 维列向量,I 为 $G{\times}G$ 的单位矩阵。V_t 为国家 t 的增加值率对角矩阵,V_t 的对角线元素分别为 t 国 G 个行业的直接出口增加值率,其余元素皆为 0,其矩阵形式如下:

$$V_t = \begin{bmatrix} v_t^1 & 0 & \cdots & 0 \\ 0 & v_t^2 & \cdots & 0 \\ \cdots & \cdots & \cdots & \cdots \\ 0 & 0 & \cdots & v_t^G \end{bmatrix} \tag{5-2}$$

公式(5-1)中的 A_t 为国家 t 的国内投入产出矩阵,A_{tt} 的 $i(i=1,2,\cdots,G)$ 行中的各列元素表示对应该列的部门生产一单位产出使用的来自国内 i 部门的投入量,A_{tt} 的 $j(j=1,2,\cdots,G)$ 列中的各行对应的元素表示对应该行的国内部门在生产一单位 j 时作为中间品被投入的量,A_{tt} 的矩阵形式为:

$$A_{tt} = \begin{bmatrix} a_{11} & a_{12} & \cdots & a_{1G} \\ a_{21} & a_{22} & \cdots & 0 \\ \cdots & \cdots & \cdots & \cdots \\ a_{G1} & a_{G2} & \cdots & a_{GG} \end{bmatrix} \tag{5-3}$$

公式(5-1)中的 $E_{T \cdot}$ 为国家 t 中 G 个行业出口的 $G{\times}1$ 维列向量,$E_{T \cdot}$ 的计算公式如下:

---

① Koopman R., W.Powers, Z.Wang, S.–J.Wei Tracing, "Value-added and Double Counting in Gross Exports", NBER Working Paper, No.18579, 2015.

$$E_{T\cdot} = \sum_{h\neq t}^{N} E_{th} = \sum_{h\neq t}^{N} (A_{th}X_h + Y_{th}) \tag{5-4}$$

公式(5-4)中 Y_{th} (t,h=1,2,…,N)表示经济体的 h 对经济体 t 的最终产品吸收,因此 Y 矩阵每行元素加总是对应国家最终需求的 $G\times1$ 维列向量, A_{th} 是经济体 h 生产中使用的经济 t 中间品的 $G\times G$ 投入产出系数矩阵。

将 DV_t 和 $E_{T\cdot}$ 中代表服务业的对应行相除即可得到对应该行的服务业部门的出口附加值率,将 DV_t 和 $E_{T\cdot}$ 中所有对应服务业行业加总后相除即可得到服务业整体出口的国内增加值率。制造业对应的出口增加值率按照服务业相同的计算方法即可计算出。

二、数据来源及说明

与前述各章的研究一致,此处采用的基础数据也来源于 WIOD 数据库,并使用其 2016 年新发布的 2000—2014 年的世界投入产出数据。2016 年发布的最新版世界投入产出表涵盖的年份为 2000—2014 年。这一新版数据除了对往年数据进行年度上的更新外,还将世界投入产出表的部门数由原来的 35 个细分至 56 个①(其中代码 r23—r56 共 34 个行业

---

① 行业代码及行业名称:C1 作物及畜牧生产、狩猎及相关产业,C2 林业及伐木业,C3 渔业及水产养殖业,C4 采掘业,C5 食品、饮料及烟草业,C6 纺织、服装及皮革业,C7 木材加工(家具除外)及木、竹、藤、棕、草制品业,C8 造纸及纸制品业,C9 印刷及出版业,C10 炼焦及石油业,C11 化工产品制造业,C12 医药制造业,C13 橡胶及塑料制品业,C14 其他非金属矿物制品业,C15 基本金属制品业,C16 金属制品业(机械设备除外),C17 计算机、电子及光学设备制造业,C18 电气设备制造业,C19 机械设备制造业,C20 小汽车、拖车、半挂车制造业,C21 其他运输设备制造业,C22 家具制品及其他制造业,C23 机械和设备的维修和安装,C24 电、煤气、蒸汽和空调供应,C25 水收集、处理和供应,C26 污水,垃圾收集、处理和处置、材料回收再利用活动和其他废物管理服务,C27 建筑业,C28 批发和零售贸易和修理汽车和摩托车业,C29 批发贸易行业(除了机动车和摩托车),C30 零售贸易行业(除了机动车和摩托车),C31 土地通过管道运输和运输,C32 水运行业,C33 航空运输业,C34 物流仓储行业,C35 邮政快递业,C36 住宿和餐饮服务业,C37 出版业,C38 传媒业,C39 通讯业,C40 计算机编程、咨询和相关活动和信息服务业,C41 金融服务业(除了保险和养老资金),C42 保险、再保险和养老资金(除了强制性社会保障),C43 金融保险辅助行业,C44 房地产业,C45 总部的法律和会计活动和管理咨询活动,C46 建筑和工程活动;技术测试和分析,C47 科学研究和发展,C48 广告和市场研究,C49 其他专业、科学技术与兽医,C50 管理和支持服务活动,C51 公共管理和国防;强制性社会保障,C52 教育行业,C53 医疗和社会工作行业,C54 其他服务业,C55 自给自足的家庭生产服务活动,C56 不受管辖的组织和机构的服务活动。

为服务业行业），国家（地区）增加到 43 个①，表格的制定方式也由原来的每国一表，变更为每年一表的统一制表格式。基于这一基础数据，在测算出 2000—2014 年相关数据后，基于灰色系统理论利用多数据的 VERHULST 预测模型预测了 2015—2017 年的相关数据。

第三节　服务业出口对外贸"稳增长" 作用的测算结果

一、中国出口国内增加值：服务业与制造业的比较

在全球价值链分工条件下，无论是货物贸易还是服务贸易，实际上都存在重复统计问题，因而也就存在着实际增长问题。因此，在货物出口尤其是制造业出口低迷的背景下，服务业出口增长能否弥补制造业出口增长下滑，从而成为出口稳增长可能的动力来源，需要从出口附加值层面对真实出口情况进行比较分析。为此，按照前文介绍的方法，首先测算了 2000—2014 年中国服务业和制造业的出口增加值和出口附加值率，所得结果与服务业和制造业的出口总值一并绘制成图 5-1。

基于图 5-1 显示的结果，可以对制造业出口和服务业出口进行两个方面的对比分析，一是对比中国服务业出口的国内附加值创造能力相对于制造业出口的国内附加值创造能力，究竟谁处于相对优势地位；二是服务业出口的国内附加值创造能力与制造业出口的国内附加值创造能力相比，在演变趋势上是否具有明显的差异性。从图 5-1 的显示结果来看：第一，无论是从出口总值角度看，还是从出口国内附加值角度看，制造业相对于服务业均处于主导地位，即在样本期内的任何年份，制造业出口总值和附加值都要高于服务业。但是，如果仅仅观察出口总值的话，制造业

---

①　43 个国家（地区）：澳大利亚，奥地利，比利时，保加利亚，巴西，加拿大，瑞士，中国，塞浦路斯，捷克，德国，丹麦，西班牙，爱沙尼亚，芬兰，法国，英国，希腊，克罗地亚，匈牙利，印度尼西亚，印度，爱尔兰，意大利，日本，韩国，立陶宛，卢森堡，拉脱维亚，墨西哥，马耳他，荷兰，挪威，波兰，葡萄牙，罗马尼亚，俄罗斯，斯洛伐克，斯洛文尼亚，瑞典，土耳其，美国，其他地区。

（单位：美元）　　　　　　　　　　　　　　　　　　　　　　　　（单位：％）

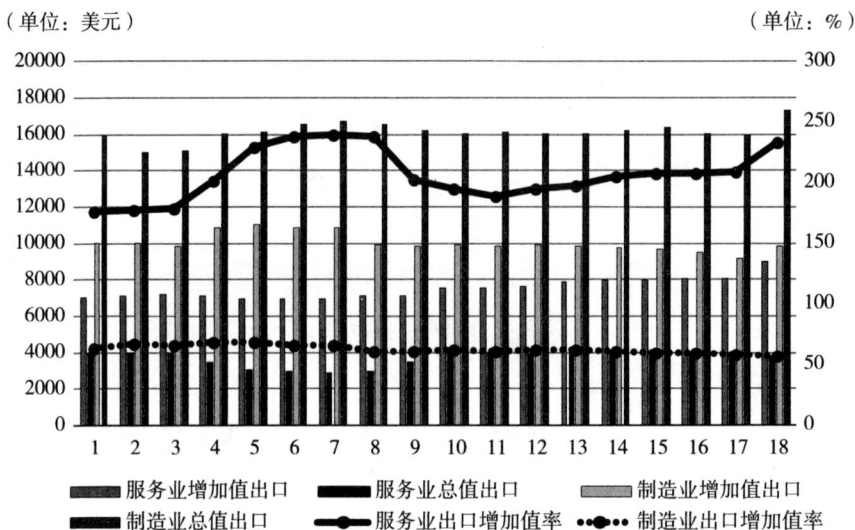

图 5-1　2000—2017 年中国服务业与制造业出口总值、增加值与附加值率

资料来源：笔者整理计算。

相对于服务业的优势十分显著，甚至可以说具有压倒性优势；然而，如果比较出口国内附加值的话，尽管制造业相比服务业仍然占据领先地位，但优势的显著性已经大大减弱，差距已不是十分明显。换言之，从出口附加值的真实角度看，服务业和制造业之间的差距远没有从出口总值这一表象上的差距大。第二，从变化趋势看，服务业出口附加值虽然一直低于制造业出口附加值，但是二者相对差距正在变得越来越小，换言之，服务业出口附加值对制造业出口附加值的确呈现"赶超"之势。更具体地看，同期内中国服务业的出口总量一直低于制造业，大约仅相当于制造业的四分之一，然而，从出口附加值层面看，两者之间在 2017 年相差已经不到 10％。第三，全球价值链条件下，基于总值核算法的制造业乃至整体出口被严重地高估，但这种高估现象并不存在于服务业中。实际上从上述图 5-1 显示的结果看，中国服务业创造的出口附加值就远高于其所对应出口总值，这形成了一个明显的真实出口与名义出口之间的"倒挂"现象。更进一步地，从图 5-1 右坐标标示出口附加值率折线可以看出，2000—2017 年中国服务业的出口附加值率一直高于 100％，而同期制造业对应的出口附加值却一直处于 50％左右的水平（该数据在表 5-1 中将被呈

现)。此外,从对应于图 5-1 右坐标的附加值率折线的发展趋势还可以看出,中国制造业的出口附加值率在 2000—2017 年的 18 年间,总体上呈现出了下降趋势,而与之截然不同的是,服务业的出口附加值率却呈现出了快速上升的趋势。基于上述比较研究可以作出的基本判断是,在制造业出口增速下滑背景下,服务业出口具有成为增长新引擎的潜在动力。

为了从更加详细的角度凸显出中国服务业相对于中国制造业"以小博大"的真实出口增长能力,本书将计算获得的中国服务业与制造业的出口增加值、出口总值和出口附加值率的对比情况,报告于表 5-1 之中。

表 5-1　2000—2017 年中国服务业与制造业出口额对比　　(单位:%)

年度	增加值出口			总值出口			出口附加值率		
	服务业	制造业	服务/制造	服务业	制造业	服务/制造	服务业	制造业	服务/制造
2000	34.67	50.22	69.03	20.13	76.05	26.47	172.23	66.04	260.82
2001	36.07	49.56	72.79	21.11	75.06	28.12	170.87	66.03	258.78
2002	37.09	49.15	75.46	21.2	75.16	28.21	174.95	65.39	267.54
2003	34.5	51.4	67.13	17.46	79.27	22.03	197.59	64.84	304.73
2004	33.57	52.15	64.36	15.74	81.89	19.22	213.28	63.68	334.91
2005	33.23	51.45	64.58	14.45	83.21	17.36	229.97	61.83	371.92
2006	33.53	51.62	64.96	14.32	83.95	17.05	234.15	61.49	380.80
2007	34.6	51.24	67.52	15.2	83.37	18.23	227.63	61.46	370.37
2008	34.72	49.96	69.49	16.77	81.71	20.52	207.04	61.14	338.61
2009	37.23	49.2	75.67	18.55	80.12	23.15	200.70	61.41	326.83
2010	36.81	49.6	74.22	17.64	81.05	21.76	208.67	61.20	340.99
2011	37.24	48.78	76.34	18.25	80.43	22.69	204.05	60.65	336.45
2012	38.62	48.17	80.16	18.72	80.13	23.36	206.30	60.11	343.18
2013	38.87	47.41	81.98	17.04	81.82	20.83	228.11	57.94	393.67
2014	39.81	46.31	85.96	16.66	82.24	20.26	238.96	56.31	424.35
2015	39.86	45.43	87.74	16.34	80.68	20.26	243.89	56.31	425.35
2016	40.12	44.52	90.11	16.02	79.06	20.26	250.49	56.31	426.35
2017	44.15	48.04	91.91	17.28	85.31	20.26	255.47	56.31	427.35
期间增长率	27.34	-4.34	33.15	-14.15	12.18	-23.47	48.33	-14.73	63.85

数据来源:笔者根据 WIOD 计算及灰色预测模型预测所得。

表5-1第二列至第四列报告的结果分别是服务业增加值出口额、制造业增加值出口额以及服务业增加值出口额与制造业增加值出口额之比。与第二列至第四列的报告逻辑一致,第五列到第七列报告的结果,以及第八列到第十列报告的结果均比较的是两个行业的总值出口和出口附加值率。从表5-1报告的数据可以看出,2017年中国服务业的总值出口仅是制造业总值出口的20.26%,但同年服务业出口附加值却是制造业出口附加值的91.91%,也就是说,2017年服务业利用仅相当于制造业出口总量两成的出口份额,创造出了相当于制造业增加值出口总量91.91%的出口增加值,服务业的出口附加值率达到了制造业的4.35倍之多。从趋势来看,2000年中国服务业在总值出口中的份额为26.47%,到了2017年服务业的总值出口份额仅剩下20.26%,相对于2000年下降程度为6.21%。与此形成鲜明反差的是服务业在增加值出口中的份额2000年为69.03%,到了2017年服务业的增加值出口份额并没有随着服务业出口份额的下降而下降,反而上升到了91.91%,出口附加值率也因此提升了82.76%。而制造业在2000—2017年期间除了传统总值核算法下的出口份额上升以外,其他各方面指标全线倒退。从表5-1的数据分析可以看出,中国制造业和服务业在传统总值核算法下,出现了发展上的严重不均衡,但在真实出口层面即出口增加值层面又出现了严重的"反转"。就目前而言,国内服务业的发展显然滞后于制造业,但在这种相对的不平衡发展过程中,从出口贸易角度看,服务业反而出现了"肌肉生长快于体量生长"的现象。其中可能的原因一方面是由于服务业的开放程度依然不足,另一方面是服务的可贸易性本身还不如制造业那么强,因此服务业的出口大多只能通过嵌入制造业的方式来完成。当然,这一结果同时也说明了生产性服务业作为制造业中间投入而加入价值链的重要发展方式。对于上述判断,我们测算了2000—2017年中国制造业出口内含的服务增加值占比,并将该占比指数与服务业增加值出口占比间的关系绘制了散点图,观察发现,二者之间呈现出非常显著的正向关系。也就是说,通过内含于制造业而实现的服务增加值出口,是服务业出口贸易的一个重要方式和一条重要路径。

二、服务业出口增加值的细分行业分析

虽然在总值核算法下中国服务业在出口占比不高情况下,仍然带来了近乎翻倍的真实出口增长,但是由于受制于经济发展阶段、要素禀赋结构等现实因素影响,服务业发展滞后的总体情形下必然会存在着一些结构上的问题。而上文从整体层面对服务业进行的数据分析,除了能够看出中国服务业出口发展中的占比失调外,同时由于观察角度的单一,因而很难看出服务业出口存在的结构性等深层次问题。为了深入了解中国服务业出口的细分行业状况,本书将按照 WIOD 分类中服务业对应的 34 个部门,将其相应的总值出口和附加值创造数据计算结果报告于表 5-2 中,以此从细分行业层面分析中国服务业融入全球价值链分工体系中可能存在的问题。

表 5-2　中国服务业 34 个部门出口总值、出口增加值与出口附加值率

（单位:百万美元;%）

行业代码	出口			出口增加值			出口附加值率		
	2000 年	2014 年	2000—2014 年增长率	2000 年	2014 年	2000—2014 年增长率	2000 年	2014 年	2000—2014 年增长率
C23	NA	NA	NA	NA	NA	NA	NA	NA	NA
C24	554.2	3127.8	464.4	5545.8	46413.8	736.9	1000.78	1483.92	38.3
C25	45.1	175.7	290	336.8	1628.4	383.4	747.46	926.60	10.6
C26	29.3	1636.1	5488.3	223.8	3083.6	1277.6	764.58	188.48	-88.4
C27	942.7	14233.3	1409.8	667.0	8506.0	1175.2	70.75	59.76	-156.9
C28	NA	NA	NA	NA	NA	NA	NA	NA	NA
C29	15229.8	155596.9	921.7	18713.9	231366.1	1136.3	122.88	148.70	-60.4
C30	3150.7	32189.2	921.7	3871.4	47864.0	1136.3	122.88	148.70	-60.4
C31	3132.0	28507.0	810.2	8994.3	65408.0	627.2	287.18	229.45	-54.9
C32	5090.6	29914.6	487.6	5121.1	23207.2	353.2	100.60	77.58	-122.3
C33	3727.8	22922.9	514.9	2225.8	9562.3	329.6	59.71	41.72	-197.6
C34	NA	3940	583598170.6	152.4	16087.4	10457.9	22570014.57	408.31	-100
C35	359.6	577.8	60.7	331.5	2213.0	567.7	92.17	382.99	207.0
C36	3196.4	9157.1	186.5	3303.8	22942.5	594.4	103.36	250.54	45.6

续表

行业代码	出 口			出口增加值			出口附加值率		
	2000 年	2014 年	2000—2014 年增长率	2000 年	2014 年	2000—2014 年增长率	2000 年	2014 年	2000—2014 年增长率
C37	NA	NA	NA	NA	NA	NA	NA	NA	NA
C38	NA	NA	NA	NA	NA	NA	NA	NA	NA
C39	708.5	1620.3	128.7	2773.4	15973.7	476.0	391.45	985.84	126.3
C40	534.4	14081.0	2534.9	531.6	8628.3	1523.2	99.47	61.28	-138.9
C41	32.2	2455.8	7515.0	6964.1	109848.2	1477.3	21594.69	4473.08	-79.7
C42	69.1	4737.7	6757.2	973.7	6991.9	618.0	1409.36	147.58	-96.6
C43	NA	NA	NA	NA	NA	NA	NA	NA	NA
C44	NA	NA	-11206.8	2038.5	37520.4	1740.6	—	—	—
C45	8026.1	63777.1	694.6	5562.6	65798.4	1082.9	69.31	103.17	-95.4
C46	NA	NA	NA	NA	NA	NA	NA	NA	NA
C47	NA	409.2	6094853.0	86.4	9401.0	10778.2	—	2297.60	
C48	NA	NA	NA	NA	NA	NA	NA	NA	NA
C49	NA	3.0	22738.3	455.7	14964.8	3184.1	—	499842.32	
C50	NA	2806.8	2646808219.4	73.8	3577.6	4749.1	69571878.48	127.46	-100
C51	202.4	1040.2	413.9	90.3	5507.4	6001.8	44.60	529.46	863.0
C52	96.4	721.5	648.6	464.9	3722.0	700.6	482.32	515.84	-13.8
C53	NA	710.6	1489179.9	249.0	1505.7	504.6	—	211.90	
C54	7590.5	9766.5	28.7	4744.3	27059.8	470.4	62.50	277.07	183.3
C55	NA	NA	NA	NA	NA	NA	NA	NA	NA
C56	NA	NA	NA	NA	NA	NA	NA	NA	NA

数据来源:笔者根据 WIOD 计算得到;"NA"表示该部门几乎未能以直接或间接的形式融入全球价值链中或是即便融入产值小到难以统计或不存在该行业,本书将其定义为"缺失";"—"表示中国的该部门为净进口部门。

　　首先,从表5-2的部门数据可以看出,在细分行业层面,中国服务业参与全球价值链分工发展服务业出口贸易,存在的最为严重的问题就是部门缺失。在 WIOD 对服务业的34个部门分类中,中国缺失的部门数量达到了9个之多,分别为:机械和设备的维修和安装业(C23)、批发和零售贸易业和修理汽车和摩托车业(C28)、出版业(C37)、传媒业(C38)、金融保险辅助行业（C43）、建筑和工程活动；技术测试和分析（C46）、广告和市场研究（C48）、自给自足的家庭生产服务活动（C55），不受管辖的组织和机构的服务活动（C56）。虽然本书的缺失并不能表示对应部门在一个国家并不存在如：C55 和 C56，但是可以肯定的是一个国家缺失的服务业部门必定是那些没能够成功融入全球价值链，或者即便融入但未能形成显著市场化运作规模从而导致数据无法统计的部门。

不过这种部门缺失严重的现象也并非只出现在了中国，实际上中国服务业部门缺失数在本书测算涉及的 43 个样本经济体中只是排在了第三位，排在前五位的国家分别是：第一位的俄罗斯有 16 个部门、第二位的印度有 11 个部门、第三位的中国有 9 个部门，并列第三位的印度尼西亚有 9 个部门以及第五位的巴西有 8 个部门。由此可以看出服务业缺失部门较多的国家都是发展中国家。在发达国家中，服务业部门缺失最多的澳大利亚也仅仅缺失了 6 个部门。显然，上述情形在一定程度上反映了经济发展程度和阶段，在发展中国家和发达国家对服务业参与全球价值链分工具有不同的影响，这也与当前全球服务业格局是相一致的，即发展中国家在服务业总体发展相对滞后的同时，许多部门仍然无法参与全球价值链分工体系，而发达国家由于服务业上的显著优势，更有能力参与全球价值链分工体系从而发展服务业出口贸易。

其次，中国服务业参与全球价值链分工除存在部门缺失严重的问题外，现存的 25 个服务部门发展状况也是严重不均衡。比如，2000—2014年出口增长最快的管理和支持服务活动（C50）出口增长了 2640 多万倍，几乎是从零起步，而增长最为缓慢的其他服务业（C54）在 15 年间出口仅增长了 30%（同期内中国的整体贸易出口增长了 8.26 倍，整体制造业出口增长了 9.01 倍）。2000—2014 年中国服务业出口增速高于制造业出口增速的部门有 12 个，而剩下的 13 个部门的出口增速都低于中国整体贸易出口增速。对于部分高增长的服务业出口部门而言，对中国服务业反向拉动的作用是极为有利的。中国服务业出口增长最快的 5 个服务部门：管理和支持服务活动（C50），物流仓储行业（C34），科学研究和发展（C47），医疗和社会工作行业（C53），其他专业、科学技术与兽医行业

（C49），都是在出口中需要"补短板"部门，随着这些部门出口的快速增长，原本中国在进口大于出口的服务业部门到了2014年就只剩下了房地产业（C44）。如果将中国服务业部门总值出口增长率从高到低进行排序，还可以发现，2000—2014年总值出口快速增长的部门，出口增加值也在同步快速地增长，与此同时，这些部门对应畸高的出口附加值率却出现了快速回调的情况。这种情况在某种程度上，正是说明了我国服务业出口贸易起步较晚，发展速度相对较快的事实特征。因为起步较晚，基数较小，在发展速度较快的作用下，高速增长乃至出口附加值率出现偏高的结果就不难理解了。而伴随着快速增长及基数的不断扩大，偏高的出口附加值率出现回调便成自然结果。

对于内部结构失调问题，我们以2014年的数据为例可以进行进一步的直观观察。根据测算结果我们发现，中国服务业已经融入全球价值链的25个部门，无论是在出口量还是在增加值出口量上，在不同部门间的分布都极度的不均衡。2014年C29批发贸易行业（除了机动车和摩托车）与（C45）总部的法律和会计和管理咨询活动两个部门的服务业出口几乎占到了总服务业出口的一半；而出口增加值则主要是由批发贸易行业（除了机动车和摩托车）（C29）和金融服务业（除了保险和养老资金）（C41）所贡献，其他行业的贡献差距甚远。

通过以上种种现象的观察和分析，可以确认，中国服务业虽然增加值增长迅猛，但由于服务业发展受到各种因素的制约，比如要素禀赋结构、管理体制存在的问题、开放程度不足等，使得其规模扩张与实践需求之间出现量的不匹配，尤其是内部结构不完善和部门比例失衡的现象和结果，的确是给服务业的发展带来了诸多不利影响。当然，上述现象并非是中国特例，其他国家的服务业发展状况尤其是其他发展中国家具有某种相似性。因为上文中在对不同国家缺失部门间的比较时，就曾提到部门严重缺失的现象在发展中国家中出现的相对普遍，因此仅通过缺失部门的比较还不能判断中国服务业出口存在的问题。因此，本书有必要对中国服务业出口附加值指标进行一个全面的国际比较，以明晰中国服务业出口增加值所处地位、存在的差距以及可能存在的进一步提升空间。

三、中国服务业出口增加值的国际比较

为了进一步明晰中国服务业出口增加值与全球各主要国家之间的相对地位，本书将计算出的 43 个样本经济体 2014 年的服务业总值出口、增加值出口、出口附加值等相关数据进行了整理，并将主要结果报告表 5-4，据此对中国服务业出口状况进行初步的国际比较。

表 5-4　2014 年 44 个样本经济体服务业相关指标测算结果

（单位：亿美元；%）

国　家	服务业出口总值			服务业出口增加值			服务业其他指标	
	出口量	出口份额	份额排名	出口量	出口份额	份额排名	出口附加值率	缺失部门数
澳大利亚	777.76	27.08	27	1190.01	49.49	30	153.01	6
奥地利	617.36	29.26	24	700.74	54.49	24	113.50	1
比利时	1512.38	39.49	13	1352.13	70.25	6	89.40	1
保加利亚	114.79	36.21	18	113.92	63.19	13	99.24	2
巴　西	382.26	14.14	39	887.02	42.57	37	232.05	8
加拿大	1349.01	23.94	30	1861.13	44.36	35	137.96	5
瑞　士	1710.56	48.52	8	1629.11	64.29	10	95.24	6
中　国	4041.08	16.66	37	7887.82	39.81	39	195.19	9
塞浦路斯	81.98	87.71	3	58.69	91.14	2	71.59	1
捷　克	255.16	15.79	38	352.78	44.13	36	138.26	1
德　国	3454.72	20.54	34	5760.54	49.68	29	166.74	1
丹　麦	853.58	50.12	7	605.19	59.93	19	70.90	1
西班牙	1065.11	27.38	26	1490.26	58.77	22	139.92	1
爱沙尼亚	65.90	36.08	19	59.55	62.19	16	90.36	2
芬　兰	226.96	22.59	31	323.52	52.85	26	142.54	1
法　国	2812.43	37.02	16	3381.61	65.45	9	120.24	1
英　国	4149.77	55.21	4	4121.48	71.13	5	99.32	1
希　腊	289.76	51.50	6	287.19	78.86	4	99.11	1
克罗地亚	91.38	39.27	14	98.60	62.73	14	107.91	1

续表

国　家	服务业出口总值			服务业出口增加值			服务业其他指标	
	出口量	出口份额	份额排名	出口量	出口份额	份额排名	出口附加值率	缺失部门数
匈牙利	252.58	21.69	33	240.59	47.47	31	95.25	1
印度尼西亚	122.56	5.82	42	366.85	21.39	43	299.31	9
印　度	1142.38	30.92	23	1601.72	59.41	20	140.21	11
爱尔兰	1422.78	54.15	5	813.83	63.78	12	57.20	1
意大利	1064.70	18.09	35	2168.74	52.58	27	203.69	1
日　本	1462.41	17.89	36	2722.28	44.75	34	186.15	5
韩　国	980.75	14.05	40	1612.18	38.48	40	164.38	3
立陶宛	117.11	35.79	20	120.80	61.65	17	103.15	1
卢森堡	1099.68	92.85	1	357.84	93.86	1	32.54	1
拉脱维亚	67.96	46.17	11	65.76	68.02	8	96.77	1
墨西哥	212.80	5.78	43	727.75	30.50	42	341.99	2
马耳他	118.24	88.11	2	38.76	86.74	3	32.78	1
荷　兰	2714.43	47.20	9	2392.62	69.10	7	88.14	2
挪　威	416.58	22.14	32	475.48	32.22	41	114.14	1
波　兰	834.04	33.14	21	963.58	58.79	21	115.53	1
葡萄牙	279.59	36.48	17	305.33	64.14	11	109.21	1
罗马尼亚	361.86	46.60	10	332.44	62.61	15	91.87	2
俄罗斯	1533.67	31.06	22	2024.67	47.28	32	132.01	16
斯洛伐克	202.92	24.71	28	210.21	54.42	25	103.59	2
斯洛文尼亚	85.42	27.72	25	90.02	50.10	28	105.39	1
瑞　典	889.62	37.80	15	961.74	60.10	18	108.11	2
土耳其	311.64	12.48	42	759.40	45.87	33	243.68	8
美　国	7801.97	40.49	12	9645.36	57.89	23	123.63	1
其他地区	9192.73	23.98	29	11246.52	40.03	38	122.34	2

数据来源:笔者根据 WIOD 计算得到。

通过观察表5-4中的数据可以发现,中国的服务业出口总值虽然仅次于美国和英国,排在了世界第三位,但是中国服务业出口在总值出口中的份额却远远地落后于美、英等发达国家，与诸如印度、土耳其和俄罗斯等发展中国家相比，也是远远滞后，甚至比世界其他地区的均值还要低，排在了43个样本经济体的第三位。此外，包括中国在内的制造业大国，不仅在传统总值核算法下服务业出口份额排名出现较低现象，在增加值出口上同样出现上述现象。由此可见，中国服务业发展在整体经济中确实存在着比例失调问题，对制造业依赖程度相对较高而服务业发展相对不足，致使无论是服务业出口总值还是服务业出口附加值，在总出口中所占比重在样本经济体中排名都相对较低。当然，这种经济结构上的相对失衡，更确切地说制造业和服务业融入全球价值链分工体系的发展程度失衡，与其他各主要国家相比存在的差距，也在一定程度上说明了提升中国服务业出口占比，大力发展服务业出口增加值所具有的广阔空间。

对表5-4最后两列报告的结果进行进一步观察还可以发现，服务业出口附加值率靠前的阵营几乎完全由发展中国家和部分发达国家中的制造业大国组成。从上文对中国数据的分析可以知道，这种出口附加值畸高，实际上是由于服务业发展相对滞后、起步较晚且发展速度相对较快所导致的。由于起步晚、底子薄，加之要素禀赋和体制机制等方面的制约，服务业部门的国际竞争力严重不够，导致开放程度不够，难以融入全球价值链分工体系，因此服务业的发展主要局限于国内市场，通过嵌入制造业和第一产业的方式间接出口到国外。这种发展模式和路径在数据上的体现，就是服务业增加值出口远高于服务业总值出口。不过针对服务业出口附加值畸高的现象，虽然也部分存在于作为制造业强国的发达经济体，但是与发展中国家可能还是有所不同。德国、日本和韩国等发达国家中的制造业之强，更多源于发达的生产性服务业支撑，也就是说，许多高端生产性服务业作为中间投入而附着于制成品，最终同样表现为较高的服务业出口附加值率。这一点与发展中国家是截然不同的。如果说发展中国家是因为服务业开放不足和竞争力不够，只能表现为部分服务环节被动地进入制成品形成间接出口的话，那么发达国家已经到了依托高端生产性服务业发展强大的制造业，从而形成间接出口。总之，虽然二者结果较为相似，但却有着本质不同。

第四节 以服务业出口"稳外贸"的战略调整

2008 年全球金融危机冲击之后,全球经济进入深度调整期,在此背景下,全球制成品出口贸易也从以往的高速增长进入到中低速乃至负增长的"新平庸"发展期。由于相对于制成品出口增长而言,20 世纪 90 年代以来全球服务业出口增长稍优于制成品出口增长的表现,在危机冲击后进一步"逆势飞扬",比制成品表现出更优异的出口增长成就,因而也被学术界寄予全球贸易新一轮增长"新引擎"的厚望。中国制成品和服务业出口基本上保持了与全球较为一致的发展趋势。较为一致的观点认为,在新一轮产业革命和技术革命爆发之前,货物尤其是制成品出口高速增长的动力机制难以重拾,具体到中国而言,加之国内生产要素成本上升等因素,制成品出口增长遭遇显著的"天花板约束"效应。因此,依托服务业出口能否成为"稳增长"的动力源,是中国制成品出口增速下滑背景下理论和实践部门亟待回答的重要问题。

全球价值链分工条件下,传统总值核算法并不能揭示出口增长的真实情况,因此基于传统总值核算法得出的所谓服务业出口增长"新引擎"的判断,需要从出口增加值角度重新认识。鉴于此,本书借鉴库普曼(Koopman,2012)的出口附加值测算方法,运用 WIOD 最新发布投入产出表,分别计算了中国和 42 个其他样本经济体的 2000—2014 年的出口增加值、出口总量和出口附加值率等相关数据,以此对中国服务业出口增长进行重新测算,并在与制造业出口增长比较分析及与全球主要经济体服务业出口增长比较分析中发现:(1)中国服务业在出口中的占比过低,但贡献却被严重低估,服务业利用不到制造业四分之一的出口份额,创造了总增加值出口中近四成的增加值,其"四两拨千斤"的增加值创造能力非常显著。并且从发展趋势角度看,与制造业出口附加值呈下降趋势不同,服务业出口增加值呈上升趋势。(2)从与其他经济体的比较来看,虽然总值出口在全球已经进入前三,但却存在两个方面的滞后性:一是中国服务业出口占比相对较低,甚至低于部分发展中国家和全球平均水平;二是服务业出口国内增加值率相对较高，服务业本身出口竞争优势尚不明显。上述差异性在揭示中国服务业发展相对滞后、国际竞争力有待提升的同时，也说明了从出口市场来看，中国服务业还有广阔的发展空间。（3）从服务业内部看，中国服务业融入全球价值链还很不完善，服务业缺失部门过多，且不同服务部门的出口份额结构严重失调，这是中国服务业没有得到充分发展的典型表现和结果。

在中国外贸增速趋缓以及亟待转型发展的大背景下，本书研究所得结论具有明显的政策含义。发展服务贸易是中国外贸转型发展的重要方向和内容之一。而本书研究在一定程度上证实，只要战略得当，依托服务业出口确实能够成为中国出口"稳增长"的动力源。改革开放以来，囿于发展阶段和现实要素禀赋约束，在融入全球价值链的发展初期，为了充分发挥比较优势，快速实现经济增长，我国开放型经济发展主要发生在制造业领域，具有单兵突进的特点。服务业开放和发展相对不足，将政策和有限的资源向制造业倾斜，在全面而深度融入全球价值链分工体系中，中国的确获得了制造业的大发展。但目前制造业出口扩张遇到了显著的天花板约束效应，继续发挥"出口驱动经济增长"的重要机制和作用，应充分重视贸易发展进入新阶段后的服务业出口重要战略地位。换言之，利用服务业部门"四两拨千斤"的附加值创造能力，在制造业引擎已经难以拉动中国出口这艘大船时，依托来自服务业的新动力，不但可以保证中国出口贸易后续平稳增长，还能实现贸易结构的优化升级，实现制造业出口和服务业出口的协调发展。

第六章 "逆全球化"与中国外贸发展战略调整

当前,伴随全球经济进入深度调整期,以及中国经济发展进入新常态,经济全球化进程和中国开放型经济发展均进入到一个关键阶段。对经济全球化而言,世界经济尤其是部分发达经济体经济复苏缓慢、经济增长不尽如人意、就业形势严峻甚至是陷入困境,加之全球经济治理体系不完善带来的负面影响愈发凸显等,影响了部分国家对经济全球化的认识和政策抉择,走到了究竟是继续促进经济全球化还是转向"逆全球化"的十字路口。对中国开放型经济而言,受内外复杂环境的影响,一些专家学者对中国开放发展的传统道路提出了质疑,同样面临着是不是要进一步深入对外开放,继续走开放型经济发展道路抉择问题。其中,有关内需和外需的争论,或者说一些主张所谓从外需主导向内需主导的政策主张,本质上就是对中国外贸发展的质疑,对贸易立国和贸易强国战略的质疑。

从马克思主义政治经济学原理看,当前"逆全球化"思潮的兴起,本质上是全球要素分工演进和世界经济周期共同作用的结果。全球要素分工下经济全球化红利在国家间和国家内分配失衡及其全球治理失序的负面性,被世界经济周期作用所放大,进而激起了新一轮"逆全球化"浪潮。目前世界经济虽已进入长周期的衰退阶段,但从全球产业格局和现实分工地位即"错位发展"角度看,前一轮产业革命为中国带来的开放发展红利尚未结束,通过进一步融入全球要素分工体系,中国面临着从以往全面摘取全球产业技术"低垂的果实"向全面摘取全球产业技术"高悬的果实"转型升级的重要战略机遇;另一方面,世界经济长周期衰退阶段通常意味着是新一轮产业革命和技术革命的孕育阶段,通过开放发展无疑能够在融入全球创新链中更好地实现开拓性技术进步。这些构成了新阶段中国外贸发展的产业基础。不幸的是,上述战略机遇正面临着被当前愈演愈烈的逆全球化浪潮吞噬的风险。在全球经济进入深度调整背景下,虽然国内外环境发生了深刻变化,虽然中国外贸增速放缓,但这并非意味着中国外贸不重要,相反,中国外贸发展进入转型升级的关键阶段,为了有效化解"逆全球化"可能带来的风险和挑战,必须究其本质方能寻求科学有效的应对之策,如此才有可能将战略机遇期转化为发展黄金期,在更高层次上参与国际经济合作与竞争,实现中国外贸健康发展。而秉持习近平总书记提出的"全球增长共赢链"开放发展理念,以"榜样的力量"积极倡导和奋力推进经济全球化,无疑是实现中国与世界互利共赢、和谐发展开放新格局的道路选择。这是全球经济深度调整背景下,中国外贸发展应对"逆全球化"的必然选择。

第一节 逆全球化浪潮带来新挑战

外贸发展道路选择不仅取决于自身情况,也受制于外部环境。中国改革开放 40 多年来,在对外贸易、外资利用、产业发展和转型升级、就业以及经济增长等方面所取得的斐然成绩,不仅与中国自身毅然决然地选择开放发展的战略有关,更受益于前一轮以贸易自由化和投资自由化为主要内容的经济全球化快速发展的整体环境。20 世纪 80 年代以来,国际分工出现了全球要素分工这一更有利于发展中国家和地区的新型分工模式并逐步成为全球化主导形态。在此背景下,中国采取了渐进式和区域梯度的开放发展战略,依托优越的地理位置、完善的基础设施和廉价优质的劳动力等比较优势,抓住了全球要素分工带来的战略机遇,以开放促改革,以开放促发展,在日益扩大开放中寻求发展机会,通过引进国外先进生产要素、承接产业和产品生产环节的国际梯度转移、大力发展对外贸易等方式不断增强产业和经济竞争能力。这无疑是中国"顺应经济全球化大势""采取开放发展战略"实现经济腾飞的宝贵成功经验,也是全球要素分工似乎更有利于发展中国家的绝好例证和典范。与此逻辑一致，近年来中国外贸发展之"乏力"现象，既与中国经济发展进入新常态后新旧动力转换不力有关，也与全球经济深度调整期国际市场需求低迷等错综复杂的外部大环境有关。其中尤为突出的问题是，伴随英国脱欧、特朗普当选美国总统、意大利修宪公投失败等一系列标志性"黑天鹅"事件的出现，与前期经济全球化迅猛发展之势相背离的"逆全球化"浪潮日渐兴起。

毋庸置疑，逆全球化浪潮不仅会对全球经济格局产生一定潜在影响，对于已经深度融入经济全球化的中国而言，更是其进一步开放发展的严峻挑战，将会成为中国外贸等开放型经济发展战略的重要外部环境约束。虽然其影响效应和作用后果还没有完全展现出来，但对其进行必要分析和预判，并据此采取科学有效的应对措施则是非常必要的。我们究竟应当怎样看待当前逆全球化浪潮？逆全球化浪潮兴起的本质原因是什么？会对中国外贸发展产生怎样的影响？尤其是对于中国而言，逆全球化浪潮的兴起是否意味着前一轮经济全球化红利基本结束？中国外贸发展是否仍然处于大有可为的重要战略机遇期？如果答案是肯定的，那么中国新一轮外贸发展之路到底应该怎么走？对这些问题进行深层次的理论探讨，对于中国在更高层次上参与国际经济合作与竞争，进一步获取开放发展红利，具有极为重要的战略意义。

第二节　逆全球化：世界经济形势之变

2016年诸如英国脱欧、特朗普逆袭当选等一系列标志性政治事件的发生，被视为"逆全球化"的标志性开端，世界范围内"逆全球化"似乎也正加速成为一股愈演愈烈的浪流。甚至有学者将2016年定义为"逆全球化元年"。当然，针对当前出现的所谓"逆全球化"大讨论中，也有学者持有不同看法，因为长期而言，全球化是一个不可逆转的趋势，是工业革命和市场经济发展的必然逻辑，因而所谓的"逆全球化"至多只是全球化进程中的暂时性受阻，甚至可能只是一种假象。与此同时，正如国内学者王永贵的研究指出①:"全球化与逆全球化好比 DNA 精美的双螺旋结构,缺少一支便不能构成我们世界经济进程的主旋律。"从这个意义上看,全球化和逆全球化本就是一个事物的两个方面,只不过在不同的发展阶段,主次轻重表现程度不同而已。因此,本节不拟对上述孰是孰非的争论展开讨论,而只是关注当前"逆全球化"现象的几个典型表现。实际上,"逆全球化"不仅反映在一系列标志性政治事件中,全球经济形势呈现的几个显著变化,同样也是"逆全球化"的典型表现。从经济全球化的主要内容及制度保障看,贸易和投资自由化的快速发展是前一轮经济全球化的主要内容,而这又得益于世界贸易组织提供的以降低贸易和投资壁垒"边境开放"措施的多边贸易体制和规则保障作用。因此,与前一轮经济全球化快速发展相比,当前的世界经济形势之变所体现出的"逆全球化"一面,同样可以从贸易表现、投资表现以及贸易保护主义抬头以及全球经济规则等角度进行观察。

从贸易领域看。自 20 世纪 80 年代以来,得益于全球要素分工的快速推进,即生产要素跨国流动性日益增强以及产品生产的国际分割,全球贸易在 2008 年国际金融危机爆发前取得了高速增长的罕见成就。联合国贸发会议统计数据库的相关统计数据显示,1983—2008 年全球贸易年均增速约为 6%,远远高于同期 GDP 增长速度。然而这一进程被 2008 年突如其来的全球金融危机所打断:2009 年到 2015 年期间全球贸易平均增长率不足 3%,即不到金融危机前二十多年平均贸易增长率的一半。2010 年和 2011 年全球贸易出现了表面上的恢复性反弹,其中 2012—2016 年连续五年全球贸易增速分别为 2.88%、2.66%、2.30%、−2.17% 和 1.2%。根据世界贸易组织的最新预测,2017 年全球贸易增长率将维持在 1.7% 左右的水平。实际上,自金融危机爆发以来,全球贸易就已经进入了低速增长乃至负增长通道,虽然统计数据显示低速增长自 2012 年才开始连续出现,但从更深层次挖掘,2010 年和 2011 年全球贸易表面上的

①　王永贵:《全球化背景下社会主义意识形态功能探析》,《社会主义研究》2009 年第3 期。

名义恢复性反弹,一方面得益于各主要国家采取了凯恩斯宏观刺激经济政策,另一方面是建立在2009年全球贸易大幅衰退的基数效应基础之上,因此2010年和2011年全球贸易增速回暖本质上更多是一种统计假象。由此可见,自2009年开始全球贸易实质上已经连续8年进入了低速乃至负增长通道,并仍有进一步持续的可能。如果回溯历史可以发现,在过去50年里全球贸易低速增长仅在1975年、1982年、1983年和2001年出现过四次,并且都是由诸如区域性金融危机、恐怖主义袭击等突发事件所致,之后则迅速回归增速正轨。然而这一次却是连续8年之久的持续性低迷,一改第二次世界大战后延续几十年的快速增长大势。可能正因如此,有学者研究认为全球贸易增长的巅峰时期已过,将进入到一个长期低速增长乃至负增长的"平庸期"(Hoekman,2015)[①]。这种令人沮丧的变化显然是"逆全球化"在贸易领域中的一种典型表现。

从全球对外直接投资领域看。20世纪80年代以来要素分工深度演进的一个突出特征就是以FDI为表现形式的生产要素跨国流动性日益增强。联合国贸发会议的《UNCTAD统计手册2010》相关数据显示,20世纪70年代初全球对外直接投资流量(Global FDI Outward)仅为141亿美元,至80年代初也仅为515亿美元,而到了90年代初,全球对外直接投资的流量已经上升至2000亿美元左右,到了90年代末期已突破万亿大关,达到1.07万亿美元;进入21世纪更是以惊人的速度在增长,其中于2007年突破两万亿美元大关,高达2.26万亿美元。与全球贸易发展历程极为相似,全球对外直接投资快速发展的势头,受到2008年开始的全球金融危机冲击从而出现了转折。充分体现在本轮危机冲击的2008年和2009年,全球对外直接投资流量分别下降至1.9万亿美元和1.1万亿美元。之后,随着全球经济的复苏,全球对外直接投资流量虽然与危机期间"断崖式"下跌状况相比,2010年和2011年分别恢复至1.2万亿美元和1.58万亿美元,但与危机冲击前的全球对外直接投资发展势头相比,

---

① Hoekman B.(2016),"*The Global Trade Slowdown:A New Normal?*",A VoxEU eBook, London:CEPR Press and EUI.

已经有非常显著的下降。从近几年的变化趋势来看,2012 年、2013 年、2014 年和 2015 年全球对外直接投资流量分别为 1.35 万亿美元、1.41 万亿美元、1.2 万亿美元和 1.76 万亿美元,大体呈现波动状态且一直未恢复至危机冲击前的水平。更值得关注的是,即便是全球对外直接投资的微弱回升,仍然难掩生产全球化的发展停滞。以 2015 年为例,虽然对外直接投资达到了 1.76 万亿美元这一危机后的最高水平,但是从具体的投资方式来看,这一增长主要是由跨国兼并和收购(跨国并购)所驱动的,数据显示,2015 年的跨国并购金额高达 7210 亿美元。由于跨国并购的实质是跨国公司重组,这些重组虽然会带来巨额的资金流动,但实体经济中运行的资本变动却极其有限,即全球对外直接投资中"新生项目"实际上并未得到长足发展。如果将上述因素考虑进去,则全球对直接投资流量仍然处于较为低迷的状态。这显然是全球要素分工体系下"逆全球化"在要素跨国流动中的典型表现。

从全球贸易保护主义抬头趋势看。经济全球化的快速推进需要有自由化作为重要的制度保障,从实践层面看,前一轮经济全球化快速发展正是在世界贸易组织为主导的自由贸易制度保障下进行的。但在 2008 年的全球金融危机冲击之后,全球贸易保护主义有明显抬头并呈愈演愈烈之势。正如鲍恩(Bown,2009)针对 2008 年全球金融危机冲击期间贸易保护发展状况进行的调查报告显示[1],美国实施的"购买美国货"条款作为经济刺激的措施、英国在金融领域出现的保护主义倾向、法国在汽车行业实施的援助计划以及增加了许多附加贸易保护主义条件、俄罗斯的贸易保护主义政策的频繁出台、欧盟贸易规则所表现出的收紧等种种迹象,均是贸易保护主义在全球范围内呈抬头和蔓延之势的明证。而从近几年的发展变化情况来看,不仅危机后出台的贸易保护主义措施多数未被撤销,且新的贸易保护措施还在不断出台,这使得现有贸易保护主义措施总数呈现不断增长之势。2016 年世界贸易组织发布的报告表明,尽管 G20

---

[1]　BOWN C.P.,"Monitoring update to Global Antidumping Database",http://www.brandeis. edu/~cbown/global_ad/,2009.

领导人一直强调"撤销"现有贸易限制措施,但 2015 年 10 月至 2016 年 5 月,G20 成员新增贸易保护主义措施高达 145 项[1],月均出台数约为 21 项。全球贸易预警信息库(Global Trade Alert database)发布的有关报告同样显示:2010 年至 2016 年期间,全球出台的贸易保护主义一直频频不断,而这些政策中约有 64% 以上是来自 G20 国家,贸易限制措施总量增长约 3.2 倍,这是逆全球化的最直接表现。

此外,经济全球化的顺利推进,离不开自由化的全球经济规则的制度保障作用。然而,以世界贸易组织为主导的前一轮全球贸易和投资规则,在当前新的国际分工形式下受到了严峻挑战,已经不能适应全球经济深度演进的需要(巴德温和杨盼盼,2013)[2],面临破产风险(盛斌,2014)[3]。目前世界贸易组织主导下的多边谈判进程缓慢乃至受阻,至今仍未取得实质性的突破,新的全球经济规则尚未形成。至于另起炉灶的一些区域经济谈判,即便能够形成小范围的高标准经济规则,但本质是一种"圈子化"的保护主义。因此这种形式的发展也在一定程度上可看作是逆全球化的表现。

当然,世界经济现象呈现的上述之变,反映出的"逆全球化"之势,还没有凸显其固有特点。如果进一步从"逆全球化"背后推手看的话,那么此次"逆全球化"浪潮兴起的主要推动力量均源自发达经济体。如果"逆全球化"浪潮的兴起始于发展中国家,则不难理解,属于正常反应。因为发达国家在经济全球化进程中总体而言处于主导和控制地位,而发展中国家大多则是被动卷入其中,在融入经济全球化进程中主要处于全球产业链低端、受益面较窄,在生态、环境乃至文化等领域均受到冲击和付出代价。然而,事实却是英国脱欧、特朗普当选以及意大利、法国乃至德国等多个欧洲国家的民粹主义政党获得广泛支持等热点现象,将"逆全球

---

[1] 顾学明:《以开放发展引领经济全球化步入新时代》,《人民日报》2017 年 3 月 9 日第 16 版。

[2] 理查德·巴德温、杨盼盼:《WTO 2.0:思考全球贸易治理》,《国际经济评论》2013 年第 2 期。

[3] 盛斌:《迎接国际贸易与投资新规则的机遇与挑战》,《国际贸易》2014 年第 2 期。

化"问题推向了风口浪尖。换言之,当前"逆全球化"主要兴起于美、英、德、意等发达经济体,与之相反的是,以中国等为代表的发展中国家和新兴经济体反而成为经济全球化的积极倡导者和拥护者,全球化进程动能呈现出由发达经济体转向发展中经济体的重要趋势。针对上述突出特点,显然用传统国际经济理论无法给予充分的解释。那么本轮"逆全球化"浪潮兴起的本质原因究竟是什么?

第三节 分工与周期性因素耦合:逆全球化浪潮兴起的深层逻辑

尽管"逆全球化"声音从来没有停止过,但是当前这种趋势尤为明显且具有显著的发达经济体主导型特征。关于全球化和逆全球化问题,传统国际经济理论早有讨论,也就是说,针对全球范围内表现出来的贸易增长受阻以及"逆全球化"高涨等现象,均可以在传统国际理论框架内得到解释。针对这一点,无论是李斯特的幼稚产业保护论,还是要素价格均等化定理,无论是中心—外围论,还是发展中经济体依附理论等,都可以在一定程度予以解释。仅从世界经济形势之变的表面进行观察,本轮"逆全球化"与已有历史现象并无异样,但考虑到其固有特点后,仍需要给予进一步的探讨和解释。我们的基本看法是,本轮"逆全球化"浪潮兴起的深层逻辑是新型国际分工演进与世界经济周期性因素共同作用的结果。

由马克思主义政治经济学基本原理可知,国际分工是社会生产力发展到一定阶段的产物,而推动国际分工演进的两个最为基本的因素就是技术进步和制度变革。20世纪80年代以来,伴随国际生产分工技术的快速进步,加之世界贸易组织主导下的贸易和投资自由化保障制度的推行,国际分工基础和形式发生了巨大变化,即全球要素分工逐步成为国际分工的主导形态。与以往以最终产品为界限的传统分工模式不同,在要素分工体系下,国际贸易呈现出两个方面的重要变化,一是产品价值链被分解并按照要素密集度特征配置到具有不同要素禀赋的国家和地区;二是生产要素的跨国流动性日益增强,从而与东道国生产要素结合共同进行产品生产。无论是哪种形式抑或是上述两种形式的结合,从最终产品乃至产品生产的一个环节看,都是多国要素共同生产的结果,因此国与国之间分工的边界显然已经从产品深入至要素,各国以优势要素参与国际分工,更确切地说参与全球生产,逻辑地成为经济全球化的主要形态。因此,把当前的这种分工形式称之为要素分工,更能反映国际分工的本质,也更加准确(金京等,2013)①。当国际分工从以最终产品为边界的传统分工模式为主导转变为以生产要素为边界的新型国际分工即要素分工为主导后,经济全球化红利的分配形式发生了两个重大变化,一是经济全球化红利分配似乎更加有利于发展中经济体;二是伴随经济全球化红利总规模增长的同时国家内部利益分配失衡状况日益严峻。

以要素分工为主导的经济全球化新形势下,为什么会发生经济全球化红利分配更加有利于发展中国家的新变化? 这是因为产品价值链的全球分解和要素的跨国流动给发展中经济体融入经济全球化实现经济发展带来了重要机遇。首先,从产品价值链的全球分解角度看,产品生产按照其生产要素密集度特征进行分割,然后配置到具有要素禀赋优势的国家和地区。在这种新型分工和生产方式下,一国或地区完全没有必要在某种产品的完整生产过程中具有比较优势,而只需要在产品生产的某个环节和阶段具有比较优势,就可以融入全球生产分工体系。这种变化大大降低了发展中国家融入国际分工体系的门槛,使得原本不具备生产"整机产品"比较优势,甚至由于在某个生产环节和阶段由于存在无法克服的技术障碍进而根本不具备生产能力的发展中国家,可以在新的国际分工模式下,通过专业化于特定生产环节和阶段,而具备相应的生产"能力"。跨国公司主导下的国际生产分割,为了不断增强其全球竞争优势,会把非核心的生产活动通过外包或对外直接投资的形式,转移到发展中国家去完成,自身则专注于价值增值环节较高且具有相对竞争优势的核心业务。由此国际产业转移出现了从以往"完整的母体复制"或者说产

---

① 金京、戴翔、张二震:《全球要素分工背景下的中国产业转型升级》,《中国工业经济》2013 年第 11 期。

业结构的梯度转移,演变为价值链链条和增值环节的国际梯度转移。虽然这种转移首先是从劳动密集型加工制造环节开始的,但是对于工业化起步的发展中国家来说,则无疑是重要的机会窗口。何况,产业国际梯度转移并非一成不变,更非静态模式的简单重复,而是受到两种因素的影响:一是跨国公司主导下的技术生命周期,因为这会决定跨国公司对何为核心何为其余的界定,从而影响着其"保留核心,外包其余"的梯度转移战略;二是承接产业和产品价值增值环节的发展中国家自身要素禀赋结构变化。从这一意义上说,发展中国家融入全球要素分工体系不仅面临着产业发展机会,甚至大大提升了产业转型升级的可能。

其次,从要素跨国流动角度看。需要指出的是,不同生产要素的跨国流动性是有差异的。大体而言,诸如资本、技术等生产要素的流动性相对较强,而诸如劳动力尤其是低技能和一般劳动力、土地以及政策环境等流动性相对较长甚至根本无法流动。因此,全球要素分工条件下生产要素跨国流动实现的资源优化配置,本质上是可流动生产要素对不可流动或者流动性较差生产要素的追逐。从现实的优势要素国家分布格局看,诸如资本、技术等生产要素正是发达国家的优势生产要素,而诸如低技能和普通劳动者等正是发展中经济体的优势生产要素,发达国家跨国公司通过资本和技术等生产要素输出,与发展中国家当地廉价的劳动力等生产要素相结合,便成为20世纪80年代以来经济全球化发展的重要表现形式。由于生产要素具备了跨国流动性,尤其是发达国家高端生产要素向发展中国家的流动,不仅改变了作为东道国的发展中国家要素禀赋结构,从而实现了比较优势的变迁乃至升级(高端生产要素存量增加),且更为重要的是,要素流入对发展中国家来说,可能使得其原有闲置要素得以充分利用,从而将潜在的比较优势转化为现实比较优势。这是因为,仅有要素禀赋和要素比例意义上的要素丰裕度,可能并不足以形成现实比较优势。生产过程通常是多种生产要素的投入组合,且生产要素并不具有完全替代性,当一种生产要素相对于另外一种生产要素过度稀缺时,源自理论上的要素禀赋优势其实是难以真正转化为现实比较优势的。从这一意义上说,发达国家资本等生产要素对发展中国家诸如劳动力等生产要素的追逐,对比较优势其实具有激发乃至创造效应。比如有研究指出,改革开放后中国融入以对外直接投资为主要特征之一的经济全球化进程,正是外资的大量进入与中国闲置的农村劳动力相结合,激发并形成了出口产品的庞大生产能力。①

　　尽管以要素分工为主导的经济全球化新形势下,发展中国家对全球化经济红利的分配呈现利好趋势,但这种利好依然是在发达国家为价值链主导的基本条件下实现的,而有意思的是,为什么发达国家宁愿放弃在全球价值链上的现有绝对主导性优势,也无法容忍或接受发展中国家的限制性利好发展? 这一方面是因为发达国家对于价值链的控制能力减弱,主要表现为当前经济周期下,重点基于技术要素参与红利分配和价值链控制的发达国家,其现有技术条件对进一步推进经济增长的动能不断衰减;另一方面是由于发达国家在现有经济环境下实现经济复苏的客观发展需要,发达国家突破经济衰退的重点是实现新一轮技术进步内生促进经济增长,因此其对经济格局矛盾和敏感性,以及改变生产格局的现实需要,相对于主要限制条件为外部经济环境的发展中国家而言会更加强烈。

　　全球要素分工虽然是社会分工细化和世界资源优化配置的市场使然,但其发展确实带来了表面上的全球经济失衡,即全球实体经济的优化发展却在表面上以贸易失衡等虚体经济全球失衡表现出来,加之前文述及的全球经济出现的对发达经济体某些不利变化,表面上的全球经济失衡进而被发达国家演绎成全球红利分配出现利益失衡的理论逻辑。而且这种"红利分配失衡"幻象在跨国公司迅猛发展条件下,由于企业边界概念日益扩大而国家边界保持相对不变情况下,从发达国家视角来看,这种"利益失衡"就越发被放大了。犹如前文分析指出,全球要素分工的一个突出特点,就是以资本为主要表现的生产要素跨国流动性不断增强,而跨国公司的资本全球流动的本质是要素在全球优化资源配置,即将自身的资本和技术优势与发展中国家低成本劳动力优势相结合,不断提升其全

---

①　张幼文等:《要素收益与贸易强国道路》,人民出版社 2006 年版,第 268 页。

球竞争能力和获利能力。何况,在要素跨国流动性不断增强的背景下,更为客观的评价开放收益应该基于要素收益进行,而要素稀缺性原理决定了稀缺要素必然是获益最大者。对此,国内学者张幼文教授等进行了较为详尽的分析(张幼文和周琢,2016)①。这也在一定程度上论证了"外资主导型的中国开放型经济只长骨头不长肉"观点的合理性一面。毋庸置疑,从要素收益的分配机制看,跨国公司由于掌控着资本、技术、管理等稀缺要素,无疑成为经济全球化的最大受益者,而且从目前主导全球分工体系的跨国公司来源看,仍是发达经济体占据了绝对优势地位。只不过,由于跨国公司的地理边界概念日益扩大乃至国籍的日益模糊,导致其利益的地理空间分配格局与传统完整意义上的一国本土企业的利益分配格局具有了完全不同的表现形式,进而在统计意义的表象上出现了企业利益和国家利益的非一致性,跨国公司的获利未必完全纳入发达国家在经济全球化中红利分配统计范畴。从本质上看,发达经济体仍然是前一轮经济全球化的最大获利者,否则我们便无法理解发展中经济体和发达经济体平均水平发展差距依然在不断扩大的事实特征。有关研究报告指出,过去二十多年里,经济全球化的快速发展使得发展中国家在总量层面上获得了一定的益处,表现为发达国家和发展中国家之间的经济总量差距不断缩小,但是南北经济发展水平的差距却并未得到实质性改善。国际货币基金组织的最新统计数据显示,2015年发达国家人均国内生产总值(GDP)已经高达4万亿美元之多,与发展中国家人均国内生产总值相差约80倍,远高于总量差距的1.6倍。然而忽略了上述事实特征乃至发达国家跨国公司及其母国的会计真实利得,对经济全球化利益分配格局的判断,必然于无形中放大"全球经济失衡"的所谓全球化红利不利分配格局。

要素分工带来的全球经济格局之变,同样对包括贸易和投资在内的全球治理问题提出了新要求。众所周知,全球经济规则实质上是基于国家利益和国家实力的制度选择,前一轮的全球经济规则及其治理体系,实

---

① 张幼文、周琢:《中国贸易竞争力的真实结构——以要素收益原理进行的测算》,《学术月刊》2016年第2期。

质上是发达经济体为满足自身利益最大化主导型形成。这种治理结构和利益偏向型必然要求随着经济格局和国家间实力的相对变化而随之调整。应该说，当前经济全球化中出现的很多问题，本质上并非经济全球化本身之过，而是全球治理"无力"和"失序"的表现和结果。伴随发展中国家和新兴经济体的崛起，全球地缘经济格局和政治格局出现了重大变化，发达经济体的传统霸权呈渐弱之势，原有的全球经济规则和治理体系既无法继续满足发达经济体的利益需要，也无法被发展中国家和新兴经济体所继续接受（即构建全球经济新规则和国际经济新秩序，应充分考虑发展中国家和新兴经济体的利益）。现有全球治理体系的"无力"和"失序"，致使经济全球化进程中出现的各种"问题"，往往被归咎于经济全球化本身。只不过，"问题"尚未积累到一定程度或者说未有导火索引爆的情况下，还只是处于一种潜伏状态，但却隐含着集中爆发的风险和可能。

全球要素分工深入演进对经济全球化红利分配的影响，不仅体现在上文所述的所谓国家间失衡，对融入经济全球化进程的国家内部的利益分配而言同样如此。众所周知，经济全球化一直是资本的盛宴，本轮以全球要素分工为主要内容的经济全球化也不例外。在要素分工体系下，资本在全球配置获得极大利润的同时，也将财富和收入的不平等增长以及贫富差距的扩大推向了极致。跨国公司资本、技术进步加上新自由主义的政治精英三者"铁三角"式结合，无论是对发达国家还是对于发展中国家的中低层阶层，均构成了范围更大、程度更强、形式更多样的盘剥和压榨，从而使得全球中低阶层日益被边缘化，全球化红利分配的极化效应日益显著。尤为重要的是，这种新型国际分工模式对发达经济体的影响可能要甚于对发展中经济体的影响。这是因为除了资本所具有的盘剥和压榨这一固有天性外，要素分工的本质特征对内部利益分配失衡产生了内生性影响。众所周知，由于制造业生产技术容易标准化而且扩散能力比较强，一直是产业和产品生产环节国际梯度转移的主要内容。因此，在要素分工背景下，除了发达国家技术进步导致对一般劳动者的需求在不断下降，一方面，伴随产业和产品生产环节的国际梯度转移，由于首先转移的大多是劳动密集型环节然后依次推进，从而对就业带来了巨大冲击；另一方面,产业和产品生产环节的国际梯度转移很大一部分是通过对外直接投资形式开展的,资本的流出意味着劳动的相对过剩,因此劳动边际收益会随之下降。这是全球要素分工演进对发达经济体内部利益分配失衡产生影响的重要作用机制。平心而论,从这一角度看,诸如中国和印度等这样的"巨型"发展中经济体,融入经济全球化的确对发达经济体带来一定冲击。

无论是红利分配在国与国之间出现失衡,还是在国家内部出现失衡,如果是在经济繁荣发展时期,即便是经济发展的"相对输家"仍能在一定程度上享受到经济发展带来的好处时,潜藏的矛盾和问题就会被一片繁荣景象所掩盖和压制。何况,即便是发达经济体部分劳动者遭遇要素分工带来的冲击和损失,由于仍然能够享受优越的社会福利和保障政策,财富分配差距的两极分化依旧处于可控范围之内。然而在经济不景气时,由于经济衰退导致财富缩水和国力下降,经济全球化红利分配失衡以及所隐藏的一系列新老问题、经济和社会等问题由此也就会集中爆发,特别是当长期奉行的社会福利和保障政策难以为继的时候,寻求"撒气桶"便成了一种自然行为。在开放条件下,转移国家内部问题的方式之一就是把矛头指向其他国家,将国内经济发展出现的问题归咎于源自其他国家和地区的冲击,"以邻为壑"的贸易保护主义于是被视为一种"正当防卫"而大行其道。历史发展的实践也表明,到底是自由化倾向趋于主导地位还是贸易保护主义趋于主导地位,往往会随着经济周期的变化而出现此消彼长的变化特征,具体而言,在世界经济走向低迷状态时,贸易保护主义往往呈现抬头之势,可以说,经济衰退是贸易保护主义滋生的重要土壤。艾文(Irwin,2005)对历史经验数据进行研究已经证实[1],经济衰退与贸易保护主义措施的使用频率之间存在着很强的正相关,因为采取"以邻为壑"的政策措施,不仅有利于转嫁危机并实现经济全球化红利的重新分配,也是以此对国内"逆全球化"呼声进行安抚进而获取政治支持的最优方案。

---

[1]　Irwin Douglas A., "The Rise of U.S. Antidumping Activity in Historical Perspective", *The World Economy* Vol.28, 2005, pp.651-668.

正是基于上述逻辑,不难理解,当前"逆全球化"浪潮的兴起尤其是推动力主要源自发达经济体这一突出特点,其实正是由要素分工深度演进背景下经济全球化红利分配在国家间和国家内出现的失衡与世界经济长周期进入衰退期耦合所致。关于始于 2008 年全球金融危机的实质,现有文献已经进行了大量探讨,较为一致的观点认为,以美国等为首的发达国家进行的前一轮产业革命和技术创新,所引领的全球经济繁荣发展的动能已经基本衰竭,目前世界经济已经进入到长周期的衰退阶段,这是本轮全球经济危机的实质所在。而且从金融危机冲击对全球各国冲击程度来看,发达经济体基本上处于"重灾区",而发展中和新型经济体虽然此次也受到了一定程度的冲击,但二者在本质上有所差异,因为这两种经济体在全球产业和技术生命周期中所处阶段仍然不同。发达经济体的冲击主要源自前一轮产业革命和技术创新进入尾声后的动力衰竭,而发展中经济体的冲击主要源自世界经济不景气的外部影响。从全球化红利分配失衡和世界经济长周期进入衰退阶段的耦合来看,"逆全球化"在 2008 年爆发的全球金融危机就应该开始了,而之所以思潮的兴起似乎晚于世界经济形势之变,一方面是由于在危机爆发之初对危机的本质尚未形成共识;另一方面是危机爆发后全球各主要国家联手采取了凯恩斯的宏观刺激政策。但这种应对经济问题的短期政策却终究无法扭转世界经济长周期的必然规律,"逆全球化"声音乃至政策取向随之而起就不难理解了。

第四节　外贸发展转型升级:前一波全球化红利尚存

对于已经深度融入全球分工体系的中国而言,愈演愈烈的"逆全球化"浪潮无疑对传统开放发展道路和战略带来了一定冲击和挑战。近年来中国外贸发展出现的"乏力"现象既与自身传统比较优势逐步丧失有关,另一方面也反映了上述外部冲击的严重性。现在的问题是,既然从世界经济长周期角度看,全球经济已经进入到衰退阶段,这似乎意味着继续融入经济全球化所能释放的动能已经极其有限,加之当前兴起的"逆全球化"浪潮带来的冲击,似乎意味着中国继续融入全球分工体系、发展对外贸易,获取前一轮经济全球化的红利已经结束? 中国继续走贸易立国和贸易强国的道路已经走不通了? 新形势下是否应该像许多专家学者所建议的那样,应该从依托国际市场转向依托开发内需的发展模式转变? 就长期而言,经济全球化无疑是大势所趋,因此从历史的长周期角度看,经济发展战略选择必然要坚持走开放发展的道路,必须实施贸易立国和贸易强国的战略。但如果把问题聚焦于当前特定情势,对于上述基本问题仍有进一步探讨的必要,因为这事关中国开放发展的战略选择,事关能否进一步抓住可能的发展机遇。我们的基本观点认为,目前中国经济发展进入转型升级新常态的关键阶段,而转型升级并不是封闭条件下的转型升级,继续融入全球价值链分工体系、大力发展对外贸易的开放发展,依旧是实现转型升级的重要抓手和有效途径。换言之,从世界经济长周期所处的现实阶段,以及中国在全球产业链分工中所处的现实地位看,如果能够有效应对"逆全球化"带来的不利影响,在进一步深度融入全球要素分工体系中将会面临推动外贸转型升级的巨大机遇。对此,我们可以从产业和技术生命周期所推动的产业国际梯度转移、中国在全球产业链中现实分工地位以及中国现实比较优势状况,加以具体分析。

国际经济理论中的产品生命周期理论实际上早已揭示,任何产品的生产和贸易从生命周期的角度看,大体都会经历创新、成长、成熟直至衰退的阶段,而不同的国家和地区由其技术水平和要素禀赋状况不同,决定了不同国家在产品生命周期中所处的地位和时间也不同,换言之,产品生命周期对于不同技术水平的国家而言发生的时间和过程其实是有差异的。正是由于不同的技术水平以及由此所决定的不同国家进入产品生命周期存在时间差,进而推动了产品乃至产品生产环节在不同国家的动态分布和转移。这也是产业和价值增值环节国际梯度转移的基本规律。从具体产品生产和技术的短周期来看如此,对于产业和技术革命的长周期而言同样也不例外。众所周知,1946年美国依靠创新,发明了第一台电子计算机以后,计算机行业在机械、机床、航天等领域迅速得到利用,与计算机相关的晶体管、集成电路等产业也迅速崛起,伴随美国后来的信息技术革命的突破和进步,美国的劳动生产力迅速发展,经济进入新一轮繁荣期,并带领世界经济进入第四波增长的长周期。以美国等为首的科技革命和技术创新推动的经济全球化,从生命周期推动的产业国际梯度转移角度看,所形成的当代全球产业基本区域格局可概括为:以欧美为新技术新产品研发与市场开拓方,以中国香港和新加坡为高效、便捷的金融法律服务供应方,以日本、韩国等为资本、装备和高级零部件供应方,以东南亚和澳大利亚为初级产品和自然资源供应方,以及以我国为劳动密集型环节的重要配置地区的全球产业分工格局。基于以上现实的分工格局,不难理解,对于以美国为首的发达经济体来说,正处于前一轮产业革命和技术创新所推动的经济繁荣动力机制已经衰竭,而新的产业革命和技术创新尚未取得实质性突破的"青黄不接"阶段;但对于诸如中国这样的发展中国家来说,还尚未走完前一轮产业革命和技术创新的完整生命周期。何况,目前发达经济体正在孕育新一轮的产业革命和技术创新,必然推动原有成熟技术产业新一轮大规模国际梯度转移,即将逐步丧失比较优势的中高端产业技术加速向其他国家和地区扩散。总之,从产业革命和技术创新的生命周期演进角度看,对于中国等发展中国家而言,时间差形成的"错位发展"战略机遇依然存在,前一波经济全球化红利尚未结束。

是否存在"错位发展"的战略机遇,一方面取决于产业革命和技术创新的生命周期演进所推动的产业和价值增值环节国际梯度转移情况,另一方面取决于承接国在全球总体产业技术水平中究竟处于怎样的地位。犹如前文所述,由于制造业生产技术容易标准化而且扩散能力比较强,一直是产业和产品生产环节国际梯度转移的主要内容。从中国融入全球要素分工体系的发展实践看,前一轮贸易开放主要发生在制造业领域,并由此获得了制造业长足发展。虽然目前中国已经成为全球第一制造业大国,外贸发展具有了坚实的产业基础,但正如国内学者金碚教授研究指出,躯体之大并不代表筋骨之强(金碚,2014)①,大而不强仍然是中国制

---

① 金碚:《工业的使命和价值——中国产业转型升级的理论逻辑》,《中国工业经济》2014年第9期。

造业"成长的烦恼"。就制造业产业的总体技术水平而言,大量的实证研究表明,目前我国在全球制造业产业链中仍然处于中低端环节和位置(金碚等,2013[①];戴翔,2015[②])。中国工信部部长苗圩通过对全球各主要国家科技实力进行分析后认为,全球制造业基本形成了四级梯队的发展格局,即以美国为主导的科技创新中心是第一梯队、以欧盟和日本等为主导的发达经济体控制的高端制造业领域是第二梯队、中国等新兴国家所处的中低端制造领域是第三梯队,以及 OPEC 和拉美等主要资源输出国形成的第四梯队。即中国目前在全球制造业四级梯队中还处于第三梯队,而且这种格局在短期内难有根本性改变。很多学者的研究观点较为一致地认为,中国要成为制造业强国,至少还要 20 年以上的发展时间(黄群慧和贺俊,2015[③];张二震,2017[④])。由此可见,就全球现行的产业技术水平和产业格局而言,中国还面临着攀升全球产业链中高端的艰巨任务。当然,这种发展差距进一步说明了前一轮产业革命和技术创新的生命周期,对于中国而言仍然存在着一段很长的路可走,循着既定的成熟产业技术体系不断向上攀升,有助于推动中国制造业转型升级。上述现实分工格局决定了"错位发展"战略依旧是现实且可行的选择,面临着巨大的发展空间,同时也就意味着建立在产业基础之上的外贸转型发展具有广阔的空间。

当然,产业革命和技术创新的生命周期动态演进性,以及全球产业链现实分工格局的梯度差异性,只能说明在进一步深度融入全球要素分工体系中,通过承接全球新一轮的产业和产品价值增值环节的梯度转移,中国外贸发展仍处于"大有可为的战略机遇期"。但机遇并非等同于现实,能否抓住机遇并转化为发展黄金期,一方面取决于认识和战略定位,另一

---

① 金碚、李鹏飞、廖建辉:《中国产业国际竞争力现状及演变趋势——基于出口商品的分析》,《中国工业经济》2013 年第 5 期。

② 戴翔:《中国制造业国际竞争力——基于贸易附加值的测算》,《中国工业经济》2015 年第 1 期。

③ 黄群慧、贺俊:《中国制造业的核心能力、功能定位与发展战略——兼评〈中国制造 2025〉》,《中国工业经济》2015 年第 6 期。

④ 张二震:《中国如何攀升全球价值链》,《江海学刊》2017 年第 1 期。

方面取决于是否具有抓住战略机遇的基本条件。不可否认,伴随我国劳动力成本等各种生产要素价格进入集中上升期,继续依托传统低成本优势融入全球要素分工体系的确面临着巨大挑战,近年来一些低端制造业从中国撤出的"孔雀东南飞"现象,也在一定程度上反映了上述挑战的严峻性。需要指出的是,这种变化正是我国比较优势发生动态变化的体现,同时也说明了中国经济发展进入新常态后,需要从以往的要素驱动转向创新驱动的必要性。一方面,从劳动力等要素成本看,虽然一些研究报告认为,中国目前的制造业劳动成本已经超过了东盟等新兴经济体,但与发达经济体相比仍然存在巨大差距是不容争辩的事实,而且每年有超过600万大学毕业生,说明了劳动力成本提高的同时人力资本水平也在迅速提高。另一方面,我国制造业通过改革开放以来几十年的发展,已经形成了完备的产业体系和强大的配套能力,具有坚实的制造业基础。2010年中国就已经超过美国成为世界制造业第一大国,在500多种主要工业产品中有220多种产量位居世界第一,就是明证。产业结构演进和梯度转移本身就是一个大浪淘沙的过程,伴随传统比较优势的变化,低端落后的制造业和增值环节要么被淘汰要么被转移。因此,目前中国要素成本等变化所反映出的要素禀赋结构变迁,以及现实的制造业产业发展基础,都决定了中国制造业发展在"大浪淘沙"中不仅需要尽快向中高端方向攀升,而且也有能力抓住新一轮高端制造业和增值环节的梯度转移。目前,越来越多的先进制造业和生产环节乃至研发中心,向中国开放型经济较为发达的诸如长三角地区转移,也在一定程度上反映了机遇的存在性和抓住机遇的可能性。

总之,在产业革命和技术创新推动的前一轮经济全球化发展过程中,中国通过低端切入全球要素分工体系,在承接产业和产品价值增值环节的国际梯度转移中,实现了制造业的长足发展,全面摘取了全球产业技术水平"低垂的果实",奠定了贸易大国的地位。虽然前一轮产业革命和技术创新的生命周期于发达经济体而言已经进入尾声,但由于目前中国仍然处于全球制造业产业分工格局中的中低端,因此错位发展的时间差意味着对中国而言仍然蕴含着巨大的发展机遇。更确切地说,通过承接全球现有成熟产业技术体系的中高端环节和阶段的国际梯度转移,中国可以进一步全面摘取全球产业技术"高悬的果实",实现制造业的进一步发展和转型升级。无论是受生命周期规律的作用推动,还是受正在孕育中的新一轮产业和技术革命影响,全球既有成熟产业技术体系的中高端环节向诸如中国等发展中国家大规模转移,将成必然趋势。更何况,全球新一轮产业和技术革命的孕育发展,会推动全球要素分工向全球创新链等方向发展变化(刘志彪,2015[1];项松林,2015[2]),这无疑为具备基本条件的中国等发展中国家融入其中实现开拓性技术进步,带来了新的战略机遇。中国只要能够抓住上述战略机遇,便能循序渐进推动产业和经济发展转型升级,便能从贸易大国向贸易强国转变。

第五节 增长共赢链:"逆全球化"下
外贸发展新理念和道路选择

在开放中求发展,是改革开放以来中国实现产业尤其是制造业平推式发展和经济增长奇迹的经验所在,是中国外贸发展取得巨大成就的经验所在,其中稳定的外部环境不可或缺。如果经济全球化进程能够顺利推进,中国通过进一步融入全球要素分工体系,仍然可以在以开放促发展方面大有作为。然而,稳定的外部环境正在被愈演愈烈的"逆全球化"浪潮所破坏,战略机遇也有可能面临着被吞噬的风险。这是因为在"逆全球化"思潮的影响下,贸易保护主义的泛滥会破坏原有良好的贸易和投资自由化制度,已经构建起来的全球生产网络可能会被撕裂,全球产业链条的区域分布将会被扭曲配置,产业和产品价值增值环节国际梯度转移的进一步推进将会受到更多的约束和障碍,等等。比如,欲在经贸领域掀起逆全球化浪潮的特朗普,一方面实行大规模减税的"胡萝卜"引诱政策,另一方面扬言欲实施对将生产线和就业岗位转出美国的跨国公司给

---

① 刘志彪:《从全球价值链转向全球创新链:新常态下中国产业发展新动力》,《学术月刊》2015 年第 2 期。

② 项松林:《中国开放型经济嵌入全球创新链的理论思考》,《国际贸易》2015 年第 7 期。

予征收高额税收等惩罚措施的"大棒"威逼政策,"威逼利诱"下的跨国公司不仅会放慢推动产业转移的步伐,甚至有可能会导致一部分跨国公司将部分制造业环节"回流"至美国。总之,"逆全球化"思潮如果演化成"逆全球化"行为和政策取向并成为主流,那么全球产业链的完整性会因此而遭到破坏,其深入延展的态势尤其是全球要素分工进一步深入发展也会因此而遭到阻碍甚至逆转,前一波经济全球化尚未释放和实现的红利将被中断。如此"不和平"和"不稳定"的外部环境必将构成中国外贸发展的严重外部约束,对进一步融入全球要素分工体系从而顺利推进产业乃至经济转型升级的发展战略带来严峻挑战。

因此,为了有效防范"逆全球化"浪潮兴起所带来的不利冲击,积极推进乃至引领经济全球化的进一步发展,继续收获外贸发展新红利,中国需要适时调整外贸发展战略并走出一条新道路。对此,习近平总书记提出的"全球增长共赢链"新理念无疑为新形势下中国外贸发展指出了新的方向和道路。① 换言之,中国需要以"榜样的力量"努力构建全球增长共赢链,这是在世界经济新形势下中国应该秉持的外贸发展新理念,也唯有如此,才有可能有效应对"逆全球化"并走出一条外贸发展的通途。以"榜样的力量"努力构建全球增长共赢链,主要包括:努力走包容性外贸发展之路、努力走共享性外贸发展之路、努力走更具贡献性外贸发展之路、努力走自由化坚定拥护者的外贸发展之路。

所谓走包容性外贸发展之路,主要是指参与全球合作与竞争,在关注自身利益的同时,也应关注他国的利益。在全球要素分工体系下,由于产品价值链的生产分割以及生产要素的跨国流动,国与国之间的合作关系比以往任何历史时期都更加紧密,更加具有相互依赖性,更加具有相互依存性和共生性(方勇等,2012)② 。突出表现为任一个国家均作为全球生产网络中的一个和部分节点而与其他国家形成彼此之间的利益交织和交错,逐步形成了一个"你中有我、我中有你""你我中有他、他中有你我"的

----

① 习近平:《中国发展新起点 全球增长新蓝图》,《人民日报》2016 年 9 月 4 日第 3 版。

② 方勇、戴翔、张二震:《论开放视角的包容性增长》,《南京大学学报(哲学·人文科学·社会科学版)》2012 年第 1 期。

相互依赖和共生性发展格局。在这种新型国际分工模式下,经济全球化的红利创造效应不仅取决于资源优化配置的程度,还取决于全球化红利的分配方式,因为作为全球生产网络中任何一个或者部分节点,如果因为获利较少甚至受损,其自身的不可持续性已经不完全是自己的问题,必将成为全球生产网络顺利运转的"瓶颈",从而影响着全球红利的创造。经过40多年的改革开放,中国已经从一个国际经济意义上的"小国"发展成为一个"巨型"经济体,从世界经济中"因变量"的单一身份转变成为"既是因变量又是自变量"的双重角色。应当看到,正是因为中国经济实力的不断增强,对世界经济发展的影响力越来越大,并逐渐成为具有全球影响力的经济和贸易大国,从而导致世界经济发展中出现的一些困难和问题被人为或客观地与中国因素关联起来,将诸如全球经济失衡等归咎于中国,"中国威胁论"也因此甚嚣尘上。而诸如这些因素在特定情形下即被异化为"逆全球化"的"口舌"和"依据"。但不可否认的是,作为一个巨型开放经济体,对"产业空心化"以及就业压力剧增的部分发达国家来说,以及对于处于相似发展阶段的其他发展中经济体来说,的确具有一定的冲击性。因此,进一步的外贸发展切忌"攻城略地、赶尽杀绝",在经济全球化视野下秉持包容性发展理念,从而营造和谐共赢的国际环境,以实际行动树立起"全球增长共赢链"的榜样和模范,为中国的外贸发展铺垫一条科学、和谐、可持续的道路。

努力走共享性外贸发展之路,主要是指着力构建更具公平性的内部利益分配机制,让外贸发展的成果惠及所有人民大众。历史发展的现实实践表明,一些国家为了摆脱经济社会发展的困局,容易将一国内部出现的问题(比如利益分配不公)错误地归咎于经济全球化的影响,进而举起贸易保护的大旗,实施了"逆全球化"的行为。而驳斥这种错误思潮和行为的最强力量,就是以"实际榜样"来说明问题的根源不仅并非源自经济全球化,而且有效和完善的分配机制能够让融入经济全球化发展红利更好地惠及人民。这不仅是应对"逆全球化"的必要举措,更是在经济全球化中获取竞争优势的重要举措,因为包括利益分配在内的国家内部治理完善程度和有效性,将会在国际范围内产生一定的影响力和辐射力。党的十八届五中全会曾强调指出:坚持共享发展,必须坚持发展为了人民、发展依靠人民、发展成果由人民共享,作出更有效的制度安排,使全体人民在共建共享发展中有更多获得感,增强发展动力,增进人民团结,朝着共同富裕方向稳步前进。共享发展之所以被置于五大发展理念之首,其中所蕴含的一个题中之意就是发展利益其实还没有很好地实现共享。比如在起初"效率优先、兼顾公平"的发展理念下,中国开放型经济虽然使得国民财富总量日益增加,即效率得到了保证和实现,但公平却没有得到很好的兼顾,突出表现在与经济增长相伴的区域结构失衡、产业结构失衡、部门结构失衡等多重失衡问题,导致收入差距不断扩大。根据国家统计局公布的数据,我国的基尼系数从 20 世纪 80 年代的 0.3 左右上升到近年的 0.47 左右。因此,下一步的外贸发展,需要在内部利益分配机制上做足功课,构建大国形象,以"榜样的力量"感召其他各国,如此才能更好地顺应乃至引领经济全球化发展。

努力走更具贡献性外贸发展之路,主要是指通过稳定和保持经济的中高速增长,继续发挥中国在世界经济增长中的引擎作用。改革开放以来,尤其是中国加入世界贸易组织以来,中国经济的快速发展得益于世界经济的持续增长和经济全球化的快速推进,但中国经济的快速增长也为世界经济作出了巨大贡献,不仅成为拉动全球经济增长中的重要引擎,同时也为全球贸易和投资的不断扩大作出了积极贡献。这是中国融入世界经济实现互利共赢的最好说明。在全球经济增长普遍乏力的背景下,中国经济能够保持中高速增长水平,通过贸易和投资等渠道,更是对全球经济复苏作出了巨大贡献。有关统计数据显示,从经济增长角度看,2016年中国对世界经济增长的贡献率高达 30% 左右;从贸易角度看,中国作为世界贸易大国,成为全球 120 多个国家和地区的重要贸易伙伴;从对外直接投资角度看,1982 年至 2015 年期间,中国开展对外直接投资的年均增长率高达 28.83% 左右,为同期全球对外直接投资增速的 3 倍左右。总之,中国的外贸发展战略在获取经济全球化红利的同时,也为全球贸易、投资和经济增长等提供了重要动力,实现了共赢式增长。不得不引起注意的是,中国经济发展进入新常态后,的确面临着结构性减速的巨大风险,但这并不排除通过全面深化改革,成为创新型国家,从而再次形成经济高速增长新动能的巨大可能。如此,世界经济必将更加倚重于中国,必将更加注重于中国经济高速增长的外溢效应,全球资本也必将更加青睐于这片投资热土,更欢迎中国以开放的姿态融入全球经济。

努力走自由化坚定拥护者的外贸发展之路,主要是指除了要竭力维护全球贸易和投资自由化的多边体制和制度外,还需要进一步扩大开放领域和范围,进一步主动提高制造业和服务业开放水平,为全球贸易和投资自由化、便利化树立中国榜样和作出中国表率。从前一个方面看,在"逆全球化"浪潮下,贸易和投资自由化制度和规则遭遇挑战。比如在特朗普的政策主张中,不仅宣布废除 TPP,而且还声称要重新谈判北美自由贸易协定和世界贸易组织规则,这是对贸易和投资自由化宣战的典型表现。自由化是经济全球化深入发展的必要制度保障,因此,为了能够顺应经济全球化的长期大势乃至引领经济全球化,中国必须成为贸易和投资自由化的坚定维护者和倡导者,这就需要在全球贸易治理体系和全球经济规则的制定中提升话语权。由于中国目前已经在全球贸易和投资中具备了一定的规模优势,缺乏中国声音的全球经济规则显然是不合理的,也是不完整和不健全的。无论是在原有的贸易和投资自由化制度方面,还是在全球经济新规则的构建方面,中国应充分利用已经取得的在位规模优势及其对世界经济的影响力,跻身于全球经济事物的核心议定圈,在参与国际议程设定等过程中为维护全球自由化作出中国贡献。从后一个方面看,中国应不断通过对内深化改革,实现国际经济标注、规则和规制与国际层面的一致性和兼容性,按照全球经济发展新形势的需要,构建开放型经济新体制,实现从以往的边境开放措施向境内开放措施方向深化发展,奠定进一步扩大先进制造业领域开放和服务业领域开放的自由化基础。

长期而言,经济全球化是社会生产力进步和市场经济发展的内在要求和必然趋势。从全球要素分工自然演进角度看,在制造业中低端环节完成国际梯度转移后,要素集聚必将开始向先进制造业领域和环节转移、向服务业领域倾斜,全球价值链的构建也随之向先进制造业价值链、服务价值链方向演进以及向创新链方向拓展。目前,全球对外直接投资流量主要集中于服务业领域,以及研发全球化的发展趋势无不说明了上述演进规律和总体大势。但经济全球化的进程绝非一帆风顺,在特定的发展阶段可能是充满荆棘的坎途。当前,"逆全球化"思潮的兴起就对经济全球化的顺利推进构成了严峻挑战,而且由于本轮"逆全球化"兴起的主要动力来自发达经济体,因此,如果"逆全球化"思潮发展成为主流并成为全球主要政策取向,必将阻碍商品、服务、资本、技术、人员等跨国流动,破坏原有要素分工体系并阻碍其进一步发展,贸易自由化和投资自由化的制度体系必将遭遇挑战,经济全球化的红利创造将因此受阻,全球经济发展格局由此会受到深远的负面影响。

在前一轮经济全球化中,中国以积极的开放姿态低端切入全球要素分工体系,实现了中低端制造业的平推式快速发展,全面摘取了全球产业技术水平"低垂的果实",实现了外贸增长的奇迹。虽然前一轮产业革命和技术创新的生命周期对于发达经济体而言已近尾声,但"错位发展"的现实分工格局决定了发达经济体成熟产业技术体系的中高端部分,向诸如中国等发展中国家转移,既是必然趋势和客观规律,同时也意味着仍然具有较大生存空间。更何况,当前全球新一轮产业革命和技术创新正处于孕育期,全球创新链成为要素分工深度演进的重要趋势和发展方向之一,这也为已经具备必要基础条件的中国等发展中国家,带来了实现开拓性技术进步的战略机遇,在部分产业领域占据全球制高点提供了可能,为外贸发展从大国向强国转变提供了可能。目前,中国经济发展进入新常态的转型升级关键阶段,抓住上述机遇全面摘取全球产业技术水平"高悬的果实"乃至实现开拓性技术进步,需要积极有效地应对"逆全球化",进一步深度融入全球要素分工体系。由于当前"逆全球化"兴起的本质原因是要素分工体系下全球化红利分配失衡与世界经济长周期进入衰退阶段耦合的结果,因此,中国未来的外贸发展道路,必须秉持"全球增长共赢链"的新理念,在继续发挥引领世界经济增长重要引擎的同时,需要以更能体现包容、共享开放发展模式的"榜样的力量"感召全球,有效应对"逆全球化",营造和谐、共赢的外部环境,真正走出一条科学、可持续的"全球增长共赢链"的外贸发展之路。

第七章 新形势下中国外贸
发展战略的调整

全球经济深度调整背景下,中国外贸增速放缓乃至进入负增长通道,实质上是与全球价值链分工体系发展到特定阶段有关,也与中国外贸发展进入到新阶段有关,即经济基本面因素发生了深刻变化,是中国外贸增速放缓的决定性因素。中国外贸增速下降,甚至遭遇"逆全球化"的挑战,但并非意味着外贸发展不再重要。相反,采取科学有效的应对措施,在尽量"稳增长"的同时,向提升质量的方向和层次转型,实现从贸易大国向贸易强国的转变,不仅是中国外贸进入发展新阶段的必然选择,也是更好理解全球价值链分工条件下外贸本质内涵并践行之的必然表现,是发挥全球价值链分工条件下外贸本质作用的必然要求。当前,新一轮的产业革命和技术革命正在酝酿之中,经济全球化仍然是大势所趋,分工演进也必然继续深入推进。无论从错位发展的角度看,还是抓住分工演进所带来的重要战略机遇看,进一步深度融入全球分工体系,大力发展对外贸易,继续实施贸易立国和贸易强国战略,都有着十分重要的战略意义。当然,新的发展阶段需要有新的发展思路和对策,外贸发展战略也要随之作出调整。在全球经济深度调整背景下,面临中国外贸增速放缓的严峻挑战,中国应秉持"全球增长共赢链"的发展理念,通过供给侧结构性改革等举措重塑外贸竞争新优势,在继续保持一定的量性规模增长同时,更加注重"以质取胜"的方略。

第一节 经济基本面:中国外贸
增速放缓的决定因素

增速变化只是一种表征现象,除受到周期性的经济危机冲击外,更为重要的是决定增速变化的基本面因素已经发生了重大变化。总结前述各章的分析,应该说,全球经济深度调整背景下,经济基本面因素的变化是中国外贸增速放缓的决定性原因,而这些因素在短期内难以有着实质性变化,因此中国外贸进入低速增长通道可能是一个长期趋势性特征,即进入新阶段后出现的所谓新常态。

首先,从外部环境看。改革开放以来尤其是中国浦东开发开放和2001年中国加入世界贸易组织以后,中国外贸增长奇迹固然与自身改革等因素密不可分,但也取决于外部环境状况。目前,全球经济进入深度调整期,因此,过去一段时期支撑中国外贸超高速增长的外部环境至少表现在三个方面:一是相对繁荣稳定的世界经济进而形成的强劲需求,特别是来自发达经济体的强劲需求,显然为中国外贸的超高速增长奠定了需求面基础。二是产业和产品生产环节和阶段的国际梯度转移,为中国外贸的超高速增长奠定了供给层面和产业成长面基础。一个不争的事实是,改革开放以来中国通过承接FDI推动的产业和产品生产环节和阶段的国际梯度转移,以及通过承接国际大买家订单方式融入国际分工,继而成为"世界工厂"和全球"出口平台",是中国外贸发展的典型特征。三是全球价值链分工的深入演进,为中国外贸超高速增长奠定了统计意义层面的基础。中国的改革开放正值全球价值链分工深入演进之际,因而中国融入全球分工体系的本质是参与全球价值链分工。由于在全球价值链分工模式下,一国只是专业化于产品生产的某一或某些特定环节和阶段,因而必然会带来中间产品的多次跨境流动问题,进而放大了统计意义上的贸易增速。对此,国内外学者如胡梅尔斯等(2001)[1]以及刘志彪等(2006)[2]的研究就指出,一个经济体贸易增长,贸易自由化政策、关税下降、运输成本降低等只能解释增长中的2/5,其余则与分工形态相关。具体到中国而言,融入跨国公司主导的产品内国际分工的事实特征,决定了

---

[1] Hummels David, Jun Ishii and Kei-Mu Yi, "The Nature and Growth of Vertical Specialization in World Trade", *Journal of International Economics*, 2001, Vol.54(6), pp.75~96.

[2] 刘志彪、吴福象:《贸易一体化与生产非一体化:基于经济全球化两个重要假说的实证研究》,《中国社会科学》2006年第2期。

中国外贸增速必然被放大甚至被"夸大",因为出口产品往往富含大量来自他国的进口中间品。这种特征性分工引发了近年来有关贸易附加值的研究热潮,而基于中国数据的许多经验研究定量分析了价值链分工背景下中国外贸被"放大"或"夸大"的程度,包括外贸顺差等不平衡问题都需重新审视(祝坤福等,2013①;张杰等,2013②;罗长远等,2014③;中国全球价值链课题组,2014④)。然而,全球经济在经历了"大稳定"的黄金时期尤其是 2008 年全球金融危机后,中国外贸发展面临的上述三个基本面因素均发生了或正在发生重要变化:一是全球经济增速放缓;二是承接制造业国际梯度转移放慢,特别是发达经济体的"高端回流"和其他更多具有成本优势的发展中国家吸引造成的"低端转移";三是制造业全球价值链确立,国际贸易分工格局基本定型。正如世界贸易组织的一份研究指出⑤,由于全球价值链现在已发展到足够深的程度,边际深化难度加大,因此这一提升贸易增速的动力不复存在。这一点主要是因为全球经济进入深度调整期后,意味着前一轮科技革命推动分工深化和前一轮全球经济规则形成的制度红利,其动力机制已基本衰竭,正在等待新科技革命崛起和全球经济新规则的形成及普遍推行,但新一轮科技革命及其可能引发的产业范式变革还未成为产业化发展趋势,由此推动的分工深化尚未露出端倪;全球经济新规则同样尚未实质性形成并进入普遍推行阶段。

　　其次,从内部环境看。改革开放以来,中国主要依托低端要素等形成的"低成本"竞争优势,走出了一条"血拼式"竞争道路,在具有比较优势领域的劳动密集型制造业领域创造了外贸发展奇迹。然而,目前国内经济基本面因素发生的三个变化,使得基于上述发展模式的外贸超高速增

　　① 祝坤福、陈锡康、杨翠红:《中国出口的国内增加值及其影响因素分析》,《国际经济评论》2013 年第 4 期。

　　② 张杰、陈志远、刘元春:《中国出口国内附加值的测算与变化机制》,《经济研究》2013 年第 10 期。

　　③ 罗长远、张军:《附加值贸易:基于中国的实证分析》,《经济研究》2014 年第 6 期。

　　④ 中国全球价值链课题组:《全球价值链与我国贸易增加值核算报告》,见 http://images.mofcom.gov.cn/www/ 201412/20141226182657100.pdf。

　　⑤ WTO:*World Trade Report 2014*,https://www.wto.org/english/res_e/booksp_e/world_trade_report14_e.pdf.

长难以为继。一是国内各类生产要素价格进入集中上升期,支撑低成本的低端要素基础正在弱化。比如,从劳动力成本角度看,如果不求严格①,以居民人均可支配收入和平均工资变化来大体反映劳动力成本的变化态势,则现实情况的确表明"人口红利"已接近尾声。国家统计局的统计数据显示,城镇居民人均可支配收入从 2000 年的 6280 元增长到 2013 年的 26955 元,13 年间增长了约 4.3 倍,年均增长率高达约 11.86%,城镇单位就业人员平均工资已从 2000 年的 9333 元迅速增加到 2013 年的 51483 元,13 年间增长了约 5.64 倍,年均增长率高达约 14.22%。况且,许多实证研究表明(蔡昉,2010②;周燕和佟家栋,2012③;王必达和张忠杰,2014④)中国"刘易斯拐点"基本到来。从用地成本看,多年来各级地方政府依赖于土地财政的融资模式,一方面是以优惠的土地政策进行招商引资,另一方面则在通过推高地价中获取更多的非税收收入,从而使得土地供给越发紧张和稀缺,用地成本呈现不断"高企",最终使得制造业发展的实际生产成本和机会成本不断攀升(刘志彪,2013⑤)。从环境成本看,环境问题日益严峻以及环境规制不断加强,已经使得传统的依赖"环境红利"发展模式不可持续。不容否认,长期以来中国开放型经济发展具有典型的粗放式特征,突出表现就是资源、能源消耗大,生态环境日趋严峻。许多基于中国经验数据的实证检验基本表明,"污染天堂"假说在中国是成立的,而导致中国环境问题日益突出和压力不断增大的最主要因素之一,就贸易和自由化趋势下国际低端尤其是污

---

① 根据国际劳工组织(ILO)的规定,劳动力成本构成不仅包括以货币形式表示的工资、所得、薪金,还包括雇主所承担的如工人招聘费用、实物发放、职工住房成本、社会保障、技术培训乃至雇佣员工发生的税收成本等物质及非物质形式的费用支出。因此,在实践中对劳动成本的准确度量是个难题。

② 蔡昉:《刘易斯转折点与公共政策方向的转变——关于中国社会保护的若干特征性事实》,《中国社会科学》2010 年第 6 期。

③ 周燕、佟家栋:《"刘易斯拐点"、开放经济与中国二元经济转型》,《南开经济研究》2012 年第 5 期。

④ 王必达、张忠杰:《中国刘易斯拐点及阶段研究——基于 31 个省际面板数据》,《经济学家》2014 年第 7 期。

⑤ 刘志彪:《我国地方政府公司化倾向与债务风险:形成机制与化解策略》,《南京大学学报》2013 年第 5 期。

染密集型产业和产品价值增值环节向国内的梯度转移（沈利生等，2008[①]；陆旸，2009[②]）。尤其伴随中国成为全球第二大经济体，上述问题备受关注。作为世界环境污染物排放的主要国家之一，中国面临的全球环境保护"责任"越来越重，中国采取的环境规制措施已经对传统出口带来了影响。最新的一项利用中国城市—行业数据的研究表明（Laura等，2014）[③]，政策实施目标城市在实行了更为严格的环境标准后，部门的出口尤其是环境污染比较严重的行业，出现明显的下降。二是新的竞争优势尚未建立，比较优势产业面临"断档"风险，导致外贸增长的动力衰减。客观而论，目前中国正处于产业竞争优势的转型发展期，一方面，犹如前文所述，一些具有传统低成本优势的行业由于要素成本上升，以及其他发展中国家冲击而不断丧失竞争力，但另一方面，新的具有比较优势的产业却还没有形成，在竞争优势上形成了一个"断档期"和"真空期"。现有研究发现，作为工业主体和决定工业技术整体素质的关键基础部门，如化工、材料、机械、电子、精密仪器、交通设备等中等技术行业的出口占比下降（金碚等，2013）[④]、价值链低端锁定特征明显、产品品质提升困难的事实特征的确表明，新的产业竞争优势还有待培育，外贸增长的产业动力亟待重塑。三是产业结构演进规律作用显现，"结构性"变化致使外贸超高速增长的制造业基础受到"侵蚀"。经济发展史表明，当一个经济体的农村劳动力转移完成，"刘易斯拐点"到来，第二产业劳动力占比将达到顶峰并向第三产业转移，此时生产率增速放缓，制造业比重下降，即学术界通常称之为"去工业化"。这是一种结构性变化而非周期性因素，是增长的阶段性特点并且难以通过经济政策加以解决。而王庆等（2011）对减

---

① 沈利生、唐志：《对外贸易对我国污染排放的影响——以二氧化硫排放为例》，《管理世界》2008年第6期。

② 陆旸：《环境规制影响了污染密集型商品的贸易比较优势吗？》，《经济研究》2009年第4期。

③ Laura H. and Sandra P., "Environmental Policy and Exports: Evidence from Chinese Cities", *Journal of Environmental Economics and Management*, 2014, Vol.68(2), pp.296-318.

④ 金碚、李鹏飞、廖建辉：《中国产业国际竞争力现状及演变趋势——基于出口商品的分析》，《中国工业经济》2013年第5期。

速拐点的研究表明①,按照购买力评价计算,当一个经济体人均 GDP 达到 7000 美元左右时,基本可以认为到达了"结构性减速拐点"。这与中国目前所处的发展阶段基本相同,也与中国产业结构演进的现实基本吻合。因此,"结构性减速"可能会动摇长期以来以制造业为依托的外贸超高速增长的坚实实体基础。

最后,从贸易国情看。贸易规模的日益扩大,使得外贸超高速增长的国际市场容纳力下降。联合国贸发会议的统计数据显示,中国在改革开放之初的 1978 年其出口贸易总额仅为 167.6 亿美元,占同期全球出口贸易总额 1.31 万亿美元的比重为 1.27%;而到了 2014 年,中国出口贸易总额已经"井喷"至 2.21 万亿美元,占同期全球出口贸易总额 18.81 万亿美元的比重随之上升至 12.2%。不难理解,由于基数不同,即便相同的增长率,其所带来的总量扩张效应显然是不同的。具体而言,在贸易规模基数较小的情形下,其超高速增长所导致的规模总量扩张效应有限,从而不会对国际市场的容量产生明显的"冲击力";但是,经过一段时期的超高速增长之后,在规模基数已经扩张到较大水平情形下,如果再继续保持以往的超高速增长率,那么其所形成的总量扩张效应就会对国际市场产生显著的冲击力,甚至达到国际市场难以"容忍"的程度。这就是中国外贸发展的现实国情。目前,无论是从中国自身的经济体量来看,还是从中国进出口总额进而在全球贸易中所占比重已经位居榜首的事实特征来看,继续保持以往的超高速增长的可能性几乎不存在。在应对得当的前提下,从超高速增长转为低速增长可能是进入新常态及其过渡期的现实选择。

第二节　从"量"到"质":新阶段中国
外贸发展的基本特征

基于以上分析可以预期,在全球经济深度调整背景下,由于国内国际

---

① 王庆、章俊:《2020 年前的中国经济:增长减速不是会否发生,而是如何发生》,《金融发展评论》2011 年第 1 期。

经济基本面因素的变化,低速增长将成为中国外贸未来一段时期内发展新常态。中国外贸增速下降,并非意味着外贸发展不再重要,相反,这是促进中国外贸转型发展的倒逼机制。如果说,前期外贸超高速增长主要是"以量取胜"的发展战略,从而引领经济超高速增长的话,那么进入低速增长通道后的新常态,中国外贸发展更应注重"以质取胜",从而引领经济转型发展。一个不容否认的事实是,由于前期多年超高速增长已经形成了巨大体量基础,因此尽管中国外贸增速下降,但规模增长仍是客观实践。因此,增速放缓后更加注重"以质取胜",实质上就是要在新常态下寻求"量"和"质"的新平衡。总之,中国外贸发展新常态不只是速度状态,更要体现新的质量状态。具体而言,与以往的外贸发展模式相比,增速放缓新常态下中国外贸发展需要也必将呈现如下几个方面的突出特征。

一是与以往相比,依托比较优势的来源有所不同。中国外贸发展的"旧常态",其比较优势主要依托廉价劳动力和资源要素投入,以及对环境资源掠夺式开发和粗放式利用所形成的低成本竞争优势,从而比较优势相应地表现在劳动密集型产业领域。但是面临国内各类要素成本的集中上升,以及全球金融危机后国际市场对劳动密集型产品的需求下降,劳动密集型产业领域的传统比较优势逐步弱化已成不争事实。因此,迈入新常态后,所依托的比较优势来源会有所不同,将会从"数量"优势向"质量"优势转变,从依靠数量投入向创新驱动转变。当然,在以往的外贸发展过程中,创新也发挥着重要作用,但以往的创新大多是跟随模仿式创新。新阶段的外贸发展仅靠跟随模仿式创新是不够的,更要注重转向实施创新驱动战略,而其重要抓手和突破口就是科技和人才。换言之,以往外贸发展依托人口众多等数量优势,而进入新常态的比较优势将转向依托人才资源等质量优势。

二是与以往相比,外贸发展的产业内容不同。犹如前文所述,依托低成本要素形成的比较优势,承接产业和产品增值环节和阶段的国际梯度转移,是中国外贸发展的典型特征之一,其产业发展内容主要表现为处于全球价值链底部的组装、加工、装配,以及生产型制造业成长。而伴随传统比较优势的弱化,培育新的比较优势的实质就是要在过去制造业发展的基础之上,主要依托服务业尤其是高级生产者服务业发展,进而引领制造业转型升级和战略性新兴产业的发展。通过制造业转型升级,包括劳动生产率的提升、精致化生产和品质水平的提高,以及向高端产业领域攀登,是克服和规避传统比较优势弱化之后产业断档,包括产业间断档、价值链断档和产品品质断档等风险的关键所在。概言之,依托新的比较优势进而培育出的产业内容,从产业间看将会是从传统低端产业向高端产业攀升,从价值链角度看将会是沿着价值链向研发、设计、营销等两侧高端攀升,而从产品品质角度看则是向精致化高端方向发展。

三是与以往相比,外贸发展的动力机制不同。中国外贸发展进入新常态,旧的发展模式被重构,新的驱动力亟待注入。改革开放以来很长一段时间内,中国外贸发展呈现的另外一个突出特征就是依赖政策刺激,即政策红利。为了促进开放型经济发展,国家采取了一系列促进改革的特殊政策,更确切地说,依赖各种各样的"优惠待遇"助推了特定地区、特定产业、特定主体的贸易发展。早期的深圳特区、后来的浦东新区、再后来的西部大开发、各种各样的产业开发区、具有不同政策扶植的外贸产业、遭受不同待遇的外贸微观主体等,无不反映"特政"催生下的外贸发展模式。这种改革模式下外贸发展的基本动力主要源自"得利",即形成了"谁改革谁得利,先改革先得利"的外贸发展局面。当前,"政策红利"已经逐步淡化,低成本竞争优势也接近尾声,犹如前文所述,外贸发展进入新常态后需要转向创新驱动,能否进行有效创新则取决于能否释放微观经济主体的创新活力。如何释放微观经济的活力?其动力机制显然源自能够为微观经济主体进行创新提供"便利",即进一步通过深化开放型经济体制改革,为微观主体提供一个统一、开放、竞争、有序的完善市场体制,从而实现动力机制从"政策红利"向"制度红利"的转变。目前,上海自贸区放弃过去单靠产业振兴计划等"政策红利"扶持的做法,通过放松管制、强化市场化机制的改革就是提供"制度红利"的有益探索。

四是与以往相比,外贸发展的战略目标不同。改革开放之初,中国经济基础比较薄弱,物资极度匮乏,甚至面临着百姓温饱难以解决的问题。

在特定的历史条件下,要迅速摆脱贫穷,实现经济跨越式发展,就必须运用各种可能的手段促进经济快速增长,可以说,加快发展是当时一切工作的重中之重,GDP增长几乎成为压倒一切的行为目标和硬道理。而发展外贸的主要目标和任务也就是要拉动GDP的迅速增长。基于当时的现实要素禀赋约束,中国以"低端嵌入"的方式融入发达国家跨国公司主导的全球价值链分工体系,其实质是为了最大限度地基于中国的比较优势,用足本国的低端要素,依托国际市场的庞大需求,加速形成中国制造业的生产能力和出口能力,以此拉动GDP的快速增长。这就是为什么长期以来出口被视为拉动中国经济增长的"三驾马车"之一的重要原因。然而,经过四十多年的快速发展,在以外贸为主要内容的开放型经济发展战略带动下,中国经济总量已今非昔比,进入到一个新的发展阶段。虽然这一阶段仍然重视物质财富的创造,仍要一心一意搞建设,但对其他方面的追求比如生活质量、环境质量和可持续发展等,越来越受到重视,甚至可以为此而接受一定程度上降低经济增长为代价。对外贸易长期以来作为中国经济增长的重要驱动力,同时也是国民经济的重要组成部分,进行新常态后显然应服务于中国经济转型的重要战略目标。

五是与以往相比,外贸发展的最终结果不同。依托低成本竞争优势以"低端嵌入"的方式融入发达国家跨国公司主导的全球价值链分工体系,实现了中国外贸发展的"爆炸式"增长,使得中国从国际贸易意义上的"小国"迅速发展成为"大国"。但以往"血拼式"的竞争道路也带来了不协调、不平衡和不可持续等问题,亟待转型发展。有些研究甚至表明,中国出口规模扩张不但没有逻辑地带动出口品质提升,反而导致了持续下降(李坤望等,2014)。外贸发展进入新常态后,在巨大体量规模的基础之上,更加注重效益、更加注重质量、更加注重可持续、更加注重创新驱动的发展模式,必将推动中国不断地攀升一个个产业高地、不断沿着全球价值链向两端延伸、不断提升出口产品的品质水平、不断提升影响乃至掌控全球价值链的能力,从而实现"贸易大国"向"贸易强国"的转变。

总之,与之前相比,在全球经济深度调整背景下,中国外贸发展进入增速趋缓的新常态后,其特征不仅表现为增速从高速转为低速,更重要的还表现为比较优势主要依靠廉价劳动力和资源要素投入等低成本向创新驱动方向转变,依托的产业内容从低端制造业向服务业尤其是高级生产者服务业进而由此引领的制造业转型升级和战略性新兴产业方向转变,发展的动力机制将由"政策红利"向"制度红利"转变,发展的目标从拉动GDP增长向提升经济增长质量方向转变,发展的结果将从促成贸易大国向贸易强国转变。

第三节　外贸本质内涵:全球价值链分工格局下的重新解读

基本面因素的变化以及由此决定的外贸增速下降,可能会导致理论和实践部门的部分人士认为,外贸对经济发展贡献的意义和作用下降。外贸增速固然重要,但对外贸发展作用的客观评价和看待,不能只注重增速。而要正确理解这一点,首先要对外贸的本质内涵有着深刻认识。由于分工是贸易的基础,对外贸的理解必须深入到分工层面。20世纪80年代中期以来的全球价值链分工深入演进,以及将来可能的进一步深化,使得外贸的本质内涵均发生了实质性变化,对此必须进行重新审视,如此才有可能避免"以增速论英雄"的认识误区。

传统的国际分工是以"产品"为界限,并且假定要素不存在跨国流动,因此可贸易产品的生产上基本是以一种"封闭式"状态进行,即最终可贸易产品的整个生产过程基本上都在一个经济体内完成,并且没有外来要素的参与。而当前国际分工的一个突出特征就是国际生产分割,即同一产品的不同生产环节和阶段被配置到具有不同要素禀赋优势的国家和地区进行生产,从而形成了学术界所说的全球价值链。更为重要的是,传统的要素不存在跨国流动的假定也不再成立,特别是全球对外直接投资的迅猛发展,从而参与贸易品的生产也是当前国际分工的一个突出特征,有些学者将这种现象称之为贸易投资一体化。考虑到价值链分解以及要素跨国流动的特征事实,国内有些学者据此提出了"要素分工"的概念。无论使用何种称谓,当前国际分工的形态已经发生了深刻变化,是不容争辩的事实。出于学术界的习惯性称呼,本书仍沿用"全球价值链"。而正是这种变化,使得贸易原有概念、作用、功能和意义等均发生了实质性改变,突出表现为以下几个方面。

一、贸易的性质发生了本质变化

在传统的以"产品"为界限的国际分工模式下,贸易品的生产和进出口是相互独立的生产过程和流动过程,也就是说,贸易的性质是纯粹的流通,或者说为了实现产品的价值而进行的商品跨国流动现象,其主要功能是连接生产和消费的纽带;而在全球价值链分工模式下,贸易的性质已经发生了根本变化,即贸易变成了为确保完成全球生产而进行的"产品"跨国流动现象。这是因为,在全球价值链分工模式下,一国只是专业化于产品价值链条上的某个或某些特定环节和阶段,无论是出口还是进口,更多的意义在于完成价值链链条上的下一阶段生产,进出口贸易自然也就演变为跨国公司在全球组织生产的一个流转环节,因而其本质上是参与全球生产,是在全球价值链上创造部分价值的一个增值过程。因此,国际分工从传统模式过渡到新型模式后,贸易的根本性质随之从为实现产品价值而进行的跨国流动,演化为为了确保全球生产而进行的跨国流动。许多实证研究表明,产品交货的及时性、品质以及信用等对于一国或企业参与国际分工已经具有了决定性影响(Elisa 等,2010)[1],而究其原因,就是因为生产全球性所形成的特定需求。换言之,任何交货不及时现象都会影响到下一个阶段和环节的生产,从而影响到最终产品生产的完成;而任何一个环节和阶段出现品质问题,"木桶原理"都有可能导致整个价值链条的失败、最终产品的失败。总之,在以产品生产阶段国际分割和以要素跨国流动为主要特征的当代国际分工模式下,我们应该深入到国际分工的层面,以全球化生产的视野重新审视贸易的根本性质和实质。

---

①　Elisa G. , R. Lanz and P. Roberta, "Timeliness and Contract Enforceability in Intermediate Goods Trade", WTO Working Paper, ERSD-2010-14.

二、内需和外需的边界日益模糊

客观而论,伴随国际贸易的发展,需求也随之超越了一国边界而具有了国际意义。但是这种需求的国际延伸大体可分为两个阶段和形式。在传统的以"产品"为界限的分工模式下,一国无法生产或生产成本太高的产品,有了贸易以后可以从国外进口,与此同时,对于具有成本优势或具有过剩生产能力的产品通过出口以满足国外需求,这种"互通有无"或"各取所长"式的商品流动表征的就是需求跨越国界的表现,不妨将之称为需求国际化。在传统的以"产品"为界限的国际分工模式下,犹如前文所述,由于产品的生产和进出口是相互独立的过程,尤其是贸易品的生产基本上是在"封闭式"状态下进行和完成的,因而需求在有了国际化延伸后,相应地可被区分为外需和内需。所谓内需,即是指相对的国内需求,而所谓的外需就是通常所说的对外国的出口。而当国际分工演进到当前要素流动和产品国际生产分割为主要特征的新形式后,由于生产的国际碎片化,产品的流动尤其是中间产品的跨境流动实质上是参与全球生产的一个过程和流转环节,因而与传统意义上的所谓"外需"已经截然不同。更为重要的是,在这种新的分工格局下,犹如世界贸易组织总干事拉米(Lamy,2010)①所指出,产品生产已经具有了"世界制造"的意义,传统的所谓"中国制造""美国制造""日本制造"等产品几乎不存在。因此,全球生产的意义也必然使得所谓的需求有了全球化意义,这是因为,新的国际分工模式下,产品尤其是中间产品要经过多次跨国流动,且流转的产品由于富含了大量来自不同国家和地区的中间投入环节和阶段,因此,以进出口为表象的所谓需求,已经难以区分到底是对国内产品的需求还是对国外产品的需求,因而也就难以区分传统意义上所谓的外需和内需。内需之中有可能夹杂着传统进出口意义下的外需,而外需之中也可能夹杂着内需。内需和外需的边界已经变得杂糅模糊,逐渐具有一体化或者

---

① LAMY P., Globalization of the Industrial Production Chains and Measuring International Trade in Value Added, http://www.wto.org/english/news_e/sppl_e/sppl174_e.html.

称之为全球化特征。此种意义下的需求不妨将之称为需求全球化。由此可见，需求国际化向全球化的演变是国际分工演进的必然逻辑和结果，是国内价值链和国外价值链"浑然一体"的必然逻辑和结果。在新的国际分工模式和格局下，再以传统的方法和眼光来划分和看待所谓的"外需"和"内需"，实质上是对国际分工本质的忽略，尤其不能将出口狭隘地视为所谓外需。

三、外贸的内涵和外延有所扩大

当前，在外贸增速下滑背景下所形成的一些认识误区，比如对外贸易的作用式微，甚至引起了一些学者对德国经济学家松巴特在《十九世纪德国国民经济》一书中提出的"国际贸易重要性渐减规律"重新重视，应该说，都是与新型国际分工下对贸易的内涵和外延理解不深有关，也可以说，认识上的误区源自对贸易内涵和外延的理解仍停留在传统认识，未能做到与国际分工演进形势和格局"与时俱进"。由于对外贸易的传统界定主要是指进出口贸易，即一个国家（地区）与其他国家（地区）之间进行的商品和服务的交换活动。显然，这种概念是基于传统的以"产品"为界限分工模式下进行的界定，并且隐含了一个前提就是不存在要素跨国流动，这也是经典国际贸易理论的重要假定。而包括资本以及由此带动的技术、人员、管理等一揽子生产要素的跨国流动性日益增强，已成当前国际分工的重要特征之一。因此在当前全球价值链分工形式下，贸易与要素流动越来越具有融合趋势，越来越具有一体化特征。所谓贸易与要素流动一体化，其内涵从广义上讲，主要是指国际贸易和要素跨国流动之间高度融合、相互依赖、共生发展、合为一体的一种国际经济现象。这种一体化不仅表现为贸易流向和要素流向的高度一致性，而且表现为国际贸易和要素跨国流动互补共存、互动发展的格局。从狭义上看，则主要是指在全球价值链分工体系中，跨国公司在全球范围内配置和整合资源，从而形成国际生产的全球供应链，把节点企业安排在不同国家的生产和贸易"一体化"现象。这是外贸在全球价值链分工形式下的真实本质内涵，而从外延上来看，其不仅涵盖了传统的最终产品跨境流动，也包括中间品跨境流动,以及为生产贸易品而进行的一切生产要素的跨境流动,外贸已从传统意义层面拓展涵盖传统贸易、投资、价值增值创造的"大外贸"概念。实际上正是由于这种变化,"国际贸易重要性"不会渐减反而会渐增,对此,我们将在下文进行进一步讨论。

第四节　外贸发展的本质作用:全球价值链分工下新认识

在新的国际分工模式下,外贸发展的作用亦应放眼"大外贸"的视野进行再认识,而不应"聚焦"于增速表象。这是因为,既然全球价值链分工模式下的外贸已经演化为布局全球生产网络进行生产的表现,因此其在实践中的表现不一定是本国出口或者进口的高速增长,有可能是在整合和利用他国资源基础上并以他国为"进出口平台"所表征的产品跨国流动。改革开放以来尤其是加入世界贸易组织以来,中国成为发达国家跨国公司的"出口平台"就是典型表现和明证,这也是中国外贸高速增长的重要原因之一,但这种高速增长的背后却是发达国家跨国公司获益良多,即理论和实践部门普遍意识到的"中国贸易只赚数字不赚钱"的特征事实。应该说,在以价值链和要素跨国流动为主要特征的全球价值链分工模式下,贸易对经济发展的作用更加重要,对此,有必要进行深入的理论探讨。

一、全球价值链下贸易是分工进一步细化的表现

自由贸易理论早已证明了贸易利益的存在,而贸易利益的来源正是分工所带来的收益,换言之,当分工突破国家界限而延伸到国际市场后,国家的"专业化"生产不仅会由于生产要素的重新配置而带来产出增加的直接好处,而且还会提高生产率以及突破市场规模限制而实现规模经济等好处。显然,相比传统的以"产品"为界限的国际分工,在以产品生产环节和阶段为界限的全球价值链分工模式下,国际分工得以进一步细化。这突出表现在,在最终产品上不具备比较优势的国家,伴随全球价值链分工的演进,进而产品的价值增值环节和阶段被不断分解,可能在某一

生产环节和阶段上具有了比较优势。这是国际分工的进一步细化,不仅使得原本缺乏比较优势而被排除在国际分工之外的国家获取了参与国际分工的机会,也使得参与国际分工的国家在产品层面上的分工得以进一步拓展。显然,如果我们的共识是承认分工和贸易具有普遍的互利性这一基本逻辑,那么在新的国际分工模式下,开展对外贸易的实质就是国际分工的进一步细化,从而进一步"放大"贸易利益。

二、全球价值链下贸易是资源配置进一步优化的表现

在传统的以产品为界限的分工模式下,一国开展对外贸易,依据比较优势进行专业化分工和生产,其实质就是生产要素在不同生产部门之间的重新配置,更确切地说,是从低效率的生产部门向高效率的生产部门转移。然而,由于这种专业化分工和生产是在一国国内以"封闭式"状态进行,因此此时资源优化配置还仅仅停留在一国国内。但是在新的国际分工模式下,由于要素流动具有了跨国界性,因此贸易品的生产不再是"封闭式"状态,而是一种"开放式"状态,是通过要素跨境流动而实现的多国要素合作生产。显然,这种"开放式"的资源配置相比"封闭式"的资源配置,其优化程度会更高,这对于开展国际分工和贸易的任何国家而言,都是一种更大的潜在贸易利益。而且更为重要的是,在要素可进行跨国流动的情形下,生产要素的跨国优化配置,还可以在很大程度上克服"封闭式"状态下分工和生产专业化所面临的资产专用性约束问题。总之,在新的国际分工模式下,开展对外贸易会在进一步优化配置全球生产资源中使得各国受益。

三、全球价值链下贸易更有利于知识技术的扩散传播

对外贸易是技术和知识在国家间进行传播和扩散的重要渠道,基本已成学术界的共识。柯矣等(Coe 等,1995)[①]的研究指出,这种扩散和传

---

① Coe D.and E.Helpman,"International R&D Spillover",*European Economics Review*,1995,Vol.59,No.3,pp.859-887.

播效应显然有利于贸易参与国的技术进步和知识积累等。而在新的国际分工模式下,技术和知识的传播不仅有了新的形式和渠道,而且方式上也有了新的变化,从而更有利于其在国与国之间的扩散和传播。从形式和渠道上而言,犹如前文所述,对外贸易的概念实质上融合了要素跨国流动,而以 FDI 为主导的一揽子生产要素的跨国流动,显然是技术和知识等高端要素跨国传播和扩散的重要渠道。当然,要素流动所形成的传播和扩散效应,不仅是渠道上的变化,在方式上也有别于传统的产品贸易。全球价值链分工模式下贸易品的流动大多是中间品,与最终产品相比,中间品贸易也更有利于知识和技术的跨国传播,阿米提等(2007)[1]和巴斯(2012)[2]针对中间品进口的实证研究已经给予了证实。其实更为重要的是,由于全球价值链分工模式下的贸易实质是"生产全球化",因此在"生产全球化"背景下,知识和技术的跨国传播不仅是一种可能和被动外溢,更是一种必要和主动溢出,因为技术和知识作为广义上的生产要素,"生产全球化"必然要求其流动全球化。

四、全球价值链下贸易更有利于实现包容性发展红利

在以产品为界限的传统分工模式下,经典的国际经济理论早已论证了开展分工和贸易使各国受益的可能,但对贸易利益的分配问题一直以来却存在较大争议,在实践中甚至会出现由于贸易条件恶化而导致"贫困化增长"的例子。这是因为传统分工模式下一国利益的增加并不以另外一国同样增长为前提,甚至可以以"牺牲"他国利益为前提。然而,在以要素流动和碎片化生产为主要特征的全球价值链分工模式下,由于各国参与贸易的本质是共同协作生产全球产品,更确切地说,国与国之间开展分工和贸易不仅为了实现"比较利益",更是为了确保全球"共同生产"的正常进行。这一"共同生产"的本质,使得国家间的分工与贸易不仅具

① Amiti M. and Konings J., " Trade Liberalization, Intermediate Inputs, and Productivity: Evidence from Indonesia", *American Economic Review*, 2007, Vol.97, No.5, pp.1611-1638.

② Bas Maria(2012), "Input-trade Liberalization and Firm Export Decisions: Evidence From Argentina", *Journal of Development Economic*, 2012, Vol.38, No.4, pp.28-36.

有"互利性"特征,更重要的是呈现利益上的相互"依存性",即任何一国获取国际分工利益的大小都是以对方国家获取国际分工利益的大小为前提①,也可以说,任何一个国家的不可持续进而导致价值链条的"中断",都会导致全球生产的不可持续或者"中断"。可见,当前全球价值链分工的实质对包容性发展具有了内生性需求,越来越要求国与国之间具有更为紧密的协作和包容性发展精神。实际上,在本轮全球经济危机严重冲击下,虽然贸易保护主义有所抬头但并未遵循历史的"逻辑",即并未出现历史上其他经济危机期间贸易保护的"盛行"和"大行其道",其主要原因就在于全球价值链分工模式下,犹如联合国贸发会议发布的《全球价值链与发展》研究报告指出②:"以邻为壑"的政策措施已无用武之地,相反,秉持包容性发展理念加强合作才是出路。正是基于上述意义,当代经济全球化红利的创造和分配,只有依托包容性增长才能顺利实现,这必然决定了开展对外贸易有利于实现包容性发展红利。

总结以上讨论可见,全球价值链分工模式下对外贸易的作用,不管是何种层面的变化,其实质都与一个核心问题有关:生产全球化的根本性质。那么基于这一本质特性,不难理解,开展国际贸易不仅是各国参与全球分工和生产的途径,也是全球分工和碎片化生产得以实现的途径。在"全球化生产"模式下,一国的比较优势不再局限于一国国内,一国的优势要素也不再局限于在本国国内或局限于本国企业使用,碎片化生产和要素流动的实质就是要在全球范围内整合和利用资源。也就说一国的优势要素资源可以成为世界各国企业均可以利用的资源,任何一国的企业也可以通过参与全球生产而利用其他国家优势要素资源。因此,全球价值链分工模式下的贸易更多地表现为完成生产过程的一个环节,是全球化生产得以实现的前提。从全球范围看,没有各国发展对外贸易就没有生产全球化;从一个国家范围看,不积极发展对外贸易就无法融入全球生产体系之中并从中获益。一国离开了对全球生产分工体系的参与,其产

---

① 方勇、戴翔、张二震:《论开放视角的包容性增长》,《南京大学学报》2012 年第 1 期。

② United Nations Conference on Trade and Development, " *Global Value Chains and Development:Investment and Value Added Trade in the Global Economy*" ,UNCTAD,2013.

品也就不可能具有国际竞争力,这一点无论对于发达国家还是发展中国家而言都是如此。总之,基于全球范围内的分工和资源优化配置,并据此获取经济发展红利,是全球价值链分工模式下贸易的本质作用。

第五节　全球分工演进新趋势:中国外贸发展面临新机遇

以上基于分工视角对贸易内涵及其作用等分析,已经充分说明了开展对外贸易的重要作用,不能因为在发展贸易过程中可能存在一定的问题或付出一定的代价就批评甚至否定,更不能以增速尤其是出口增速论成败。当然,当前理论和实践部门更为关心的是,在中国经济进入"新常态"后,面临着转型升级即转变为创新驱动发展模式的迫切任务,那么开展对外贸易是否有利于引领中国经济的转型升级? 关于这一点,不仅与前文所述的中国外贸发展"新常态"特征密切相关,更与全球分工演进趋势密切相关。换言之,中国外贸发展能否实现前文所述的"新常态"趋势特征,以及能否真正发挥引领中国经济转型升级的现实需要,在很大程度上还取决于能否与全球分工演进的趋势"对接"。鉴于此,有必要对全球分工演进的新趋势特征做进一步的探讨。概括而言,当前全球分工演进呈现的以下几方面趋势特征,将为中国外贸发展进而引领经济转型升级带来重要战略机遇。

一、制造业价值链向创新链转变的机遇

20世纪80年代中期以来,以产品价值增值环节和阶段国际梯度转移为主要特征的全球分工和生产体系的构建,主要发生在制造业领域,或者说是制造业价值链条在全球拓展和分布的过程。这一阶段分工深化和全球生产布局,从国际宏观层面看,所呈现的一个典型特征就是发达经济体的"去工业化"和发展中经济体的"工业化";从微观层面看,就是发达经济体产生越来越多的苹果和耐克式企业——只负责研发设计、进口以及产品分配等服务环节,而发展中经济体则产生越来越多的从事全球价

值链中组装、加工和制造环节的"制造型"企业。概言之,以往全球价值链的构建主要是制造环节和阶段的国际梯度转移。而当前全球分工演进的一个重要发展趋势就是技术创新也越来越具有全球性特征,即一方面包括研发在内的技术创新出现国际梯度转移,另一方面技术创新的全球"协作性"越来越明显。已有的研究表明,技术创新的跨国转移和合作已经成为当前经济全球化的重要发展趋势(王子先,2013)[①]。技术和知识的流动伴随企业间人员的频繁跨国流动而日益频繁,与此同时,不同国家的用户、供应商、大学以及科研机构人员对创新活动的共同参与,使创新从企业内部、区域内部和国家内部的协作,扩展到国家间不同主体合作,进而使得全球价值链的发展在原有制造业价值链基础上,向全球创新链层面深度拓展。这一深度拓展的实质,就是企业在全球范围内搜索可利用的知识资源、关注资源使用权并且具备高度开放性的价值网络创新模式(马琳和吴金希,2011)[②]。当然,出现这种变化的主要原因在于,一方面技术创新产品越来越复杂,从而成为单个企业的"不能承受之重";另一方面通信和信息等技术突飞猛进为越来越多的企业突破地域和国家界限,从而在全球范围内积极寻求资源"为我所用"提供了支持。这无疑为中国在加入制造业全球价值链基础之上,逐步全面地转向融入全球创新链,进而实现由以往的要素驱动和投资驱动,向创新驱动的轨道发展提供了重要战略机遇。

二、全球经济规则从第一代向第二代深度演变的机遇

实际上,20 世纪 80 年代以来全球价值链分工能够得以迅猛发展,除了与产品生产国际分割技术的突飞猛进有关外,更重的还在于以边境壁垒降低为主要内容的第一代全球经济规则为其提供了制度保障,因为在产品"迂回生产"链条不断延伸过程中,其所要求的技术属性要比制度属

[①]　王子先:《研发全球化趋势下自主创新与对外开放关系的思考》,《国际贸易》2013 年第 8 期。

[②]　马琳、吴金希:《全球创新网络相关理论回顾及研究前瞻》,《自然辩证法研究》2011 年第 1 期。

性简单得多,换言之,产品生产技术上的可分离性要比人们想象的简单,而影响其发展的更多是制度层面的滞后①。在全球价值链分工体系下,生产的国际碎片化会带来中间品的多次跨境流动,因此即便是"不起眼"的关境壁垒亦能在整个价值链上形成累积效应,最终"放大"有效保护率。由于多边和区域贸易自由化的进展,当前全球多数制成品关税一直在下降,然而,即便是在此背景下,一些学者的研究仍然表明②:尽管名义关税税率较低,但制造业全球价值链的兴起会导致名义关税税率沿着供应链不断积累,从而对制造业价值链拓展仍有重要影响。也正是基于这一意义,以"边境开放"措施为主要内容的第一代经济全球化规则,的确为全球价值链深度演进提供了重要制度保障,从而促成了其迅猛发展。

实际上,实现产品生产不同环节和阶段的无缝对接、降低交易成本,是价值链分工的内生需求,这不仅需要通过"边境开放"以降低产品跨境流动壁垒,还需要各国市场规则的一致性乃至各国间标准的兼容性。只不过全球价值链的前一轮发展主要表现在制造业环节,尤其是中低端的环节和阶段的国际梯度转移,这一阶段相对而言对前一要求较高,而对后一要求还并不太高。然而,全球价值链的进一步发展尤其是基于制造业价值链向全球创新链的深度演进,会对与之相应的后者制度保障提出了更高要求,更确切地说,会对包括法制化水平、制度质量、知识产权保护、生产要素市场、环保标准、劳工标准、竞争中立、商业环境的公正透明等内容在内的一国国内经济政策和市场环境提出了更高的要求。在某种程度上可以说,世界贸易组织研究所指出的"全球价值链分工格局基本定型,进一步深化的边际成本加大"的问题,在我们看来,正是由于新的全球经济规则尚未形成从而未能为价值链"进一步深化"提供切实有效的制度保障。这一点从当前由世界贸易组织主导的多边贸易谈判进程受阻也可略见一斑,主要原因就在于着眼于降低贸易投资壁垒、扩大"市场准入"为目标的"边界措施"已经不能提供全球价值链分工进一步深度演进的

---

① 奥利弗·威廉森:《交易费用经济学讲座》,《经济工作者学习资料》1987 年第 50 期。

② Antonia D. and H. Escaith, "*Trade in Tasks, Tariff Policy and Effective Protection Rates*", WTO Working Paper, No.ERSD-2014-22.

现实需要,这也是为什么有些学者提出世界贸易组织应加快从 1.0 版向 2.0 版转身,否则面临着"破产"的原因所在(Baldwin,2012)[1]。但无论如何,以跨国公司主导的全球价值链深度演进为主要内容的经济全球化仍是大势所趋,其对更高标准制度保障的内生需求催生了"新一轮区域贸易自由化浪潮的兴起",或许就是明证。有研究表明,基于这一内生需求的全球贸易和投资规则正在重建并取得了一定成果(金中夏等,2014)[2],由此可以预期的是,伴随全球经济规则从第一代向第二代深度演变,包括以制造业价值链为基础向全球创新链拓展的国际分工势必深入演进。显然,高标准的国际经济规则无疑会在"倒逼"国内改革方面发挥重要推动作用,促使中国开放型经济尽早走上"释放改革红利"的道路上。

三、全球经济新格局下跨国公司"逆向创新"战略调整的机遇

20 世纪后半叶尤其是进入 21 世纪以来,世界经济格局发生了"东升西降"的巨大变化,犹如国际货币基金组织前副总裁朱民先生所指出[3]:世界经济增长的重心从发达经济体转移到新兴和发展中经济体。而联合国数据库的有关资料也表明,在美国、欧盟和亚洲三大经济体中,美国和欧盟的经济总量所占比重正逐步下降,而亚洲经济总量所占比重则逐步上升。其中,中国经济的快速发展成为全球经济"东升西降"的巨大引擎(金碚,2012)[4]。全球经济格局的巨大变化引起了跨国公司全球竞争战略布局的相应调整。这是因为,发达国家在布局全球价值链过程中,不仅与各国的要素禀赋结构所形成的比较优势有关,也与最终消费市场的区

① Baldwin R.,"WTO 2.0:Global Governance of Supply-chain Trade",*CEPR Policy Insight*,No.64,December 2012.

② 金中夏:《全球贸易与投资规则重建》,《新金融评论》2014 年第 6 期。

③ 朱民:《世界经济结构的深刻变化和新兴经济的新挑战》,《国际金融研究》2011 年第 10 期。

④ 金碚:《全球竞争新格局与中国产业发展趋势》,《中国工业经济》2012 年第 5 期。

位有关。一项针对全球价值链区位分布的理论研究表明①，价值链不同环节和阶段对"接近"消费市场的需求或者说敏感程度不同。具体而言，诸如研发、设计、营销和售后等更倾向于"接近"消费市场，而具体的组装、加工和普通制造环节则对是否"接近"消费市场不太敏感。对此，OECD 和世界贸易组织联合开展的一项调查研究结果也给予了证实，因为研究结果表明，在跨国公司全球价值链布局的关键影响因素中，需求市场规模成为仅次于生产要素成本的第二大因素。因此，在全球财富和经济权力主要集中于发达经济体的背景下，全球主导性消费也主要集中于发达经济体，这必然促使跨国公司的全球战略主要"定位"于发达经济体市场。换言之，在全球价值链的布局过程中，跨国公司更倾向于将产品研发创新的经济活动置于发达经济体内部，以"接近"消费市场。但伴随新兴经济体和发展中经济体的迅速崛起以及全球经济重心的逐渐"东移"，必然推动全球消费市场布局的重新调整。随着新兴和发展中经济体市场需求规模不断扩大，跨国公司会越来越重视这一新的市场需求和巨大潜力，为了接近这一"新"的市场，其全球价值链的布局策略也将随之调整，即将更多的研发创新活动置于新兴市场经济体，并以此为基础将创新产品销往包括发达国家在内的全球市场。有些学者将跨国公司这一新的策略变化称为"逆向创新"（Reverse Innovation），以区别于以往主要将研发创新活动置于发达国家市场进而将创新性产品再销往全球的模式。有关案例研究表明（Jones, 2011②），这种价值链布局的策略调整已在许多跨国公司中悄然出现。目前，许多跨国公司的研发机构乃至经济总部"进驻"中国，一定程度上也说明"新战略"的端倪，这为中国攀升全球产业链和价值链高端提供了重要机遇。

---

① Baldwin R.and A.Venables, "*Relocating the Value Chain：Offshoring and Agglomeration in the Global Economy*", NBER Working Paper, No.16611 2010.

② Jones C., "Intermediate Goods and Weak Links in the Theory of Economic Development", *American Economic Journal*, 2011, Vol.3, No.4, pp.125-138.

四、全球价值链发展进入重塑阶段的机遇

发端于美国次贷危机的本轮全球经济危机,表面上是金融制度缺陷和金融行为非理性所致,但实体经济才是其深层次的根源所在,确切地说,是世界经济周期作用的结果。从这一意义上来说,全球经济要想真正摆脱危机并进入新一轮的繁荣和增长,技术创新与产业创新才是根本之道,这一点基本已成学术界和实践部门的共识。实际上,进入21世纪以来,一些重要科技领域发生革命性突破的先兆已经初显端倪,新一轮科技和产业革命加快孕育,只不过本轮全球经济危机的冲击加速了发达国家为首的科技和产业革命的步伐。目前,不论是美国实施的"先进制造业"发展战略,以推动制造业回流和升级,还是德国大力推进的"工业4.0战略";不论是英国实施的"高价值制造"战略,还是法国实施的"新工业法国"战略,本质上都是科技革命和产业革命的竞赛,同时也说明了各国愈发重视以技术创新拉动经济发展。显然,酝酿新的产业革命和技术革命,必然改变着全球产业链格局,从而使得全球价值链进入新一轮的调整期和重塑期。当然,科技革命和产业革命推动下的全球价值链重塑和调整,既包括前文所提及的设计研发的全球化发展趋势,也包括全球价值链自身的变动,比如传统"微笑曲线"的整体移动、与"微笑曲线"相伴随的可能还会出现新式的所谓"沉默曲线"乃至"悲伤曲线"(黄群慧等,2013)①,以及不同国家在全球价值链中地位重构等。应当看到,全球价值链调整和重塑已初现端倪,而这对于发展中国家来说,通过诸如开展对外投资参与全球价值链重塑等,从而实现产业升级和技术进步,既是重要的机遇也是重要途径,这无疑为中国构建自己的全球价值链提供了重要契机。

---

① 黄群慧、贺俊:《第三次工业革命"与中国经济发展战略调整——技术经济范式转变的视角》,《中国工业经济》2013年第1期。

第六节　供给侧结构性改革:全球价值链下
外贸转型发展的内涵与逻辑

抓住新机遇,促进外贸转型发展,需要加快推进供给侧结构性改革。供给侧结构性改革,作为适应和引领经济发展新常态的重大创新和重要举措,由于紧密吻合和对应着当前中国经济转型发展的现实需要,因而成为中国经济发展语境中的重要概念。其中,作为中国国民经济发展重要组成部分的对外贸易,不仅是保就业和稳增长的重要支撑,同样也是调结构和促转型的重要抓手,因此,新形势下如何在外贸发展领域贯彻落实供给侧结构性改革的战略部署,加快我国外贸转型发展,具有十分重要的战略意义。然而,由于外贸通常被认为是传统的"需求侧",因此,如何正确理解和把握外贸领域"供给侧结构性改革"的相关问题,进行进一步的深入探讨尤为必要。实际上,在当前以全球价值链为主导的国际分工形态下,外贸的真实内涵已经远远超越了传统的所谓"需求侧",因为本质上看,发展外贸其实更多的是融入全球价值链分工体系后所表现出的"外在流转",故而外贸发展的深层次问题,本质属于生产即"供给侧"问题。基于上述意义,实现外贸发展的稳增长、调结构、促转型,实际上就是要不断提升自身融入全球价值链分工体系的能力,以及逐步实现价值链攀升。当前,全球经济进入深度调整期,中国经济发展进入新常态,尤其是全球价值链分工体系出现的一些新变化和新趋势,客观上都要求中国加快推进供给侧结构性改革,以更好地适应乃至引领全球价值链发展变化。唯有如此,才能使得作为融入全球价值链分工体系"外在流转"表现的外贸发展更为稳健,进而谱写新一轮辉煌。

一、全球价值链下外贸的"需求侧"与"供给侧"

在传统的国际分工模式下,由于各国进行生产和分工的边界是最终产品,换言之,用于交换的最终产品的全部生产过程均是在出口国国内独立完成的,之后无论是出于"互通有无"还是出于"取长补短"的需要,其交换也就变成了纯粹的流通过程。此时,生产和贸易流是相对独立的过程,因此供给侧(生产)和需求侧(出口所对应的进口国需求)相对而言也就有着较为明确的区分。可见,在传统的以最终产品为界限的国际分工模式下,对外贸易的表面意义确实可简单地理解为需求侧,开展对外贸易的目的和功能主要表现为产品价值的实现,即为实现产品价值而进行的国际交换,这也就是所谓的从商品到货币的"惊险的一跃"在国际市场层面的体现。

然而,伴随国际分工从传统以最终产品为边界的模式,走向当前以产品价值增值环节和阶段为边界的新模式后,即被学术界所谓的全球价值链分工,对外贸易的目的、性质和功能等均发生了巨大改变。所谓全球价值链,就是产品生产的不同环节和阶段,会按照其不同的要素密集度特征而配置到具有不同要素禀赋优势的国家和地区,其实质是跨国公司在全球范围内布局其生产网络体系,从而实现其成本最小化或收益最大化的全球资源优化配置和整合。在全球价值链分工模式下,一国(地区)无须也不可能独立完成整个产品的生产过程,而是专业化于自己最具比较优势的环节和阶段,从而成为产品生产过程的一个参与者或组织者。显然,在这一分工模式下,最终产品的完成是由多国(地区)共同参与的结果,其生产内含了多国(地区)的生产要素,从而使得生产过程具有了真正的国际化意义。正如世界贸易组织前任总干事拉米所言,传统的所谓中国制造、美国制造、日本制造等几乎不存在,代之而起的则是世界制造。而且更为重要的是,跨国公司在安排和布局全球价值链过程中,可以采取多种形式,比如,既可以采取外包形式也可以采取对外直接投资等形式,尤其是采用后者时,通过输出自身优势要素而与东道国(地区)的优势要素相结合,进行产品生产环节和阶段的生产,更是使得产品生产环节和阶段一开始便具备了国际化意义。生产的阶段性完成都已经演变为各国生产要素组合的结果。总之,各国(地区)以优势要素参与国际分工和生产,是全球价值链重要特征所在,国家(地区)之间的分工边界随之转向为产品价值增值环节和阶段乃至生产要素。也正因如此,有些学者也将当前这种主导型的国际分工形态称为全球要素分工(张二震等,2005①;张幼文,2005②)。

毋庸置疑,在全球价值链分工条件下,跨境流动的产品不再局限于最终产品,而且包括了中间产品,并且伴随价值链分工的不断深化,中间产品的跨境流动逐步取代最终产品而占据着主导地位。联合国贸发会议(UNCTAD)统计数据库的相关数据显示,目前全球贸易中的70%以上是中间产品。可以说,这是全球价值链分工条件下的必然表现和结果,因为最终产品生产的完成,会客观上要求上游各生产阶段和环节的中间产品多次跨境流动。与最终产品的跨境流动所不同的是,中间产品跨境流动并不是简单地为实现产品价值,而是为了继续生产过程而呈现的一种必要的全球流转现象,是生产过程在流通领域的进一步延伸和延续。此种意义上的贸易,实质上成了链接不同生产环节和阶段的一个不可或缺的流转过程,因而贸易的功能和目的随之演变为:为了创造产品价值而进行的跨境流动。此时,生产过程和以贸易为表现的流通过程不再是完全相互独立的,而是相互依赖、相互融合的,即生产过程的延续和最终完成需要贸易,贸易流通过程中则融合了不同生产环节和阶段。在这种彼此融合、共生发展的情境中,无论是某个生产环节和阶段出现问题,还是贸易流通环节出现问题,都会影响到最终产品生产的完成和实现。显然,此种意义下的对外贸易不能简单地视为"需求侧"问题,在某种程度上可以说已经具有了"供给侧"因素,换言之,需求侧和供给侧的边界正变得愈发模糊。更何况,从微观层面上看,全球价值链的发展正是在跨国公司主导下进行的,是跨国公司布局全球生产网络的表现和结果,因而即便从供给方和需求方的角度观察,同样变得难以区分。因为无论是中间产品的生产和供给还是需求,可能都是跨国公司自己,供给和需求在实施主体上融为一体。当前,全球贸易中的微观主体是跨国公司,且公司内贸易占据着全球贸易绝对主导地位的事实特征,就是明证。

可见,当国际分工从传统的以最终产品为边界的模式转变为以产品

---

① 张二震、方勇:《要素分工与中国开放战略的选择》,《南开学报》2005 年第 6 期。

② 张幼文:《从廉价劳动力优势到稀缺要素优势——论"新开放观"的理论基础》,《南开学报》2005 年第 6 期。

价值增值环节为边界的模式后,供给侧和需求侧相对明确的划分边界也随之模糊。对于一国(地区)而言,发展对外贸易并非是简单地满足国际市场上的需求,更本质的意义是以优势要素融入跨国公司主导的全球生产和分工体系,或作为被整合者而被整合和利用,或作为整合者而整合和利用其他国家的生产资源。无论是哪一种,看待外贸发展问题,都应深入到生产和供给层面,而不能停留在传统的所谓需求层面进行理解和把握。建立在这一基本认识基础之上,外贸发展方式的转变,本质上取决于融入全球价值链分工体系方式的转变。因此,新形势下推进供给侧结构性改革,就是要顺应乃至引领全球经济深度调整背景下全球价值链演变新趋势,以稳定外贸发展的"根基"。

二、全球价值链演变与供给侧结构性改革的战略意义

长期以来,尤其是中国加入世界贸易组织后创造的外贸增长奇迹,实质就是通过融入发达国家跨国公司主导的全球价值链分工体系而实现的产业发展的结果。然而,金融危机后随着全球经济进入深度调整期,以及中国经济发展进入新常态,中国融入全球价值链分工体系实现外贸快速发所依托的两个重要条件正在发生深刻变化。一是全球价值链分工深化的速度正在趋缓,甚至停滞乃至倒退;二是中国自身的要素禀赋优势正在改变。上述两个关键因素的深刻变化,显然对传统的简单纳入全球分工体系的粗放式外贸发展方式形成了一定挑战。2012—2015年连续四年中国外贸增长未达既定目标,跌破长期以来的两位数高速增长,甚至低于经济增速乃至出现负增长的现象特征,就是明证。在出现上述不利变化形势的同时,全球价值链分工演进也呈现出一些新趋势、新特征,从而带来了新机遇。当然,无论是能否有效应对挑战,还是能否更好地抓住机遇,都取决于能否培育和形成新的优势要素,依托新优势生产要素的供给和有效利用,从而在更高层次上继续深度融入全球价值链分工体系。关于这一点,正是推进供给侧结构性改革的战略要义所在。

众所周知,贸易规模的扩张源自分工的演进和深化,而分工的扩大则取决于两个关键因素,即生产技术进步和制度变革。以全球价值链分工

快速、深入演进为表现的前一轮经济全球化红利,主要得益于上述两个因素的推动。一方面,生产分割技术的快速进步以及信息通信技术的突飞猛进,为产品生产环节的切片分割和全球范围内的区域布局,提供了必要的技术支撑条件;另一方面,以世界贸易组织等为主导的国际机构,为贸易自由化和投资自由化提供了必要的制度框架和制度保障。目前,全球经济正处于深度调整期,其间的突出特点是,前一轮科技革命推动分工深化和前一轮全球经济规则形成的制度红利,其动力机制已基本衰竭,正在等待新科技革命崛起和全球经济新规则的形成及普遍推行,但新一轮科技革命及其可能引发的产业范式变革还未成为产业化发展趋势,由此推动的分工深化尚未露出端倪,这也是当前全球主要各国产业发展仍然处于疲迷状态的实质原因所在;而全球经济新规则同样尚未实质性形成并进入普遍推行阶段,在实践中主要表现为世界贸易组织主导的多哈回合谈判进展缓慢,区域性的经济规则谈判尚未进入实质性推行阶段,并且即便推行也面临着较大的"区域局限性"。从这个意义上看,由于推动全球价值链分工的传统因素在弱化而新的因素又尚未形成,因此,全球价值链分工深化的速度放缓,也就成为必然逻辑。对此,针对当前全球贸易增速放缓的一些最新文献也给予了佐证,即部分学者开展的实证研究认为,全球价值链分工演进有停滞甚至倒退迹象(Hoekman,2015[①];苏庆义,2015[②])。从另一个角度看,上述变化其实同时暗含着两个潜在的趋势:一是寻求技术变革和产业变革,正成为当前全球各主要国家力图在新一轮全球化中占据制高点所采取的重要战略;二是适应新一轮科技革命和产业革命推动国际分工深度演进所需要的全球经济新规则,最终必将酝酿成型。在这其中,不仅在参与全球技术革命和产业革命的白热化竞争方面,需要大力推进供给侧结构性改革,在争夺全球经济规则的主导权和话语权等方面,同样有赖于供给侧结构性改革,因为供给侧结构性改革的

---

① Hoekman B(ed.),"*The Global Trade Slowdown:A New Normal?*", A VoxEU eBook, London:CEPR Press and EUI,2015.

② 苏庆义:《2016 年世界经济形势分析与预测:全球贸易低速增长之谜》,社会科学文献出版社 2015 年版,第 250—266 页。

核心其实就是规则和制度变迁。

虽然一系列的研究表明,当前全球价值链分工的演进速度在趋缓,但并非意味着全球价值链分工作为国际分工的主导形态发生了根本性的扭转。相反,在传统以制造业为主导的全球价值链发展基础之上,全球价值链有进一步深化演进的重要趋势,突出表现为价值链条的全球布局正在从传统的生产制造环节不断向服务领域拓展、正由制造业价值链向创新链发展变化、全球价值链的区域布局出现了由跨国公司主导的"逆向创新"战略调整的发展变化,以及全球价值链分布格局重塑发展变化,等等。有关这些方面的讨论,我们已经在另外一篇文章中进行了初步探讨(戴翔和张二震,2016)[①],此处不拟赘述。毋庸置疑,全球价值链所呈现的上述发展变化和趋势,为进一步深度融入全球价值链而实现高水平高层次的外贸发展带来了重要机遇。比如,若能在传统的制造业价值链分工基础之上,成功地融入全球创新链从而充分地利用全球创新资源,无疑有利于创新驱动的外贸发展方式转变;若能在以往承接跨国公司转移的加工制造业环节梯度转移基础之上,准确把握并利用跨国公司的"逆向创新"战略,将更多的研究开发等创新环节吸引到本土市场来,将更多的总部经济吸引到本土市场来,无疑是实现价值链攀升或者高端切入全球价值链的重要方式,从而必然表现为外贸发展方式的转变;若能在传统制造业领域开放已经取得一定发展成就的基础之上,成功地将开放领域和开放主战场转向服务业领域,必将反向拉动服务业和服务贸易的大发展,进而改变长期以来我国外贸发展中备受诟病的货物贸易和服务贸易严重失调现象;如果在全球价值链重塑过程中,能够改变以往的被动融入而转变为主动构建,实现的可能不仅仅是价值链攀升和高端嵌入问题,还有可能成为全球价值链的掌控者,成为全球贸易新图谱的引导者。然而,能否抓住机遇并将其化为现实,或者说能否将战略机遇期真正转化为发展的黄金期,关键在于从生产和产业发展角度看,能否进行适宜性的供给侧结

---

① 戴翔、张二震:《全球价值链分工演进与中国外贸失速之"谜"》,《经济学家》2016 年第 1 期。

构性改革,以适应和引领全球价值链的发展变化。反过来,如若在全球价值链新一轮的发展变化中未能抓住机遇,可能面临的不仅仅是学术界所忧虑的所谓"低端锁定"和跌入"比较优势陷阱"问题,更为悲惨的是,有可能在新一轮的国际分工调整中被边缘化。总之,从抓住全球价值链发展变化所带来的新机遇角度看,加快推进供给侧结构性改革是必然选择也是唯一出路。

三、全球价值链下外贸供给侧结构性改革的几个领域

在明晰了外贸"供给侧"基本内涵及其战略意义之后,还有必要对全球价值链分工条件下所可能涉及的几个关键领域做一必要分析和说明。基于上文分析可见,外贸的概念和内涵其实早已突破了传统意义上的进出口范畴。从全球价值链分工角度看,当今意义的外贸既含有传统意义的出口和进口,更融入了包括要素流动在内的新内容,比如利用外资和本土企业走出去,同时也包括随着分工领域变化而出现的开放领域新变化,其范畴已然演化为"大外贸"。概括而言,全球价值链分工条件下的外贸供给侧结构性改革,大体包括以下几个方面的重要领域。

第一,从出口贸易角度看。从传统意义上理解,外贸领域的供给侧结构性改革,与出口领域最为密切相关。出口虽然通常被理解为"需求侧",但是从贸易与产业之间的关系来看,贸易只不过是流,而产业才是根是源。因此"需求侧"状况的改变,并非完全源自所谓不可控的国际市场需求这一外生因素变化所致,通常也与自身作为贸易基础的产业发展状况即供给因素有关。举个简单的例子,在国际市场需求偏好既定情况下,一国出口产品品质提高显然有助于其出口竞争力提升,从而增强外贸发展能力和后劲。因此,即便是在传统国际分工模式下,出口贸易在某种程度上也可以说是根源于供给侧层面。如果说在传统国际模式下,出口贸易涉及供给侧层面,还是一个问题的两个方面的话,那么在全球价值链分工条件下,出口贸易所关乎的供给侧层面问题,已经远远突破了上述传统意义。因为此时的出口表象,只不过是作为融入全球价值链分工体系后所表现出的"外在流转",出口状况所涉及的根本问题是能否融入国际

分工体系、怎样融入以及在国际分工体系中处于什么位置的问题,从而一开始便在本质上属于供给侧层面。因此,就表象谈表象的话,外贸供给侧结构性改革首先就应表现在出口贸易领域,这一点在传统国际分工模式下是如此,在全球价值链分工条件下更是如此。

第二,从进口贸易角度看。外贸发展在流向上虽然可以分为出口和进口两种,但是在传统的以最终产品为边界的国际分工模式下,进口作为一国需求,通常很难与供给侧层面联系在一起。然而,当国际分工的主导形态从传统模式发展到全球价值链的新形态后,进口的意义显然不再是简单满足一国的最终消费需求,更多体现为作为中间投入品进入到生产过程,从而具有了供给侧的本质特征。正如盛斌和陈帅(2015)[①]的研究指出,在全球价值链分工体系下,一国企业可以从国外进口低成本、高质量、多元化的中间投入品,与自身的资源优势或者技术优势相结合,在大幅度降低生产成本和提升生产效率的同时,形成产品创新和出口产品品质提升,从而提升本国出口产品在国际市场上的竞争地位,改善出口贸易效益。实际上,国内外学术界大量的文献均已从中间品进口角度探讨了对一国出口产品质量和效益等方面的影响,比如笠原等(Kasahara 等,2008)[②]、古德伯格等(Goldbery 等,2010)[③]、巴斯等(Bas 等,2015)[④]的研究成果均显示,一国生产什么、供给什么、在国际分工中处于怎样的地位,不再仅仅取决于该国拥有怎样的要素禀赋和技术水平,与此同时还取决于能否进口到中间投入品、以什么样的成本进口以及进口什么层次的中间投入品,因为全球价值链分工条件下中间品进口已成为绝对产出能力和水平的重要因素之一。显然,当进口已经成为一国生产乃至参与全球

①　盛斌、陈帅:《全球价值链如何改变了贸易政策:对产业升级的影响和启示》,《国际经济评论》2015 年第 1 期。

②　Kasahara H.and J.Rodrigue,"Does the Use of Imported Intermediates Increase Productivity? Plant-Level Evidence",*Journal of Development Economics*,2008,Vol.87,No.1,pp.106-118.

③　Goldberg P.,Khandelwal A.,Pavcnik N.and P.,"Topalova. Imported Intermediate Inputs and Domestic Product Growth:Evidence from India",*Quarterly Journal of Economics*,2010,Vol.125,No.4,pp.1727-1767.

④　Bas M. and V. Strauss-Kahn, "Input-Trade Liberalization, Export Prices and Quality Upgrading",*Journal of International Economics*,2015,Vol.95,No.2,pp.250-262.

价值链生产分工体系中的重要一环后,供给侧结构性改革相应地也就应该包括进口领域,换言之,推进进口贸易方面的一系列改革,成为供给侧结构性改革的重要领域和方向。

第三,从利用外资角度看。当前全球价值链分工所伴随的一个突出特征,就是要素的跨境流动性越来越强。换言之,全球价值链的区域布局不仅表现为生产环节和阶段的简单分解,而且在价值增值环节的国际梯度转移中同时伴随着要素流动,最为典型的表现就是对外直接投资所带动的诸如技术、管理、营销等一揽子生产要素的流动。在中国对外贸易发展的实践中,这一点表现得尤为典型,即通过大量引进外资与本土诸如廉价劳动力优势要素相结合,共同参与到全球价值链生产体系中而造就了全球出口平台。从微观企业角度看,外资企业在中国出口贸易高速增速中扮演着重要角色和发挥着巨大贡献,就是很好的说明。因此,利用外资也是我国参与和融入全球价值链的方式和手段之一,是外贸发展的供给侧层面的重要决定因素之一。显然,利用外资的质量和层次如何,在很大程度上决定了融入和参与全球价值链的方式如何,在全球价值链分工中的位置如何,进而表现为外贸发展的层次和水平如何。基于上述意义,外贸供给侧结构性改革所涉及的一个必然领域就是利用外资。需要提请注意的是,伴随着贸易和投资自由化的进一步发展,要素跨国流动性会进一步增强;而在新一轮开放发展过程中,继续引进外资仍将是我国发展开放型经济的重要方式和基本手段,只不过关键的问题是,利用外资的战略和策略应随经济发展阶段而进行适应性调整。在新阶段怎样利用外资才能更好地服务于外贸转型发展的需要,服务于中国经济创新驱动发展的需要,必然成为外资领域供给侧结构性改革的重要议题。

第四,从"走出去"角度看。利用全球生产要素与自身优势要素相结合的方式融入价值链分工体系,基本上存在两种选择:一是通过引进外资与本土要素相结合;二是通过对外直接投资与当地生产要素相结合。无论是哪种形式的组合方式或者说融入全球价值链的分工方式,由此所产生的对外贸易已经远远超出了传统的以"国别"为界限的进出口范畴。比如,外资企业进入中国与中国本土优势要素相结合,进行产品或者产品生产环节的生产,然后出口。此时,虽然外资企业所完成的外贸数据并没有在其母国体现,但外贸利益实质上却属于跨国公司,即外贸数据留在了中国,但利益却留给了发达国家的跨国公司及其母国。同理,中国本土企业通过走出去,与当地生产要素相结合形成全球产品的生产能力并实现产品的全球流转,虽然外贸数字不在中国,但仍可获取贸易利益,是实质上的外贸发展。所以,在全球价值链分工条件下对外贸流转的表现也应重新审视。从这一点来理解,"走出去"参与全球价值链分工体系,其外贸内涵和意义更为完整和清晰。实际上,完整意义上的开放型经济发展应该是一个双向循环系统,即既有引进来也有走出去。过去一段时间,中国主要以引进来为主,而且主要是以"被整合者"的身份融入全球价值链分工体系;而"走出去"往往是作为"整合者"的身份,更多体现的是构建和掌控全球价值链的能力,从而由"被整合者"向"整合者"转变,也即意味着外贸发展更多地由被动式发展转变为主动式发展。因此,在全球价值链分工条件下,"走出去"领域的供给侧结构性改革,同样是事关外贸发展的"供给侧"层面因素。

第五,从开放领域角度看。以往中国发展开放型经济,主要发生在制造业领域,即融入制造业价值链是我国参与国际分工的主要表现,在开放领域上具有典型的"单兵突进"特点,服务业开放则显得相对不足。犹如前文所述,当前全球价值链发展变化正在由以往的制造业领域向服务业领域拓展深化,近年来全球贸易结构不断向服务业倾斜,以及全球对外直接投资领域逐步形成以服务业为主导的实践特征,就是明证。在制造业发展已经取得举世瞩目成就的基础上,未来需要快速融入服务业全球化和碎片化的国际分工体系,充分利用服务业发展存在的巨大潜力,大力引进服务业 FDI 和发展服务贸易。当融入全球价值链进而发展外贸的方式,从传统制造业领域向服务业领域拓展后,更需要供给侧结构性改革。因为制造业领域的对外开放主要表现为以关税和非关税壁垒降低的边境开放措施的推行,而服务业领域的对外开放相对而言与边境开放关系不大,比如很多服务贸易就无法通过海关进行监管,因此服务业开放更多地表现为境内开放措施的推行,需要相伴的即是供给侧结构性改革。总而言之,转变外贸发展方式,实现货物贸易和服务贸易的协调发展,在全球价值链分工条件下,在服务经济领域推行必要的改革措施,从而将开放领域从制造业拓展至服务业,同样是供给侧结构性改革的重点领域。

第七节　外贸发展战略的调整

当然,在全球经济深度调整背景下,中国外贸发展进入以增速放缓为表征的"新常态"后,从"量"性特征转变为"质"性特征的发展模式,并非是一个自然而然的演进过程,更多地取决于是否采取了正确的发展战略,取决于是否能够更加注重着眼长远,培育中国外贸发展的长足后劲。为此,需要在进一步扩大开放中打造外贸企业竞争新优势,并注重以下几方面的问题。

一、推动供给侧结构性改革加快外贸发展方式转变

所谓供给侧结构性改革,主要是指从提高供给质量和效益出发,用改革的办法矫正要素配置扭曲,提高要素配置效率,扩大有效供给和高端供给,减少无效供给和低端供给,从而推进结构调整,促进经济社会持续健康发展(龚雯等,2016)[1]。基于前述从全球价值链分工视角对外贸本质内涵及其所涵盖的领域分析,推进供给侧结构性改革,加快外贸发展方式转变,亟待从以下几个方面采取科学有效地对策举措。第一,构建出口可持续发展新机制,培育出口竞争新优势。当前我国出口贸易遭遇增速放缓和下滑等挑战,说明我们的出口竞争优势在弱化,而究其本质则是供给侧出了问题,是传统的简单融入全球价值链分工体系以扩大低端出口的方式出现了问题。在当前全球经济进入深度调整期和国内产业亟待转型升级的大背景下,我国出口贸易的发展模式已然从简单融入价值链分工体系的求"大",转向在价值链中实现升级后的求"优"求"强"转变。实际上,要成长为贸易强国,不仅要有稳定的出口基数(即稳定价值链分工

---

① 龚雯、许志峰、王珂:《七问供给侧结构性改革》,《人民日报》2016 年 1 月 4 日第 2 版。

的表现),与此同时还要进一步优化出口商品结构,进一步提高出口贸易的发展质量和效益,从全球价值链分工角度看就是需要提升参与价值链分工的能力和层次。即依托供给侧改革提升供给的质量和品牌,提高产品的竞争优势和附加值。为此,需要在出口贸易管理体制,尤其是作为价值链分工重要表现和形式之一的加工贸易行政审批、建立出口贸易新型管理体系、完善政策措施、优化发展环境等方面进行一系列改革,从而营造有利于出口竞争新优势培育的环境。

第二,调整进口贸易政策,发挥进口在提升价值链分工地位中的促进作用。前述分析已经指出,在全球价值链分工体系下,进口作为中间投入,从而以供给侧层面因素在很大程度上决定着产出的能力、质量和效益,也即在全球价值链分工中的地位及由此决定的外贸发展方式。因此,依托外贸领域的供给侧结构性改革而实现外贸发展方式转变,应适时调整进口政策,以充分发挥进口在提升价值链分工地位中的重要作用。进口政策的调整,需要统筹考虑产业、技术发展、技术溢出以及市场情况。比如,对于能够产生显著技术溢出效应和产业联动转型升级机制的关键设备和中间品进口,要充分利用结构性进口关税政策调整的作用,简化手续,推动进口便利化;对于关键技术的进口,要建立起有效的引进—消化—吸收—再创新的一体化政策体系;等等。诸如这些都是进口领域供给侧结构性改革的关键所在。

第三,创新外商投资管理体制,提升利用外资质量。除了表现最为直接的进出口贸易外,在全球价值链分工体系下,利用外资状况同样是融入全球价值链的重要方式和手段,从而在一定程度上决定着分工层次和外贸发展水平。不可否认,利用外资政策必须要与特定阶段发展相适应。比如,在经济发展和融入全球价值链分工初期,以适度优惠政策和差别待遇大规模引进外资,从而迅速和全面地融入全球价值链分工体系,形成庞大的制造生产和出口能力,具有一定的合理性。但伴随经济发展和内外部经济条件的变化,引资政策也应作出适应性调整,这也是为什么在我国部分开放型经济较为发达地区,提出了所谓从"招商引资"到"招商选资"再到"招商引智"发展战略变化的主要原因。利用外资质量和水平如何,固然与跨国公司的全球资源整合和要素区位配置的战略等有关,同样也与一国或地区利用外资的政策有关。为此,新形势下基于提升价值链分工地位和转变外贸发展方式的需要,依托政策调整而提升外资利用质量,是供给侧结构性改革的重要内容和任务。这就需要在加强对外资投向的引导、建立公平竞争的环境及配套的法律系统、不断创新利用外资方式和拓宽利用外资渠道、改善外商投资环境、完善外商投资监管体系、统一内外资法律法规、推进准入前国民待遇加负面清单的管理模式等方面,作出一系列的政策调整和改革措施。

第四,建立对外直接投资管理新体制,促进企业加快"走出去"步伐。促进本土企业"走出去",整合和利用全球资源和生产要素,不仅对于优化资源配置,从而在更高层次上融入和参与全球价值链分工体系有着重要作用,对于中国构建自己的全球价值链、改变以往的"被整合者"为"整合者"同样至关重要,而这显然是影响外贸发展方式的至关重要的因素之一。近几年,伴随我国"走出去"战略的实施,中国企业"走出去"的步伐不断加快,突出表现为我国对外直接投资规模在迅速攀升。但不可否认的是,中国企业"走出去"还处于刚开始的发展阶段,进一步深度融入、参与、扎根乃至构建、主导和控制全球价值链,转变外贸发展方式和提升发展水平,还需要加快本土企业"走出去"的步伐,还需要不断提高对外直接投资的质量和效率,还需要提高我国本土企业国际化经营能力,还需要对本土企业"走出去"进行适宜性地引导并提供必要的制度保障,这一系列的"需要"均意味着建立对外直接投资管理新体制的必要性和紧迫性。研究制定境外投资法规、放宽境外投资限制、简化境外投资管理、创新对外投资合作方式、健全走出去服务保障体系等方面作出改革和创新性探索,依托政策支持和投资促进而鼓励本土企业加快"走出去"步伐。

第五,扩大服务业对外开放,提升服务贸易战略地位。无论是基于货物贸易和服务贸易协调发展的外贸发展方式转变的现实需要,还是顺应服务业全球化和碎片化发展的全球价值链发展变化新趋势的需要,扩大服务业开放都应该被置于新一轮开放型经济发展中重要的战略地位。而能否抓住全球制造业价值链向服务业价值链拓展变化的新机遇,以反向拉动我国服务业发展和服务贸易大发展,关键在于能否有效推进服务业领域的改革。更为重要的是,服务业的开放与制造业的开放有着本质不同,制造业开放更多体现为边境开放措施,而服务业开放更多地体现为境内开放措施,即经济规则和制度问题。因此,扩大服务业开放,以此促进服务业和服务贸易大发展,乃至引领制造业转型升级,并最终实现外贸发展方式的转变,需要在鼓励发展生产性服务贸易、推进服务业投资便利化和贸易自由化、加强对服务业利用外资的引导、建立与服务贸易相适应的口岸管理和通关协作模式、创新服务贸易金融服务体系、推进国内服务市场健全制度、标准、规范和监管体系、为专业技术人才和专业服务跨境流动提供便利、制定与国际接轨的服务业标准化体系等方面,建立健全服务业和服务贸易的管理和促进体系。

需要指出的是,以上诸多领域的供给侧结构性改革问题,并非相互独立而是相互影响和相互作用,尤其是从全球价值链分工角度看,则更是一个错综复杂的体系,共同影响着外贸发展方式的转变。因此,改革政策的制定和调整,还应充分考虑到相互之间的协调机制和互动机制,比如"引进来"和"走出去"的政策措施如何有机结合等。但无论如何,"大外贸"内涵下的供给侧结构性改革,注重技术创新、制度创新以及模式创新等,都是其本质和核心,也是推进供给侧结构性改革的关键所在。

二、依托"一带一路"倡议促进外贸平稳发展和转型升级

扩大开放是促进改革以及加快产业升级的动力源泉,因此,必须抓住"一带一路"倡议实施的重要契机,不断提高参与全球经济竞争与合作的能力。由于"一带一路"倡议的核心内涵包括政策沟通、道路联通、贸易畅通、货币流通和民心相通,即在于与沿边国家之间相互扩大开放,尤其是在"互联互通"中实现真正的"共赢"经济发展格局。这一战略对于外贸发展带来了重要契机,不仅表现为贸易发展的障碍会在"互联互通"中得以降低甚至消除,而且对于"产能输出"、发展服务贸易、构建更多的合作平台、引领贸易新规则制定等方面均发挥着重要作用。因此,借助大力推进"一带一路"建设的战略机遇,大力发展与"海丝"沿线国家的贸易,

对于实现中国外贸平稳发展乃至转型升级都有着极为重要的战略意义。

三、依托服务贸易发展培育新增长点

在货物贸易增速放缓的"新常态"下,引领外贸增长另一重要引擎可能就是服务贸易,这也是目前全球贸易发展的一个重要突出特征,因为全球服务贸易正以快于货物贸易增长的速度在发展。适应这一新趋势,加快我国服务业发展,不断提升我国服务业国际竞争力,促进服务贸易发展。这不仅有利于打造出新的外贸增长点,而且对于货物贸易的平稳发展,甚至转型升级都有着重要促进作用。因为经验表明,制造业的转型升级有赖于服务业,尤其是高级生产者服务业的支撑和引领。因此,抓住全球服务贸易发展的重要契机,在努力提升中国服务贸易发展和竞争力的同时,充分发挥服务贸易进而服务业发展,促进我国制造业产业升级,不仅有利于稳定货物出口,更有利于出口"升级"。

四、依托科技创新提升外贸转型发展能力

促进外贸转型发展,尤其是实施创新驱动发展战略,从而重塑新的增长动力,科技创新是依托。技术水平是决定外贸发展水平和竞争能力的重要因素,要培育出外贸发展的竞争新优势尤其是创新驱动的发展优势,就必须提高外向型产业尤其是制造业的技术水平。目前,虽然在全球价值链分工模式下中国已经成为全球价值链中的重要制造业基地之一,但总体而言,仍然处于全球产业链中低端,或者是高端产业和产品的低端环节,附加值相对较低。与美国以及北欧的一些工业较强的经济体相比,我国制造业的技术水平相对而言还比较落后,创新能力还有待加强,整体上与世界先进水平尚有较大差距。由于技术改造和研发投入不足,我国大多数行业和企业没有自己的核心技术、知识产权和核心品牌。因此,我国必须加大对技术研发的投入力度,提高技术水平,并加快利用先进适用技术和高新技术改造提升传统劳动密集型产业,使其获取新的竞争优势;加强基础研究的资助力度,加强产学研合作,促进科技成果的转化。

五、依托培育人力资本增创外贸发展新优势

在当前以全球价值链为主导的国际分工和生产模式下,国内生产要素成本的不断上升进而进入高生产成本时代背景下,所谓提升外贸转型发展能力和培育竞争新优势,其实质就等同于能否顺利地沿着价值链攀升,能够在更高的价值链上获取竞争优势。显然,这种新的竞争优势不仅取决于劳动力的数量,更取决于劳动者的质量,或者说人力资本,因为在所有的生产要素中,"人"的作用最为关键,起着决定性作用。归根到底,国与国之间的竞争、企业与企业之间的竞争,最终取决于人才的竞争。通过对劳动者本身的投资,加大人力资本的培育和积累,从依赖数量型扩张向依赖质量型提升转变,从而为外贸产业升级和贸易转型发展奠定人才基础。

六、依托企业"走出去"带动外贸发展

当前,基于全球价值链的外贸发展的突出特征之一就是贸易投资一体化,通过企业"走出去"参与全球价值链乃至布局价值链,是促进外贸发展的重要驱动力。实际上,依托企业"走出去"不仅能够转移国内过剩产能,或者将已经丧失比较优势的产业和产品价值增值环节转移出去,从而在其他国家和地区搭建贸易平台,还能够带动国内相关产品的出口。更为重要的是,从"走出去"的不同动机看,除了市场寻求型从而能为外贸拓展更为广阔的发展渠道外,还具有资源寻求型特别是技术寻求型,而这一点对于目前发展阶段的中国而言可能更为重要。因为在国内产业结构尚不具备高级化条件下,依托企业"走出去"从而获取国外更为先进的技术等高端要素,从而更有利于国内产业结构的优化升级,为外贸转型发展奠定基础。总之,依托企业"走出去"整合和利用全球资源、全球市场,对于提升外贸发展综合优势具有重要作用。

七、依托引进国际先进要素提升外贸发展质量

长期以来,中国外贸发展具有典型的"外资嵌入型"特征,当然,这也

是融入跨国公司主导下的全球价值链的必然表现和结果。当前,伴随各种生产要素跨国流动的不断增强,引进国际生产要素尤其是先进生产要素的能力高低,在很大程度上决定了中国外贸发展质量的高低。换言之,中国外贸转型发展,离不开"虹吸"国际先进生产要素可能发挥的重要作用。在新常态下的外贸发展中,我们应该通过确立"全要素"的发展理念,充分发挥通过"引资"带动诸如技术、品牌、管理、营销渠道、制度等"一揽子生产高级要素动"向我国集聚。通过集聚更为全面优质生产要素,尤其是高级管理人才和科技型人才等"外智",显然有利于中国外贸转型发展中提升整合各类先进要素进行创新活动的能力,不断增强外贸发展后劲。

参 考 文 献

1. ［美］奥利弗・威廉森：《交易费用经济学讲座》，《经济工作者学习资料》1987年第50期。

2. ［美］格鲁伯、沃克：《服务业的增长：原因与影响》，上海三联书店1989年版。

3. ［日］并木信义：《瑕瑜互见——日美产业比较》，唱新、刁永祚译，中国财政经济出版社1990年版。

4. ［英］安格斯・麦迪森：《中国经济增长的长期表现——公元960—2030年》，伍晓鹰等译，上海人民出版社2008年版。

5. 安礼伟、张二震：《对外开放与产业结构转型升级：昆山的经济与启示》，《财贸经济》2010年第9期。

6. 安同良、周绍东、皮建才：《R&D补贴对中国企业自主创新的激励效应》，《经济研究》2009年第10期。

7. 奥利弗・威廉森：《交易费用经济学讲座》，《经济工作者学习资料》1987年第50期。

8. 包群：《贸易开放与经济增长：只是线性关系吗》，《世界经济》2008年第9期。

9. 蔡昉、都阳、王美艳：《经济发展方式转变与节能减排内在动力》，《经济研究》2008年第6期。

10. 蔡昉：《刘易斯转折点与公共政策方向的转变——关于中国社会保护的若干特征性事实》，《中国社会科学》2010年第6期。

10. 陈德球、李思飞、钟昀珈：《政府质量、投资与资本配置效率》，《世界经济》2012年第3期。

11. 陈健：《跨国公司全球价值链、区位分布及其影响因素研究》，《国际贸易问题》2010年第12期。

12. 陈漓高、张燕：《对外直接投资的产业选择：基于产业地位划分法的分析》，《世界经济》2007年第10期。

13. 陈敏、桂琦寒、陆铭、陈钊：《中国经济增长如何持续发挥规模效应——经济开放与国内商品市场分割的实证研究》，《经济学（季刊）》2007年第7卷第1期。

14. 陈宪、程大中：《国际服务贸易中的政府行为》，《国际贸易问题》1999 年第 12 期。

15. 陈宪、殷凤：《服务贸易：国际特征与中国竞争力》，《财贸经济》2008 年第 1 期。

16. 陈晓华、黄先海、刘慧：《中国出口技术结构演进的机理与实证研究》，《管理世界》2011 年第 3 期。

17. 陈勇兵、李燕、周世民：《中国企业出口持续时间及其决定因素》，《经济研究》2012 年第 7 期。

18. 程大中：《中国参与全球价值链分工的程度及演变趋势——基于跨国投入—产出分析》，《经济研究》2015 年第 9 期。

19. 程大中：《中国生产性服务业的水平、结构及影响——基于投入—产出法的国际比较研究》，《经济研究》2008 年第 1 期。

20. 戴翔、金碚：《产品内分工、制度质量与出口技术复杂度》，《经济研究》2014 年第 7 期。

21. 戴翔、张二震：《全球价值链分工演进与中国外贸失速之"谜"》，《经济学家》2016 年第 1 期。

22. 戴翔、韩剑、张二震：《集聚优势与中国企业"走出去"》，《中国工业经济》2013 年第 2 期。

23. 戴翔、张二震：《发展差距、非对称要素流动与全球贸易失衡》，《世界经济》2013 年第 2 期。

24. 戴翔：《我们需要为所谓"净出口负贡献"而担忧吗》，《国际经贸探索》2012 年第 11 期。

25. 戴翔：《中国制造业国际竞争力——基于贸易附加值的测算》，《中国工业经济》2015 年第 1 期。

26. 杜修立、王维国：《中国出口贸易的技术结构及其变迁：1980—2003》，《经济研究》2007 年第 7 期。

27. 樊纲、关志雄、姚枝仲：《国际贸易结构分析：贸易品的技术分布》，《经济研究》2006 年第 8 期。

28. 樊纲、王小鲁、马光荣：《中国市场化进程对经济增长的贡献》，《经济研究》2011 年第 9 期。

29. 樊纲：《国际贸易结构分析：贸易品的技术分布》，《经济研究》2006 年第 8 期。

30. 樊茂清、黄薇：《基于全球价值链分解的中国贸易产业结构演进研究》，《世界经济》2014 年第 2 期。

31. 樊秀峰、韩亚峰：《生产性服务贸易对制造业生产效率影响的实证研究——基于价值链视角》，《国际经贸探索》2012 年第 5 期。

32. 方勇、戴翔、张二震:《论开放视角的包容性增长》,《南京大学学报(哲学·人文科学·社会科学版)》2012 年第 1 期。

33. 方勇、戴翔、张二震:《论开放视角的包容性增长》,《南京大学学报》2012 年第 1 期。

34. 方勇、戴翔、张二震:《要素分工论》,《江海学刊》2012 年第 4 期。

35. 冯晓、朱彦元、杨茜:《基于人力资本分布方差的中国国民经济生产函数研究》,《经济学(季刊)》2012 年第 2 期。

36. 干春晖:《中国经济转型与产业升级》,《文汇报》2012 年 11 月 26 日。

37. 高觉民、李晓慧:《生产性服务业与制造业的互动机理:理论与实证》,《中国工业经济》2011 年第 6 期。

38. 高凌云、王洛林:《进口贸易和工业行业全要素生产率》,《经济学(季刊)》2010 年第 9 卷第 2 期。

39. 高敏雪、葛金梅:《出口贸易增加值测算的微观基础》,《统计研究》2016 年第 10 期。

40. 高敬峰:《中国增加值出口规模测算与行业结构解析》,《国际经贸探索》2015 年第 3 期。

41. 高越:《国际生产与割模式下企业价值链升级研究》,人民出版社 2019 年版。

42. 葛阳琴、谢建国:《全球化还是区域化——中国制造业全球价值链分工及演变》,《国际经贸探索》2017 年第 1 期。

43. 公维丽、孔庆峰:《服务贸易与货物贸易的因果关系研究——基于误差修正模型的分析》,《青岛行政学院学报》2010 年第 2 期。

44. 龚雯、许志峰、王珂:《七问供给侧结构性改革》,《人民日报》2016 年 1 月 4 日第 2 版。

45. 顾国达、周蕾:《全球价值链角度下我国生产性服务贸易的发展水平研究——基于投入产出方法》,《国际贸易问题》2010 年第 5 期。

46. 顾露露、Reed R.:《中国企业海外并购失败了吗》,《经济研究》2011 年第 7 期。

47. 顾学明:《以开放发展引领经济全球化步入新时代》,《人民日报》2017 年 3 月 9 日第 16 版。

48. 关志雄:《从美国市场看"中国制造"的实力》,《国际经济评论》2002 年第 8 期。

49. 管爱国、路军、张二震:《率先现代化的昆山之路》,人民出版社 2012 年版。

50. 郭晓丹、宋维佳:《战略性新兴产业的进入时机选择:领军还是跟进》,《中国工业经济》2011 年第 5 期。

51. 韩彩珍:《中国外资政策调整的理性思考》,《中国外资》2007 年第 5 期。

52. 何平:《我国劳动力市场发展概况调查报告》,新华网,2006 年 3 月 17 日。

53. 洪银兴:《经济全球化条件下的比较优势和竞争优势》,《经济学动态》2002 年第 12 期。

54. 胡景岩:《货物贸易与服务贸易的相关性曲线》,《国际贸易》2008 年第 6 期。

55. 华民:《我们究竟应当怎样来看待中国对外开放的效益》,《国际经济评论》2006 年第 1 期。

56. 黄群慧、贺俊:《"第三次工业革命"与中国经济发展战略调整——技术经济范式转变的视角》,《中国工业经济》2013 年第 1 期。

57. 黄群慧、贺俊:《中国制造业的核心能力、功能定位与发展战略——兼评〈中国制造 2025〉》,《中国工业经济》2015 年第 6 期。

58. 黄群慧、霍景东:《全球制造业服务化水平及其影响因素——基于国际投入产出数据的实证分析》,《经济管理》2014 年第 1 期。

59. 黄先海、杨高举:《中国高技术产业的国际分工地位研究:基于非竞争型投入占用产出模型的跨国分析》,《世界经济》2010 年第 5 期。

60. 贾根良:《国内经济一体化:扩内需战略攻坚点》,《光明日报》2012 年 2 月 29 日。

61. 江静、刘志彪:《世界工厂的定位能促进中国生产性服务业发展吗?》,《经济理论与经济管理》2010 年第 3 期。

62. 江小涓:《利用外资对产业发展的促进作用》,《中国工业经济》1999 年第 2 期。

63. 焦斌龙、焦志明:《中国人力资本存量估算:1978—2007》,《经济学家》2010 年第 9 期。

64. 金碚、李鹏飞、廖建辉:《中国产业国际竞争力现状及演变趋势——基于出口商品的分析》,《中国工业经济》2013 年第 5 期。

65. 金碚:《"十二五"开局之年的中国工业》,《中国工业经济》2012 年第 7 期。

66. 金碚:《工业的使命和价值——中国产业转型升级的理论逻辑》,《中国工业经济》2014 年第 9 期。

67. 金碚:《牢牢把握发展实体经济这一坚实基础》,《求是》2012 年第 7 期。

68. 金碚:《全球竞争新格局与中国产业发展趋势》,《中国工业经济》2012 年第 5 期。

69. 金碚:《中国产业发展的道路和战略选择》,《中国工业经济》2004 年第 7 期。

70. 金碚:《中国工业的转型升级》,《中国工业经济》2011 年第 7 期。

71. 金碚:《中国工业化步入更需耐心的时代》,《经济参考报》2012 年 11 月 16 日。

72. 金京、戴翔、张二震:《全球要素分工背景下的中国产业转型升级》,《中国工业经济》2013 年第 11 期。

73. 金京、戴翔:《国际分工演进与我国开放型经济战略选择》,《经济管理》2013 年第 2 期。

74. 金祥荣、茹玉骢、吴宏:《制度、企业生产效率与中国地区间出口差异》,《管理世界》2008 年第 11 期。

75. 金中夏:《全球贸易与投资规则重建》,《新金融评论》2014 年第 6 期。

76. 李春顶、尹翔硕:《出口贸易、FDI 与我国企业的国际化路径选择》,《南开经济研究》2009 年第 2 期。

77. 李坤望、蒋为、宋立刚:《中国出口产品品质变动之谜:基于市场进入的微观解释》,《中国社会科学》2014 年第 3 期。

78. 李玲玲、张耀辉:《我国经济发展方式转变测评指标体系构建及初步测评》,《中国工业经济》2011 年第 4 期。

79. 李伟:《适应新常态 迈向新阶段》,《人民日报》2014 年 12 月 29 日第 7 版。

80. 李扬:《提质增效 适应增速新常态》,《人民日报》2014 年 6 月 11 日第 1 版。

81. 李杨、蔡春林:《中国服务贸易发展影响因素的实证分析》,《国际贸易问题》2008 年第 5 期。

82. 理查德·巴德温、杨盼盼:《WTO 2.0:思考全球贸易治理》,《国际经济评论》2013 年第 2 期。

83. 廖运凤:《中国企业海外并购》,中国经济出版社 2006 年版,第 200—268 页。

84. 林毅夫:《新结构经济学——重构发展经济学的框架》,《经济学(季刊)》2010 年第 10 卷第 1 期。

85. 刘世锦:《进入增长新常态下的中国经济》,《中国发展观察》2014 年第 4 期。

86. 刘志彪、吴福象:《贸易一体化与生产非一体化:基于经济全球化两个重要假说的实证研究》,《中国社会科学》2006 年第 2 期。

87. 刘志彪、张杰:《从融入全球价值链到构建国家价值链:中国产业升级的战略思考》,《学术月刊》2009 年第 41 卷第 9 期。

88. 刘志彪、张杰:《全球代工体系下发展中国家俘获型网络的形成、突破与对策——基于 GVC 与 NVC 的比较视角》,《中国工业经济》2007 年第 5 期。

89. 刘志彪:《从全球价值链转向全球创新链:新常态下中国产业发展新动力》,《学术月刊》2015 年第 2 期。

90. 刘志彪:《生产者服务业及其集聚:攀升全球价值链的关键要素与实现机制》,《中国经济问题》2008 年第 1 期。

91. 刘志彪:《为什么我国发达地区的服务业比重反而较低?》,《南京大学学报》2011 年第 3 期。

92. 刘志彪:《我国地方政府公司化倾向与债务风险:形成机制与化解策略》,《南京大学学报》2013 年第 5 期。

93. 刘志彪:《中国贸易量增长与本土产业的升级——基于全球价值链的治理视角》,《学术月刊》2007 年第 39 卷第 2 期。

94. 隆国强:《论新时期进一步提高利用外资质量与水平》,《国际贸易》2007 年第 10 期。

95. 隆国强:《我国服务贸易的结构演化与未来战略》,《国际贸易》2012 年第 10 期。

96. 卢锋:《产品内分工》,《经济学(季刊)》2004 年第 4 卷第 1 期。

97. 卢艳荣:《入世后中国产业结构和产业政策调整》,《中国网》2002 年 12 月 10 日。

98. 陆旸:《环境规制影响了污染密集型商品的贸易比较优势吗?》,《经济研究》2009 年第 4 期。

99. 罗建兵:《加工贸易产业升级与国内价值链构建》,《当代财经》2010 年第 2 期。

100. 罗长远、张军:《附加值贸易:基于中国的实证分析》,《经济研究》2014 年第 6 期。

101. 马琳、吴金希:《全球创新网络相关理论回顾及研究前瞻》,《自然辩证法研究》2011 年第 1 期。

102. 马述忠、郑博文:《中国企业的出口行为与生产率关系的历史回溯:2001—2007》,《浙江大学学报(人文社会科学版)》2010 年第 5 期。

103. 蒙英华、尹翔硕:《生产者服务贸易与中国制造业效率提升》,《世界经济研究》2010 年第 7 期。

104. 聂辉华、邹肇芸:《中国应从"人口红利"转向"制度红利"》,《国际经济评论》2012 年第 6 期。

105. 裴长洪:《经济新常态下中国扩大开放的绩效评价》,《经济研究》2015 年第 4 期。

106. 裴长洪:《吸收外商直接投资与产业结构优化升级——"十一五"时期利用外资政策目标的思考》,《中国工业经济》2006 年第 1 期。

107. 裴长洪:《先进制造业与现代服务业如何相互促进》,《中国外资》2010 年第 10 期。

108. 平新乔:《产业内贸易理论与中美贸易关系》,《国际经济评论》2005 年第 10 期。

109. 钱学峰、王菊蓉、黄云湖、王胜:《出口与中国工业企业的生产率——自我选择效应还是出口学习效应》,《数量经济技术经济研究》2011 年第 2 期。

110. 钱学峰、熊平:《中国出口增长的二元边际及其因素决定:经验研究》,《经济研究》2010 年第 1 期。

111. 邱爱莲、崔日明、逄红梅：《生产性服务进口贸易前向溢出效应对中国制造业 TFP 的影响——基于制造业行业要素密集度差异的角度》，《国际商务（对外经济贸易大学学报）》2016 年第 5 期。

112. 任志成、刘梦、戴翔：《价值链分工演进如何影响贸易增长：现象、理论及模拟》，《国际贸易问题》2017 年第 2 期。

113. 尚涛、陶蕴芳：《中国生产性服务贸易开放与制造业国际竞争力关系》，《世界经济研究》2009 年第 5 期。

114. 申明浩、杨永聪：《基于全球价值链的产业升级与金融支持问题研究——以我国第二产业为例》，《国际贸易问题》2012 年第 7 期。

115. 沈利生、唐志：《对外贸易对我国污染排放的影响——以二氧化硫排放为例》，《管理世界》2008 年第 6 期。

116. 盛斌、陈帅：《全球价值链如何改变了贸易政策：对产业升级的影响和启示》，《国际经济评论》2015 年第 1 期。

117. 盛斌：《迎接国际贸易与投资新规则的机遇与挑战》，《国际贸易》2014 年第 2 期。

118. 施炳展：《中国出口产品的国际分工地位研究——基于产品内分工的视角》，《世界经济研究》2010 年第 1 期。

119. 石建勋：《中国经济新常态的演变逻辑分析及展望》，《光明日报》2015 年 1 月 29 日第 6 版。

120. 宋立刚、杨继东、张永生：《中国国有企业对外直接投资与体制改革》，《国际经济评论》2013 年第 1 期。

121. 苏庆义、高凌云：《全球价值链分工位置及其演进规律》，《统计研究》2015 年第 12 期。

122. 苏庆义：《2016 年世界经济形势分析与预测：全球贸易低速增长之谜》，社会科学文献出版社 2015 年版。

123. 孙文杰、沈坤荣：《人力资本积累与中国制造业技术创新效率的差异性》，《中国工业经济》2009 年第 3 期。

124. 唐保庆、陈志和、杨继军：《服务贸易进口是否带来国外 R&D 溢出效应》，《数量经济技术经济研究》2011 年第 5 期。

125. 唐东波：《贸易开放、垂直专业化分工与产业升级》，《世界经济》2013 年第 4 期。

126. 唐海燕、张会清：《中国在新型国际分工体系中的地位——基于价值链视角的分析》，《国际贸易问题》2009 年第 2 期。

127. 佟家栋、刘程：《国际经济保护主义与经济全球化的调整期》，《南开学报（哲

学社会科学 版)》2013 年第 2 期。

128. 佟家栋、刘竹青:《地理集聚与企业的出口抉择:基于外资融资依赖角度的研究》,《世界经济》2014 年第 4 期。

129. 涂正革、肖耿:《环境约束下的中国工业增长模式研究》,《世界经济》2009 年第 11 期。

130. 王必达、张忠杰:《中国刘易斯拐点及阶段研究——基于 31 个省际面板数据》,《经济学家》2014 年第 7 期。

131. 王碧珺:《被误读的官方数据——揭示真实的中国对外直接投资模式》,《国际经济评论》2013 年第 1 期。

132. 王庆、章俊:《2020 年前的中国经济:增长减速不是会否发生,而是如何发生》,《金融发展评论》2011 年第 1 期。

133. 王小鲁、樊纲:《中国地区差异的变动趋势和影响因素》,《经济研究》2004 年第 1 期。

134. 王永贵:《全球化背景下社会主义意识形态功能探析》,《社会主义研究》2009 年第 3 期。

135. 王永进、盛丹、施炳展、李坤望:《基础设施如何提升了出口技术复杂度?》,《经济研究》2010 年第 7 期。

136. 王永中:《全球大宗商品市场的回顾与展望》,载《2015 年世界经济形势分析与预测》,社会科学文献出版社 2015 年版。

137. 王于渐:《重返经济舞台中心》,上海人民出版社 2007 年版。

138. 王子先:《服务贸易新角色:经济增长、技术进步与产业升级的综合性引擎》,《国际贸易》2012 年第 6 期。

139. 王子先:《研发全球化趋势下自主创新与对外开放关系的思考》,《国际贸易》2013 年第 8 期。

140. 魏杰:《关于我国目前保经济增长的几个争议问题》,《经济学动态》2009 年第 5 期。

141. 巫强、刘志彪:《中国沿海地区出口奇迹的发生机制分析》,《经济研究》2009 年第 6 期。

142. 吴福象、刘志彪:《中国贸易量增长之谜的微观经济分析:1978—2007》,《中国社会科学》2009 年第 1 期。

143. 伍华佳、张莹颖:《中国服务贸易对产业结构升级中介效应的实证检验》,《上海经济研究》2009 年第 3 期。

144. 习近平:《中国发展新起点 全球增长新蓝图》,《人民日报》2016 年 9 月 4 日第 3 版。

145. 夏杰长、倪红福:《中国经济增长的主导产业:服务业还是工业?》,《南京大学学报(哲学·人文科学·社会科学)》2016 年第 3 期。

146. 项松林:《中国开放型经济嵌入全球创新链的理论思考》,《国际贸易》2015 年第 7 期。

147. 谢建国、周昭露:《进口贸易、吸收能力与国际 R&D 技术溢出:中国省区面板数据的研究》,《世界经济》2009 年第 9 期。

148. 徐盈之、孙剑:《信息产业与制造业的融合——基于绩效分析的研究》,《中国工业经济》2009 年第 7 期。

149. 徐振鑫、莫长炜、陈其林:《制造业服务化:我国制造业升级的一个现实性选择》,《经济学家》2016 年第 9 期。

150. 许和连、元朋、祝树金:《贸易开放度、人力资本和全要素生产率:基于中国省级面板数据的经验研究》,《世界经济》2006 年第 12 期。

151. 宣烨:《生产性服务业空间集聚与制造业效率提升》,《财贸经济》2012 年第 4 期。

152. 杨汝岱、姚洋:《有限赶超与经济增长》,《经济研究》2008 年第 8 期。

153. 杨迤:《外商直接投资对中国进出口影响的相关分析》,《世界经济》2000 年第 2 期。

154. 杨友仁、夏铸九:《跨界生产网络的组织治理模式——以苏州地区信息电子业台商为例》,《地理研究》2005 年第 2 期。

155. 姚洋、张晔:《中国出口品国内技术含量升级的动态研究——来自全国及江苏省、广东省的证据》,《中国社会科学》2008 年第 2 期。

156. 叶振宇、叶素云:《要素价格与中国制造业技术效率》,《中国工业经济》2010 年第 11 期。

157. 易小准:《中国平均关税水平已降至 10% 以下》,《新浪财经》2006 年 9 月 6 日。

158. 于津平、许小雨:《长三角经济增长方式与外资利用效应研究》,《国际贸易问题》2011 年第 1 期。

159. 于立新、周伶:《现阶段中国服务贸易与货物贸易相互促进发展研究》,《国际贸易》2012 年第 3 期。

160. 于明超、刘志彪、江静:《外来资本主导代工生产模式下当地企业升级困境与突破》,《中国工业经济》2006 年第 11 期。

161. 余淼杰:《中国贸易的自由化与制造业企业生产率》,《经济研究》2010 年第 12 期。

162. 余永定:《见证失衡——双顺差、人民币汇率和美元陷阱》,《国际经济评论》2010 年第 5 期。

163. 余永定:《全球不平衡条件下中国经济增长模式的调整》,《国际经济评论》2007 年第 1 期。

164. 张二震、方勇:《要素分工与中国开放战略的选择》,《南开学报》2005 年第 6 期。

165. 张二震、戴翔:《当前开放型经济发展的几个认识问题》,《现代经济探讨》 2012 年第 1 期。

166. 张二震、马野青:《贸易投资一体化与当代国际贸易理论的创新》,《福建论 坛》2002 年第 2 期。

167. 张二震:《全球化、价值链分工与中国的战略》,《新华文摘》2005 年第 22 期。

168. 张二震:《中国如何攀升全球价值链》,《江海学刊》2017 年第 1 期。

169. 张芳:《针对加工贸易之非竞争型投入产出表的编制与应用分析》,《统计研 究》2011 年第 7 期。

170. 张国华、张二震:《开放条件下的昆山自主创新之路》,人民出版社 2007 年版。

171. 张辉:《全球价值链下地方产业集群升级模式研究》,《中国工业经济》2005 年第 9 期。

172. 张杰、陈志远、刘元春:《中国出口国内附加值的测算与变化机制》,《经济研 究》2013 年第 10 期。

173. 张杰、李勇、刘志彪:《出口促进中国企业生产率提高吗》,《管理世界》2009 年第 12 期。

174. 张杰、李勇、刘志彪:《制度对中国地区间出口差异的影响:来自中国省际层 面 4 分位行业的经验证据》,《世界经济》2010 年第 2 期。

175. 张杰、刘志彪、郑江淮:《中国制造业企业创新活动的关键影响因素研究》, 《管理世界》2007 年第 6 期。

176. 张杰、张培丽、黄泰岩:《市场分割推动了中国企业出口吗?》,《经济研究》 2010 年第 8 期。

177. 张杰:《市场分割推动了中国企业出口吗?》,《经济研究》2010 年第 8 期。

178. 张金杰:《中企向全球价值链上游进军》,《人民日报》2016 年 2 月 18 日第 23 版。

179. 张明志、李敏:《国际垂直专业化分工下的中国制造业产业升级及实证分 析》,《国际贸易问题》2011 年第 1 期。

180. 张少军:《全球价值链与国内价值链——基于投入产出表的新方法》,《国际 贸易问题》2009 年第 4 期。

181. 张小蒂、孙景蔚:《基于垂直专业化分工的中国产业国际竞争力分析》,《世 界经济》2006 年第 5 期。

182. 张晔:《苏州模式的反思及区域发展道路的选择》,《上海经济研究》2005 年 第 5 期。

183. 张友国:《经济发展方式变化对中国碳排放强度的影响》,《经济研究》2010

年第 4 期。

184. 张幼文、周琢:《中国贸易竞争力的真实结构——以要素收益原理进行的测算》,《学术月刊》2016 年第 2 期。

185. 张幼文、梁军:《要素集聚与中国在世界经济中的地位》,《学术月刊》2007 年第 39 卷第 3 期。

186. 张幼文:《从开放战略向国际战略的升级——金融危机后中国的对外经济关系》,《国际经济评论》2010 年第 7 期。

187. 张幼文:《从廉价劳动力优势到稀缺要素优势——论"新开放观"的理论基础》,《南开学报》2005 年第 6 期。

188. 张幼文:《新开放观——对外开放理论与战略再探索》,人民出版社 2007 年版。

189. 张幼文等:《要素收益与贸易强国道路》,人民出版社 2006 年版。

190. 赵春明、何艳:《从国际经验看中国对外直接投资的产业和区位选择》,《世界经济》2002 年第 6 期。

191. 赵文军、于津平:《贸易开放、FDI 与中国工业经济增长方式》,《经济研究》2012 年第 8 期。

192. 赵亚明:《地区收入差距:一个超边际的分析视角》,《经济研究》2013 年第 5 期。

193. 郑丹青、于津平:《中国出口贸易增加值的微观核算及影响因素研究》,《国际贸易问题》2014 年第 8 期。

194. 郑江淮、高彦彦、胡小文:《"企业'扎堆'、技术升级与经济绩效"——开发区集聚效应的实证分析》,《经济研究》2008 年第 5 期。

195. 钟昌标、李富强、王林辉:《经济制度和我国经济增长效率的实证研究》,《数量经济技术经济研究》2006 年第 11 期。

196. 周大鹏:《制造业服务化研究、成因、机理与效应》,上海社会科学院 2010 年博士学位论文。

197. 周燕、佟家栋:《"刘易斯拐点"、开放经济与中国二元经济转型》,《南开经济研究》2012 年第 5 期。

198. 朱春兰、严建苗:《进口贸易与经济增长:基于我国全要素生产率的测度》,《商业经济与管理》2006 年第 5 期。

199. 朱民:《世界经济结构的深刻变化和新兴经济的新挑战》,《国际金融研究》2011 年第 10 期。

200. 朱希伟、金祥荣、罗德明:《国内市场分割与中国对外贸易扩张》,《经济研究》2005 年第 12 期。

201. 朱玉杰、于董:《外商直接投资对中国对外贸易影响的实证分析》,《财经问题研究》2004 年第 10 期。

202. 祝坤福、陈锡康、杨翠红：《中国出口的国内增加值及其影响因素分析》，《国际经济评论》2013 年第 4 期。

203. Abiad A., P. Mishra and P. Topalova, "How Does Trade Evolve in the After math of Financial Crises?", *IMF Economic Review*, Vol.48, No.6, 2014.

204. Acemoglu D., Guerrieri V., "Capital Deepening and Non-balanced Economic Growth", *Journal of Political Economy*, 2008, Vol.116, No.3.

205. Alberto O., P. Roberta and N. Rocha, 2015, "Trade Policy Uncertainty as Barrier to Trade", WTO Working Paper, ERSD-2015-05.

206. Alessandria and George, "Inventories, Lumpy Trade, and Large Devaluations", *American Economic Review*, Vol.100, No.5, 2010.

207. Amiti M. and J. Konings, "Trade Liberalization, Intermediate Inputs, and Productivity", *American Economic Review*, 2007, Vol.97, No.5.

208. Amiti M. and Konings J., "Trade Liberalization, Intermediate Inputs, and Productivity: Evidence from Indonesia", *American Economic Review*, 2007, Vol.97, No.5.

209. Amity M. and DE Weinstein, "Exports and Financial Shocks", *Quarterly Journal of Economics*, Vol.126, No.3, 2011.

210. Anderson J.E., M. Larch and Y.V. Yotov, 2010, "Growth and Trade with Frictions: A Structural Estimation Framework", NBER Working Paper, No.21377.

211. Antonia D. and H. Escaith, "*Trade in Tasks, Tariff Policy and Effective Protection Rates*", WTO Working Paper, No.ERSD-2014-22.

212. Aziz J. and X. Li, "China's Changing Trade Elasticities", *China and the World Economy*, 2008, Vol.16, No.3.

213. Baines T., Lightfoot H., Benedettini O., Kay J., The Servitization of Manufacturing: A Review of Literature and Rejection on Future Challenges, *Journal of Manufacturing Technology Management*, 2009, Vol.2015.

214. Baldwin R. and A. Venables, "*Relocating the Value Chain: Offshoring and Agglomeration in the Global Economy*", NBER Working Paper, No.16611, 2010.

215. Baldwin R. & A.J. Venables, "Spiders and Snakes: Offshoring and Agglomeration in the Global Economy" *Journal of International Economics*, 2013, Vol.90(2).

216. Baldwin R., "WTO 2.0: Global Governance of Supply-Chain trade", *CEPR Policy Insight*, No.64, December, 2012.

217. Bas M. and V. Strauss-Kahn, "Input-Trade Liberalization, Export Prices and Quality Upgrading", *Journal of International Economics*, 2015, Vol.95, No.2.

218. Bas Maria, "Input-trade Liberalization and Firm Export Decisions: Evidence from

Argentina", *Journal of Development Economic*, 2012, Vol.38, No.4.

219. Batson A., "Can the New Silk Road Revive China's Exports", *Gavekal Dragonomics China Research*, February, 2015.

220. Batson A., "*Upgrading China's Export Machine*", Gavekal Dragonomics China Research, May 2013.

221. Besedes T. and Prusa T.J., "The Role of Extensive and Intensive Margins and Export Growth", *Journal of Development Economics*, 2011, Vol.96, No.2.

222. Bhagwati J. and A. Panagariya, "*Why Growth Matters: How Economic Growth in India Reduced Poverty and the Lessons for Other Developing Countries*", New York: Public Affairs, 2013.

223. BOWN C.P., "*Monitoring Update to Global Antidumping Database*", http://www.brandeis.edu/~cbown/global_ad/, 2009.

224. Boz E., M. Bussiere and C Marsilli, "*Recent Slowdown in Global Trade: Cyclical or Structure*", VoxEU.org, 12, 2014, November.

225. Breinlich H. and C. Criscuolo, "International Trade in Services: A Portrait of Importers and Exporters", *Journal of International Economics*, 2011, Vol.184, No.2.

226. Broussolle D., "Service, Trade in Services and Trade of Services Industries", *Journal of World Trade*, 2014, Vol.48, No.1.

227. Broussolle D., "Service, Trade in Services and Trade of Services Industries", *Journal of World Trade*, 2014, Vol.48, No.1.

228. Bussière M., G. Callegari, F. Ghironi, G. Sestieri and M. Yamano, "Estimating Trade Elasticities: Demand Elasticities and the Trade Collapse of 2008−09", *American Economic Journal: Macroeconomics*, Vol.53, No.3, 2013.

229. Buturac G., "Beyond the Global Recession: Mutual Trade and Economic Convergence", *Journal of International Economics*, Vol.91, No.2, 2013.

230. Castellacci F., "Technological Paradigms, Regimes and Trajectories: Manufacturing and Service Industries in a New Taxonomy of Sectoral Patterns of Innovation", *Research Policy*, 2008, Vol.37, No.4.

231. Ceglowski J. and S.S. Golub, "Does China still Have a Labor Cost Advantage?", *Global Economy Journal*, 2011, Vol.12, No.3.

232. Chinn M., B. Eichengreen and H. Ito, "A Forensic Analysis of Global Imbalances", *Oxford Economic Papers*, Vol.66, No.2, 2014.

233. Coe D. and E. Helpman, "International R&D Spillover", *European Economics Review*, 1995, Vol.59, No.3.

234. Constantinescu C. A. Mattoo and M. Ruta, "Slow Trade", *Finance & Development*,

Vol.54, No.5, 2014.

235. Constantinescu C. A. Mattoo and M. Ruta, "*The Global Trade Slowdown*", World Bank Policy Research Working Paper, No.7158, Washington, D.C., 2015.

236. Daudin, G. RiFFLART and D. Schweisguth, "Who Produces for Whom in the World Economy?", *Canadian Journal of Economics*, 2011, Vol.44, No.4.

237. Duval R., K. Cheng, K. Hwa Oh, R. Saraf and D. Seneviratne, "*Trade Integration and Business Cycle Synchronization: A Reappraisal with Focus on Asia*", IMF Working Paper, No.14/52, 2014, Washington, D.C.

238. Eckel, Carsten, Leonardo Iacovone, Beata S. Javorcik and J. Peter Neary, "Multi-Product Firms at Home and Away: Cost-vs Quality Competence", *Journal of International Economics*, 2015, Vol.95, No.2.

239. Elisa G., R. Lanz and P. Roberta, "Timeliness and Contract Enforceability in Intermediate Goods Trade", WTO Working Paper, ERSD−2010−14.

240. Engel C., Wang J., "International Trade in Durable Goods: Understanding Volatility, Cyclicality, and Elasticities", *Journal of International Economics*, Vol. 93, No. 1, 2013.

241. Escaith H. and S. Miroudot, "*World Trade and Income Remain Exposed to Gravity*", OECD and WTO mimeo, 2015.

242. Escaith H., N. Lindenberg and S. Miroudot, "International Supply Chains and Trade Elasticity in Times of Global Crisis", WTO Staff Working Paper ERSD−2010−08, Washington, D.C., 2010.

243. European Commission, "*Understanding the Weakness in Global Trade*", European Economic Forecast, European Commission(DG ECFIN), Winter, Box 1.1, 2015.

244. Evenett S. J. and J. Fritz, "*Throwing Sand In the Wheels: How Foreign Trade Distortions Slowed LDC Export-Led Growth*", Report Commissioned by the Government of Sweden, 2015.

245. Evenett S., "*Five More Years of the G20 Standstill on Protectionism?*", VoxEU. org, 3 September 2013.

246. Evenett S.J., "*Did WTO Rules Restrain Protectionism During The Recent Systemic Crisis*", CEPR Discussion Paper, No.8687, 2011, London.

247. Fally T., Russell Hillberry, *Quantifying Upstreamness in East Asia: Insights from a Co-asian Model of Production Staging*, UC Berkeley ARE Working Paper, 2013.

248. Feenstra R. C. and S. J. Wei(2010), "China's Growing Role in World Trade", National Bureau of Economic Research Conference Report.

249. Freund C., "*The Trade Response to Global Downturns: Historical Evidence*", World

Bank Policy Research Working Paper No.5015,2009,Washington,D.C.

250. Gambardella A.,Torrisi S.,"Does Technological Convergence Imply Convergence in Markets? Evidence from the Electronics Industry",*Research Policy*,1998,Vol.27,No.6.

251. Gangnes B., A. Ma and A. Van Assche, "Global Value Chains and Trade Elasticities",*Economics Letters*,2014,Vol.125,No.4.

252. Gawande K., B.Hoekman and Y.Cui,"Global Supply Chains and Trade Policy Responses to the 2008 Financial Crisis",*World Bank Economic Review*,Vol.29,No.1,2015.

253. Goldberg P., A.Khandelwal, N.Pavcnik and P.Topalova, "Imported Intermediate Inputs and Domestic Product Growth: Evidence from India", *Quarterly Journal of Economics*,2010,Vol.125,No.4.

254. Grubel H. and M. Walker, "*Service Industry Growth: Cause and Effects*", Vancouver:Fraser Institute,1989.

255. Hausmann R., Hwang J.& Rodrik D.,"What You Export Matters",*Journal of Economic Growth*,2007,Vol.12,No.5.

256. Hoekman B. (ed.), *The Global Trade Slowdown: A New Normal?*, A VoxEU eBook,London:CEPR Press and EUI.

257. Houseman S.N. and M.Mandel,"*Measuring Globalization: Better Trade Statistics for Better Policy,Kalamazoo*",Upjohn Institute for Employment Research,2015.

258. Hummels,David,Jun Ishii and Kei-Mu Yi,"The Nature and Growth of Vertical Specialization in World Trade",*Journal of International Economics*,2001,Vol.54(6).

259. IMF, "*Legacies, Clouds and Uncertainties*", World Economic Outlook, Update, January,2015.

260. Irwin, Douglas A., "The Rise of U.S. Antidumping Activity in Historical Perspective",*The World Economy*,Vol.28.

261. Jafari Y. and D.Tarr, "*Estimates of Ad Valorem Equivalents of Barriers Against Foreign Suppliers of Services in Eleven Services Sectors and 103 Countries*", World Bank Policy Research Working Paper No.7096,Washington,D.C.,2014.

262. James A. Danowski, JunHo Choi, Convergence in the Information Industries: Telecommunications, Broadcasting, and Data Processing, Progress in Communication Science, Alex Publishing corporation,1998.

263. Jensen B.and L.Kletzer, "*Tradable Services: Understanding the Scope and Impact of Services Offshoring*", in S.Collins and L.Brainard(eds), Brookings Trade Forum 2005, Offshoring White Collar Work,Washington,D.C.:Brookings Institution,2006.

264. Johnson R.C., Noguera G., "Accounting for Intermediates:Production Sharing and Trade in Value Added",*Journal of international Economics*,2012,Vol.86,No.2.

265. Jones C. , "Intermediate Goods and Weak Links in the Theory of Economic Development", *American Economic Journal*, 2011, Vol.3, No.4.

266. Kasahara H. and J. Rodrigue, "Does the Use of Imported Intermediates Increase Productivity? Plant-Level Evidence", *Journal of Development Economics*, 2008, Vol. 87, No.1.

267. Kee H. L. and H. Tang, "*Domestic Value Added in Exports: Theory and Firm Evidence from China*", mimeo, World Bank, Washington, D.C., 2014.

268. Kee H. L. , C. Neagu and A. Nicita, "Is Protectionism on the Rise? Assessing National Trade Policies during the Crisis of 2008", *Review of Economics and Statistics*, Vol. 69, No.8, 2013.

269. Koopman R. , W. Powers, Z. Wang, S.-J. Wei. Tracing, "Value-added and Double Counting in Gross Exports", NBER Working Paper, No.18579, 2015.

270. Koopman, Robert, Zhi Wang and Shang-Jin Wei, "Tracing Value-Added and Double Counting in Gross Exports", *American Economic Review*, 2014, Vol.104, No.2.

271. Koopman, Robert, Wang Zhi and Wei Shang-Jin, "Tracing Value-Added and Double Counting in Gross Exports", *American Economic Review*, Vol.104(2) 2014.

272. Koopman R. , W.Powers, Z.Wang and S.-J.Wei, "*Give Credit Where Credit is Due: Tracing Value Added in Global Production Chains*", NBER Working Paper, 16426, 2012.

273. Kowalski P. , J. Lopez Gonzalez, A. Ragoussis and C. Ugarte, "*Participation of Developing Countries in Global Value Chains: Implications for Trade and Trade-Related Policies*", OECD Trade Policy Papers, No.179, 2015.

274. Kynge J. (2015), "Emerging Markets Trade Slide is Made in China", *Financial Times*, 2 June.

275. LAMY P. , Globalization of the Industrial Production Chains and Measuring International Trade in Value Added, http://www.wto.org/english/news_e/sppl_e/sppl174_e.htm.

276. Laura H. and Sandra P. , "Environmental Policy and Exports: Evidence from Chinese Cities", *Journal of Environmental Economics and Management*, 2014, Vol.68(2).

277. Lemoine F. , G.Mayo, S.Poncet and C.Cassé, "*L' usine du Monde au ralenti oule Changement de régime du Commerce extérieur chinois*", CEPII Working Paper, No. 4, Paris, 2015.

278. Li H. , L.Li, B.Wu and Y.Xiong, "The End of Cheap Chinese Labor", *The Journal of Economic Perspectives*, 2012, Vol.26, No.4.

279. M. Timmer, B. Los, R. Stehrer, G. de Vries, "Slicing up Global Value Chains", WIOD manuscript, 2012.

280. Miroudot S., J. Sauvage and B. Shepherd, "Measuring the Cost of International Trade in Services", *World Trade Review*, 2013, Vol.12, No.4.

281. OECD, "*International Trade Slows Sharply in First Quarter of 2015*", Press Release, 28 May, 2015.

282. OECD, *OECD Economic Surveys: China*, Paris: OECD Publishing, 2013.

283. Ollivaud P. and C. Schwellnus, "*Does the Post-crisis Weakness of Global Tradesolely Reflect Weak Demand?*", OECD Economics Department Working Paper, No. 1216, 2015, Paris.

284. R. Stehrer, N. Foster, G. de Vries, "*Value Added and Factors in Trade: A Comprehensive Approach*", WIOD Working Paper, No.7, 2012.

285. Robert C. Feenstra and Shang-Jin Wei, "*China's Growing Role in World Trade*", University of Chicago Press, 2010.

286. Srinivasan M., T. Stank, P. Dornier and K. Petersen, "*Global Supply Chains: Evaluating Regions on an EPIC Framework-Economy*", Politics and Competence, New York: McGraw-Hill, 2014.

287. Stank T., M. Burnette and P. Dittman, "*Global Supply Chains*", 2014, http:// Globalsupplychaininstitute.utk.edu /publications/documents/GSCI-EPIC-paper.pdf.

288. Toffel M., W. Contracting for servising, Hass School of Business University of California Berkeley, Working Papers, 2002.

289. United Nations Conference on Trade and Development, "*Global Value Chains and Development: Investment and Value Added Trade in the Global Economy*", UNCTAD, 2013.

290. Upward R., Z. Wang and J. Zheng, "Weighing China's Export Basket: The Domestic Content and Technology Intensity of Chinese Exports", *Journal of Comparative Economics*, Vol.65, No.2.

291. Zhi Wang, Shang-Jin Wei, Xinding Yu, and Kunfu Zhu, "*Measures of Participation in Global Value Chains and Global Business Cycles*", NBER Working Paper, No. 23222, 2017.

292. Wise R., Baumgartner P., "Go Downstream: The New Profit Imperative in Manufacturing", *Harvard Business Review*, 2000, Vol.28, No.1.

293. World Bank, "*What Lies Behind the Global Trade Slowdown?*", Chapter 4 in Global Economic Prospects, Washington, D.C.: World Bank, 2015.

294. Yoshitomi M., "*Post-Crisis Development Paradigms in Asia*", Tokyo: ADBI, 2003.

295. Yu Bin, Wu Zhenyu, "Transformational Changes and Rebalance of China's Economic Operation", DRC Working Paper, No.201508012.